Erfolgreicher verhandeln mit Gefühl und Verstand ■

■ *Roger Fisher* ist emeritierter Professor der Rechtswissenschaft an der Harvard Law School und seit 1979 Direktor des Harvard Negotiation Projects. Zusammen mit William Ury verfasste er 1981 das Standardwerk zum erfolgreichen Verhandeln, »Das Harvard-Konzept«, das sich weltweit mehr als 3,5-millionenmal verkaufte.

■ *Daniel Shapiro* studierte klinische Psychologie und spezialisierte sich früh auf die Psychologie von Verhandlungen. Er lehrt u. a. Verhandlungstechniken an der Harvard Law School und an der Harvard Medical School.

Roger Fisher, Daniel Shapiro

Erfolgreicher verhandeln mit Gefühl und Verstand

Aus dem Englischen von
Jürgen Neubauer

Campus Verlag
Frankfurt/New York

Die amerikanische Ausgabe »BEYOND REASON: Using Emotions As You Negotiate«
erschien 2005 im Verlag Viking Penguin, a member of Penguin Group (USA) Inc.

Für Carrie und Mia

In Liebe (und mit anderen positiven Gefühlen)

Bibliografische Information der Deutschen Nationalbibliothek.
Die Deutsche Nationalbibliothek verzeichnet diese Publikation in der
Deutschen Nationalbibliografie; detaillierte bibliografische Daten sind
im Internet unter http://dnb.d-nb.de abrufbar.
ISBN 978-3-593-38391-0

Umschlaggestaltung: R.M.E, Roland Eschlbeck und Ruth Botzenhardt
Satz: Campus Verlag GmbH, Frankfurt am Main
Druck und Bindung: Druck Partner Rübelmann GmbH, Hemsbach
Gedruckt auf säurefreiem und chlorfrei gebleichtem Papier.
Printed in Germany

Besuchen Sie uns im Internet: www.campus.de

Inhalt

Einleitung

Wir können unsere Emotionen genauso wenig abstellen wie unser Denken. Die Herausforderung besteht darin, zu lernen, wie wir nützliche Emotionen stimulieren können – bei unseren Verhandlungspartnern genauso wie bei uns selbst.

Sie verhandeln jeden Tag. Mal geht es darum, wohin Sie zum Essen gehen, mal darum, wie viel Sie für ein gebrauchtes Fahrrad bezahlen, ein andermal darum, wann Sie einem Mitarbeiter kündigen. Und Sie haben jeden Tag Emotionen. Das können positive Emotionen sein wie Freude und Zufriedenheit, oder negative Emotionen wie Ärger, Enttäuschung und Schuld.

Wie sollen Sie in Ihren Verhandlungen mit diesen Emotionen umgehen – mit Ihren und mit denen Ihres Verhandlungspartners? Auch wenn Sie noch so sehr versuchen, Emotionen zu ignorieren, sie werden nicht verschwinden. Emotionen können verwirren, schmerzhaft sein und eine Verhandlung zum Scheitern bringen. Sie können Ihre Aufmerksamkeit von einem wichtigen Problem ablenken, das unbedingt gelöst werden sollte. Doch in Ihren beruflichen oder privaten Verhandlungen müssen Sie an zu vieles denken, um sich im Einzelnen überlegen zu können, was Sie selbst oder Ihr Gegenüber gerade empfindet und sich Gedanken darüber zu machen, wie Sie damit umgehen können. Und es ist schwer, genau die Emotionen in den Griff zu bekommen, unter deren Einfluss Sie gerade stehen.

Erfolgreicher verhandeln mit Gefühl und Verstand zeigt Ihnen Wege zum Umgang mit diesem Problem. Hier finden Sie Strategien, mit deren Hilfe Sie positive Emotionen stimulieren und mit negativen Emotionen umgehen können. Sie werden nicht mehr von Emotionen abhängig sein, seien es Ihre eigenen oder die der anderen. Ihre Verhandlungen werden angenehmer und effektiver verlaufen. Diese Strategien helfen Ihnen auch in Ihren zähesten Verhandlungen, sei es mit einem schwierigen Kollegen, einem unnachgiebigen Verhandlungspartner oder Ihrem Lebenspartner.

Da es in *Erfolgreicher verhandeln mit Gefühl und Verstand* um Emotionen geht, ist dies auch ein sehr persönliches Buch. Viele unserer Beispiele stammen aus unserem Privatleben und unseren jahrzehntelangen Erfahrungen auf dem Gebiet der Verhandlung. Jeder von uns hat seine eigene Verhandlungstheorie entwickelt und Menschen aus allen Lebensbereichen, von Ehepaaren bis zu diplomatischen Unterhändlern, von Studenten bis zu Spitzenmanagern in Verhandlungstechniken gecoacht.

Dieses Buch ist das Ergebnis unserer persönlichen Erfahrung und unserer Forschungsarbeit. Es baut auf dem Buch *Das Harvard-Konzept* auf, das von Roger Fisher mitverfasst wurde und das heute das Standardwerk für die sachbezogene Verhandlungstechnik ist. Das Harvard-Konzept geht davon aus, dass Verhandlungspartner das beste Ergebnis erzielen, wenn sie die Interessen der jeweiligen Gegenseite verstehen und gemeinsam eine Lösung erarbeiten, die die Interessen beider Seiten so weit wie möglich beinhaltet (siehe »Die sieben Elemente der Verhandlung« auf Seite 263). Zahlreiche Leser, die das Harvard-Konzept mit Erfolg einsetzen, haben uns darauf hingewiesen, dass die Frage nach dem Umgang mit Emotionen und Beziehungen in Verhandlungen bislang nicht ausreichend behandelt wird. Mit diesem Buch wollen wir Lösungen für diese Probleme anbieten.

Dieses Buch wäre nicht möglich gewesen ohne den inzwischen verstorbenen Professor Jerome D. Frank, der uns miteinander bekannt gemacht hat. Seine Intuition sagte ihm, dass zwischen einem »Verhandlungsexperten mit einem Interesse an Psychologie« und einem »Psychologen mit einem Interesse an Verhandlungen« positive Synergien entstehen müssten. Er sollte Recht behalten, und wir sind ihm zu großem Dank verpflichtet.

Über fünf Jahre lang haben wir an diesem Buch zusammengearbeitet. Wenn die Arbeit länger gedauert hat, als wir zu Beginn geahnt hatten, dann auch deshalb, weil wir es so genossen haben, uns auszutauschen und voneinander zu lernen. Unser Wissen über Verhandlungen ist nun weitaus größer, als die Summe unserer Einzelkenntnisse vor Beginn unserer Zusammenarbeit war. In diesem Buch möchten wir unser Wissen und unsere Begeisterung mit Ihnen, unseren Lesern, teilen.

Teil I

Emotionen
in der Verhandlung

1.

Emotionen sind stark, allgegenwärtig und schwer in den Griff zu bekommen

Ein möglicher Kunde droht kurz vor der endgültigen Vertragsunterzeichnung damit, von einem Geschäft zurückzutreten. Ein Autohändler, der Ihnen einen nagelneuen Wagen verkauft hat, behauptet, Mängel am Motor seien nicht in der Garantie inbegriffen. Ihre elfjährige Tochter verkündet, sie habe keine Lust, sich an einem eisigen Februarmorgen für den Schulweg einen warmen Mantel anzuziehen.

In Momenten wie diesen, wenn Ihr Blutdruck steigt und Sie ein leises Gefühl der Panik verspüren, scheinen rationale Ratschläge zu Verhandlungstechniken wenig hilfreich. Auch wenn Sie jetzt gern konstruktiv und vernünftig wären, hören Sie sich Dinge sagen wie:

- »Tun Sie mir das bitte nicht an. Wenn Sie diesen Vertrag nicht unterschreiben, bin ich meinen Job los.«
- »Was ist das für ein Saftladen? Reparieren Sie den Motor, oder wir sehen uns vor Gericht wieder!«
- »Du ziehst diesen Mantel an, ob dir das passt oder nicht. Und zwar sofort!«

Manchmal bringen Sie Ihre Emotionen nicht sofort zum Ausdruck und spüren den ganzen Tag über, wie sie in Ihnen weiternagen. Wenn Ihre Chefin Sie beispielsweise am Freitagnachmittag bittet, bis Montag eine Aufgabe zu erledigen, zu der sie nicht mehr gekommen ist, sagen Sie dann zu, nur um sich dann das ganze Wochenende schwarzzuärgern und über Ihre Kündigung nachzudenken? Ihre Emotionen können Ihr Verhalten bestimmen, ob Sie sie zum Ausdruck bringen oder nicht. Ihre Emotionen können dafür sorgen, dass Sie sich auf eine Weise verhalten, die eine Vereinbarung gefährdet, eine Beziehung beschädigt oder Sie eine Menge Geld kostet.

An Verhandlungen ist Ihr Bauch genauso beteiligt wie Ihr Kopf, Ihr Gefühl spielt eine ebenso große Rolle wie Ihr Verstand. In diesem Buch erfahren Sie, wie Sie mit Emotionen umgehen können. Denn Verhandlungen sind mehr als ein rationaler Austausch von Argumenten. Menschen sind keine Roboter. Neben Ihren Sachinteressen sind auch Sie ein Teil der Verhandlungen. Sie haben Emotionen und diese werden den Verlauf der Verhandlungen mitbestimmen. Und nicht nur Ihre Emotionen, sondern auch die Ihrer Verhandlungspartner.

Was sind Emotionen?

Die Psychologen Fehr und Russell schreiben: »Jeder weiß, was Emotionen sind, bis er eine Definition davon geben soll. Dann weiß es plötzlich niemand mehr.« In diesem Buch verwenden wir den Begriff im Sinne einer gefühlten Erfahrung. Sie *fühlen* eine Emotion, Sie denken sie nicht nur. Wenn jemand etwas sagt oder tut, das für Sie von persönlicher Bedeutung ist, dann reagieren Sie auf einer emotionalen Ebene, üblicherweise im Zusammenspiel mit Gedanken, körperlichen Veränderungen und dem Bedürfnis, etwas zu *tun*. Wenn Sie ein jüngerer Kollege bittet, in einer Sitzung Protokoll zu führen, dann verspüren Sie möglicherweise Ärger und denken sich: »Wer ist der denn, dass er mir sagt, was ich tun soll?« Ihr Körper reagiert mit steigendem Blutdruck und Sie haben das Bedürfnis, ihm eine Beleidigung an den Kopf zu werfen.

Emotionen können negativ und positiv sein. Positive Emotionen empfinden wir als erhebend. Ob Stolz, Hoffnung oder Erleichterung, eine positive Emotion fühlt sich gut an. Positive Emotionen tragen dazu bei, dass Sie mit Ihrem Verhandlungspartner ein gutes

Verhältnis herstellen, die Beziehung von gegenseitigem Wohlwollen getragen wird und alle Beteiligten das Gefühl haben, »auf einer Wellenlänge« zu sein. Im Gegensatz dazu empfinden wir Ärger, Enttäuschung und andere negative Emotionen als persönlich belastend; sie sind weniger geeignet, ein gutes Verhältnis entstehen zu lassen.*

Dieses Buch zeigt Ihnen, wie Sie positive Emotionen einsetzen können, um zu einer klugen Entscheidung zu finden. In diesem Kapitel beschreiben wir die wichtigsten Probleme, die Ihnen im Umgang mit Emotionen begegnen können – mit Ihren eigenen Emotionen ebenso wie mit denen Ihrer Verhandlungspartner. Die nachfolgenden Kapitel bieten Ihnen einen praktischen Leitfaden für die Überwindung dieser Hindernisse. Dabei geht es nicht darum, dass Sie Ihr Innerstes preisgeben oder die Emotionen anderer Menschen manipulieren sollen. Dieser Leitfaden soll Ihnen vielmehr als praktische Hilfestellung im Umgang mit Emotionen dienen. Sie können diesen Leitfaden sofort für sich nutzen.

Emotionen als Störfaktor in Verhandlungen

Niemand kann Emotionen entgehen. In Verhandlungen können sie jeden Weg zu einer klugen Einigung verbauen. Sie können eine freundschaftliche Beziehung in eine erbitterte Feindschaft verwandeln, durch die auch andere Menschen in Mitleidenschaft gezogen werden. Sie können jede Hoffnung auf eine faire Regelung zunichte machen. Aber wie kann es sein, dass Emotionen eine derartige Macht haben?

---

* Positive Emotionen sind im Allgemeinen besser geeignet, in Verhandlungen ein gutes Verhältnis und Kooperationsbereitschaft herzustellen als negative. Tatsächlich kann der taktische Einsatz von negativen Emotionen wie Ärger den Verhandlungspartnern jedoch helfen, atmosphärische Störungen zu bereinigen und sich wieder zusammenzuraufen. Auch negative Emotionen wie Trauer können Menschen zusammenbringen, die gemeinsam ihren Verlust bewältigen.

Sie können von der Lösung der Sachfragen ablenken

Wenn Sie sich ärgern oder Ihr Gesprächspartner wütend wird, müssen Sie sich beide mit Emotionen herumschlagen. Sollen Sie aufspringen und den Raum verlassen? Sich entschuldigen? Den Ärger in sich hineinfressen? Sie konzentrieren sich nicht mehr darauf, eine für beide Seiten befriedigende Einigung zu finden, sondern darauf, sich selbst zu verteidigen und den anderen anzugreifen.

Sie können Beziehungen beschädigen

Ungezügelte Emotionen mögen wünschenswert sein, wenn wir uns verlieben. Doch in einer Verhandlung beeinträchtigen sie unsere Fähigkeit, klug zu handeln. Starke Emotionen können unser Denken ausschalten und bergen das Risiko, eine Beziehung zu beschädigen. In einem Anflug von Ärger unterbrechen Sie beispielsweise die langatmigen Ausführungen eines Kollegen, just in dem Moment, in dem dieser einen Vorschlag machen wollte, der für Sie beide eine brauchbare Einigung dargestellt hätte. Und sein Ressentiment hat möglicherweise zur Folge, dass er das nächste Mal schweigt, wenn Sie seine Unterstützung benötigen.

Sie können gegen Sie verwendet werden

Wenn Sie beim Vorschlag eines Verhandlungspartners zusammenzucken oder Ihre Interessen nur sehr zögerlich darlegen, dann lassen diese sichtbaren Reaktionen Rückschlüsse auf Ihre »wahren« Sorgen und Ihre Verwundbarkeit zu. Wer Ihre emotionalen Reaktionen genau beobachtet, kann daraus Schlüsse ziehen, wie wichtig Ihnen bestimmte Vorschläge, Themen und Ihre gemeinsame Beziehung sind und diese Information verwenden, um Sie über den Tisch zu ziehen.

Wenn Emotionen in der Lage sind, das alles zu bewirken, dann verwundert es nicht, dass viele Ratgeber empfehlen, Emotionen in Verhandlungen wenn irgend möglich außen vor zu lassen.

Emotionen als entscheidender Erfolgsfaktor in Verhandlungen

Obwohl Emotionen gern als Störfaktoren in einer Verhandlung betrachtet werden – was sie sicherlich oft sind –, sind sie doch meist ein entscheidender Erfolgsfaktor. Sie können uns helfen, unser Verhandlungsziel zu erreichen, indem sie zum Beispiel Wege aufzeigen, auf kreative Art und Weise die Interessen aller Beteiligten zu befriedigen, oder indem sie uns helfen, eine problematische Beziehung zu verbessern.

US-Präsident Carter nutzte die Wirkung der Emotionen während der historischen Friedensverhandlungen zwischen Israel und Ägypten. Er hatte den israelischen Premierminister Menachem Begin und den ägyptischen Präsidenten Anwar as-Sadat in seinen Wochenendsitz nach Camp David eingeladen, um die beiden politischen Führer bei der Aushandlung eines Friedensabkommens zu unterstützen. Nach 13 langen Verhandlungstagen drohten die Gespräche jedoch zu scheitern. Die israelische Delegation sah wenig Aussicht auf eine Einigung.

Zu diesem Zeitpunkt hatte Carter bereits eine Menge Zeit und Energie in den Friedensprozess investiert. Er hätte leicht seine Frustration zum Ausdruck bringen und zum Beispiel Begin mit Konsequenzen drohen können, sollte dieser das letzte Angebot ausschlagen. Doch eine derart feindselige Geste hätte Begin vermutlich veranlasst, die Verhandlungen vollständig abzubrechen. Carter hätte damit außerdem seine persönliche Beziehung zu Begin aufs Spiel gesetzt.

Stattdessen entschied sich Carter für eine Geste von großer emotionaler Wirkung. Begin hatte Carter und Sadat gebeten, Abzüge eines Gruppenfotos der drei Politiker zu signieren, um jedem seiner Enkelkinder eines der Fotos zu schenken. Carter fand die Namen der Enkelkinder heraus und schrieb eine persönliche Widmung auf jedes der Bilder. Nachdem die Delegationen sich vom Verhandlungstisch zurückgezogen hatten, brachte Carter Begin die Fotos. Begin sah den Namen seiner Enkeltochter auf dem obersten Foto und sprach ihn laut aus. Seine Lippen zitterten. Er nahm ein Foto nach dem anderen in die Hand und sprach den Namen jedes seiner Enkel aus. Dann unterhielten er und Carter sich nachdenklich über Enkelkinder und über Krieg. Dies brachte die Wende in den Verhandlungen. Noch am selben Tag unterzeichneten Begin, Sadat und Carter das Friedensabkommen von Camp David.

Dieses offene Gespräch zwischen Jimmy Carter und Menachem Begin wäre undenkbar gewesen, wenn nicht von vorneherein eine gute Beziehung zwischen beiden bestanden hätte. Begin konnte schwierige Themen mit Carter erörtern, ohne zu blockieren oder das Gespräch abzubrechen. Ein Fundament positiver Emotionen ermöglichte ein freundschaftliches Gespräch über schwerwiegende Meinungsunterschiede.

Dieses Fundament kam natürlich nicht »einfach so« zustande. Es erforderte viel Arbeit. Carter und Begin hatten schon bei ihrer ersten Begegnung ein Jahr vor den Verhandlungen damit begonnen, ein gutes Verhältnis herzustellen. Auf Einladung von Jimmy Carter hatten sich die beiden im Weißen Haus getroffen, um in privater Atmosphäre über den Nahostkonflikt zu sprechen. Einige Monate später hatten Carter und seine Frau das Ehepaar Begin zu einem privaten Abendessen eingeladen, in dessen Verlauf sie sich über private Dinge unterhalten hatten. Begin hatte dabei unter anderem über die Ermordung seiner Eltern und seines einzigen Bruders im Holocaust gesprochen. Während der Verhandlungen in Camp David unternahm Carter alles, um beiden Parteien sein Interesse an ihrem Wohlergehen zu demonstrieren. Noch vor dem Auftaktgespräch in Camp David hatte er Begin beispielsweise darauf vorbereitet, dass Sadat sehr weit gehende

Forderung stellen würde, und er hatte Begin gebeten, sich in seiner Reaktion zu mäßigen.

Carter wollte, dass die Verhandlungen zum Erfolg wurden, genauso wie Begin und Sadat. Jeder hatte ein Interesse daran, zu »gewinnen«. Die positiven Emotionen zwischen Carter und jedem der beiden politischen Führer trugen maßgeblich dazu bei, die Verhandlungen voranzubringen.

Ob in internationalen Friedensverhandlungen oder in alltäglichen Verhandlungen – positive Emotionen können entscheidend sein. Sie können Ihnen auf dreifache Weise nützen:

Positive Emotionen helfen Ihnen bei der Lösung von Sachfragen

Positive Emotionen gegenüber dem anderen bauen Furcht und Misstrauen ab und verwandeln einen Gegenspieler in einen Verhandlungspartner. In der gemeinsamen Arbeit an Problemen schwindet das Bedürfnis nach Selbstschutz. Sie können neue Gedanken durchspielen, ohne Angst haben zu müssen, ausgenutzt zu werden.

Positive Emotionen motivieren Sie, mehr Einsatz zu bringen. Die Arbeit geht effizienter vonstatten, wenn Sie und Ihre Verhandlungspartner mit emotionalem Engagement zusammenarbeiten. Sie sind offener, um zuzuhören und mehr über die Interessen der anderen Seite in Erfahrung zu bringen. Dies ist ein wichtiger Schritt in Richtung einer Einigung, die beide Seiten zufriedenstellt. Das wiederum zur Folge hat, dass Ihre Vereinbarung auch langfristig Bestand hat.

Positive Emotionen verbessern die Qualität einer Beziehung

Positive Emotionen schaffen ein Gefühl persönlicher Befriedigung, wie es für zwischenmenschliche Interaktionen typisch ist. Sie genießen die Verhandlung und die persönliche Erfahrung der Kameradschaft. Sie können ungezwungen sprechen, ohne Angst haben zu müssen, persönlich angegriffen zu werden.

Diese Kameradschaft bietet Ihnen auch eine Art Rückversicherung. Sie erlaubt es Ihnen, anderen zu widersprechen, in dem Wissen, dass Sie auch dann noch morgen an einem Tisch sitzen werden, wenn es zu schwerwiegenden Meinungsverschiedenheiten kommt.

Positive Emotionen machen Sie nicht schwächer, sondern stärker

Obwohl positive Emotionen Ihnen helfen können, eine Einigung zu erzielen, die zu beiderseitiger Zufriedenheit ausfällt, besteht immer auch die Gefahr, dass Sie sich zu wohl fühlen und unkluge Zugeständnisse machen oder überoptimistisch handeln. Trotzdem sollten Sie positive Emotionen keinesfalls unterdrücken, sondern vor einer Entscheidung Ihren Kopf und Ihren Bauch befragen. Ehe Sie Zusagen machen, sollten Sie sicherstellen, dass die Entscheidung Ihre Interessen befriedigt. Überprüfen Sie, ob die Einigung fair ist. Informieren Sie sich über die Alternativen, die jedem der Verhandlungspartner offenstehen und nutzen Sie diese Information geschickt.

Tabelle 1 vergleicht die Auswirkungen positiver und negativer Emotionen auf eine Verhandlung. Diese Tabelle zeigt, welche Auswirkungen Emotionen auf die sieben Schlüsselelemente der Verhandlung haben, wie wir sie auf Seite 263 beschreiben.

Wie Sie mit Emotionen umgehen können: Drei nicht praktikable Ansätze

Obwohl wir wissen, dass Emotionen einer Verhandlung nützen oder schaden können, gibt es bislang wenig Unterstützung für den

Tabelle 1: Häufige Auswirkungen von Emotionen

Schlüsselelement der Verhandlung	Negative Emotionen fördern eher:	Positive Emotionen fördern eher:
Beziehung	■ angespannte, von Misstrauen bestimmte Beziehung	■ kooperative Arbeitsbeziehung
Kommunikation	■ eingeschränkte und konfrontative Kommunikation	■ offene, unkomplizierte Kommunikation in beide Richtungen
Interessen	■ Interessen werden ignoriert, Extremforderungen verteidigt und Zugeständnisse, wenn überhaupt, nur widerwillig gemacht	■ die Anliegen des anderen werden gehört, seine Bedürfnisse wahrgenommen
Optionen	■ es gibt nur zwei Optionen: unsere Position und ihre ■ Zweifel, dass es Lösungen gibt, von denen alle Beteiligten gleichermaßen profitieren	■ zahlreiche Optionen werden daraufhin überprüft, inwieweit sie den Interessen aller Beteiligten entsprechen ■ Zuversicht, dass sich mit großem Einsatz eine Lösung finden lässt, die alle Beteiligten zufriedenstellt.
Rechtmäßigkeit	■ Machtkampf darum, warum wir im Recht und die anderen im Unrecht sind ■ Furcht vor einer Niederlage	■ Verwendung von neutralen Kriterien, um die gerechteste Lösung zu finden ■ Gerechtigkeitssinn
Beste Alternative zu einer Verhandlungslösung	■ Ausschlagen einer möglichen Vereinbarung, auch wenn unsere beste Alternative zu einer Verhandlungslösung schlechter ist	■ Suche nach der besten Lösung, solange sie besser ist als unsere beste Alternative zu einer Verhandlungslösung
Zusagen	■ keine Zusagen oder unklare und nicht praktikable Zusagen ■ Reue über das Zustandekommen (oder Nicht-Zustandekommen) der Vereinbarung	■ klar formulierte, praktikable und realistische Zusagen ■ Zufriedenheit, Unterstützung und aktive Zustimmung für die vereinbarte Lösung

Umgang mit ihnen. Wie können wir sie für uns nutzen? In der gängigen Literatur kann man oft nachlesen, Verhandlungsführer sollten Emotionen abstellen, ignorieren oder bewusst mit ihnen umgehen. Keiner dieser drei Ansätze ist praktikabel.

1. Emotionen abstellen? Unmöglich

Sie können Ihre Emotionen genauso wenig abstellen wie Ihre Gedanken. Zu jedem Zeitpunkt fühlen Sie einen bestimmten Grad an Zufriedenheit oder Traurigkeit, Begeisterung oder Enttäuschung, Isolation oder Verbundenheit, Lust oder Leid. Sie können Emotionen nicht einfach ein- und ausschalten wie eine Glühbirne.

Nehmen wir die Geschichte einer Naturwissenschaftlerin, die ein Stellenangebot von einem Pharmazieunternehmen erhalten hat. Michelle, wie wir sie nennen wollen, freute sich zunächst über das Gehaltsangebot, bis sie herausfand, dass kurz zuvor zwei Kolleginnen mit einem besseren Einstiegsgehalt eingestellt worden waren. Sie war verärgert und verwirrt. Aus ihrer Sicht war sie weit besser qualifiziert als die beiden Kolleginnen.

Also beschloss Michelle, ihr Gehalt nachzuverhandeln. Auf die Frage nach ihrer Verhandlungsstrategie antwortete sie: »Ich habe vor, rational in die Verhandlung zu gehen. In unserem Gespräch werde ich Emotionen außen vor lassen. Ich will nur über Zahlen sprechen.« Sie versuchte, den zuständigen Personalleiter davon zu überzeugen, dass sie, wenn sie ähnliche Qualifikationen mitbrachte und ähnliche Tätigkeiten ausführte wie die beiden Kolleginnen, auch ein ähnliches Gehalt verdient habe. Eine gute, sachbezogene Argumentation. Leider nahm die Verhandlung nicht den erwarteten Verlauf. Während des Gesprächs ließen sie ihre Emotionen im Stich, obwohl sie annahm, sie hätte sie im Griff.

Michelle erinnert sich: »Meine Stimme klang barscher als sonst. Das war keine Absicht, aber ich konnte nichts dagegen machen. Ich war ärgerlich, weil mir das Unternehmen weniger bezahlen wollte als den beiden anderen neu eingestellten Kolleginnen. Der Personalleiter verstand meine Aussagen als Forderungen. Ich war überrascht, als er mir sagte, er lasse sich von niemandem die Pistole auf die Brust setzen, schon gar nicht von einer neuen Mitarbeiterin. Es war gar nicht meine Absicht, ihn zu einer Gehaltserhöhung zu zwingen. Aber meine Emotionen hatten sich nicht so einfach abstellen lassen, wie ich gedacht hatte.«

In den allermeisten Fällen wären Sie in einer Verhandlung schlecht beraten, Ihre Emotionen zu unterdrücken, selbst wenn Sie es könnten. Damit würde Ihre Aufgabe nicht einfacher, sondern schwieriger. Emotionen kommunizieren Informationen über Sie und darüber, wie Sie die relative Bedeutung Ihrer Anliegen einschätzen. Sie helfen Ihnen, sich auf die Dinge zu konzentrieren, die Ihnen persönlich wichtig sind, wie etwa Anerkennung oder Arbeitsplatzsicherheit. Emotionen helfen Ihnen auch zu verstehen, worauf es der Gegenseite ankommt. Wenn Ihr Gesprächspartner ein bestimmtes Anliegen mit großer Begeisterung vorträgt, können Sie davon ausgehen, dass ihm daran gelegen ist. Sie müssen nicht Stunden und Tage damit zubringen, die Prioritäten der anderen Seite zu analysieren, sondern können viel Zeit und Energie sparen, indem Sie so viel Wissen aus ihren Emotionen beziehen, wie Sie können.

2. Emotionen ignorieren? Nicht ratsam

Wenn Sie Emotionen ignorieren, dann tun Sie dies auf eigene Gefahr. Emotionen sind allgegenwärtig und haben großen Einfluss auf die Art und Weise, wie Sie eine Situation erleben. Sie können versuchen, Ihre Emotionen zu ignorieren, aber Ihre Emotionen werden Sie ganz sicher nicht ignorieren. In einer Verhandlung sind Sie sich möglicherweise nur am Rande bewusst, wie sehr sich Ihre Emotionen auf Ihren Körper, Ihr Denken und Ihr Verhalten auswirken.

Emotionen haben Auswirkungen auf Ihren Körper

Emotionen können unmittelbare Auswirkungen auf Ihren Körper haben: Sie schwitzen, erröten, lachen oder verspüren ein flaues Gefühl im Magen. Wenn Sie sich einer Emotion bewusst werden, können Sie natürlich versuchen, den Ausdruck dieses Gefühls zu unterdrücken. Sie können es vermeiden, aus Freude zu lächeln oder aus Enttäuschung zu weinen. Doch Emotionen zu unterdrücken hat seinen Preis. Eine unterdrückte Emotion wirkt weiter auf Ihren Körper. Egal ob diese Emotion positiv oder negativ ist, der innere Stress kann Sie ablenken. Wenn Sie versuchen, eine Emotion zu unterdrücken, dann fällt es Ihnen möglicherweise schwerer, sich auf die Sachfragen zu konzentrieren.

Emotionen haben Auswirkungen auf Ihr Denken

Wenn Sie Enttäuschung oder Ärger verspüren, dann vernebeln Ihnen negative Gedanken den Kopf. Vielleicht beginnen Sie, sich selbst zu kritisieren oder anderen die Schuld zu geben. Dieses negative Denken hindert Sie daran, zuzuhören, zu denken und sich zu erinnern. Manche Unterhändler lassen sich so sehr von ihren negativen Emotionen und Gedanken ablenken, dass sie es nicht einmal mitbekommen, wenn ihnen ihr Verhandlungspartner ein erhebliches Zugeständnis macht.

Wenn Sie dagegen positive Emotionen verspüren, dann konzentrieren Sie sich auf das, was Ihnen an sich selbst, Ihren Gesprächspartnern oder Gedanken richtig erscheint. Wenn Sie sich keine Sorgen machen, ausgenutzt zu werden, wird Ihr Denken offener, kreativer und flexibler. Sie neigen weniger dazu, Vorschläge zu verwerfen und mehr dazu, praktikable Optionen zu entwickeln.

Emotionen haben Auswirkungen auf Ihr Verhalten

Fast jede Emotion motiviert Sie zu einer Handlung. In einem Moment des Überschwangs verspüren Sie möglicherweise den Wunsch, Ihre Verhandlungspartner zu umarmen. Und in einem Moment des Ärgers könnten Sie das Bedürfnis haben, jemanden zu schlagen. Normalerweise haben Sie sich so weit im Griff, dass Sie nichts tun, was Sie nachher bereuen würden. Doch wenn Sie eine starke Emotion empfinden, kann Ihr analytisches Denken auf der Strecke bleiben, und Sie fühlen sich Ihrer Emotion ausgeliefert. In solchen Momenten ist Ihre Fähigkeit, Ihre Gedanken zu kontrollieren oder über die Konsequenzen Ihrer Handlungen nachzudenken, erheblich eingeschränkt. Es kann Ihnen passieren, dass Sie Dinge sagen oder tun, die Sie später bereuen.

3. Bewusst mit Emotionen umgehen? Eine schwierige Aufgabe

Verhandlungsführer bekommen oft den Rat, ihre Emotionen und die ihres Gesprächspartners zu erkennen und dann bewusst mit ihnen umzugehen. Es gibt Menschen, die ein Talent dafür haben, bewusst mit Emotionen umzugehen, und viele Menschen können diese Fähigkeit lernen. Wenn jemand beispielsweise in Verhandlungen zu Ärger neigt, dann gibt es nützliche Tricks, um den Ärger rechtzeitig zu erkennen und damit umzugehen.

Doch selbst für ausgebildete Psychologen oder Psychiater ist es eine große Herausforderung, unmittelbar mit jeder Emotion umzugehen, die sie an sich oder anderen feststellen. Und es wird umso schwieriger, sich Emotionen bewusst zu machen, wenn Sie mitten in einer Verhandlungssituation sind und intensiv über die verschiedenen Standpunkte der unterschiedlichen Gesprächspartner und die Zusammenarbeit am Verhandlungstisch nachdenken sollen. Das ist so, als sollten Sie gleichzeitig Rad fahren, jonglieren und telefonieren.

Wenn Sie unmittelbar mit jeder Emotion umgehen wollten, wenn Sie sie empfinden, dann hätten Sie alle Hände voll zu tun. Während der Verhandlung müssten Sie fortwährend nach Anzeichen für emotionale Regungen bei sich und Ihren Gesprächspartnern Ausschau halten. Schwitzen Sie? Hat Ihr Gegenüber die Arme verschränkt? Sie müssten Rückschlüsse auf die zahlreichen möglichen emotionalen Regungen ziehen, die Sie und Ihre Gesprächspartner empfinden können. (Sehen Sie sich die Liste in Tabelle 2 an und bedenken Sie, wie lange Sie schon brauchen, um die Begriffe zu lesen, ganz zu schweigen davon, jede dieser Regungen korrekt zu identifizieren.) Dann müssten Sie Schlüsse ziehen, was diese Gefühlsregung verursacht haben könnte. Die Ursachen könnten vielfältig sein: Vielleicht ärgert sich Ihr Gesprächspartner über etwas, das Sie gesagt haben, vielleicht hatte er aber auch Streit mit seinem Ehepartner, ehe er am Morgen aus dem Haus ging.

Dann müssten Sie sich entscheiden, wie Sie auf die jeweilige Emotion reagieren wollen, dann müssten Sie handeln und schließlich die Wirkung Ihres veränderten Verhaltens auf sich und die anderen Anwesenden beobachten. Ist die Reaktion negativ, besteht die Gefahr, dass die Emotionen aller Beteiligten rasch eskalieren.

Emotionen wirken ansteckend. Selbst wenn Ihre Emotionen sich von Enttäuschung in aktives Interesse verwandelt haben, reagiert Ihr Gegenüber noch immer auf Ihr empörtes Verhalten von vor einigen Minuten. Negative Emotionen wirken noch nach, selbst wenn sie schon längst verschwunden sind. Je stärker und negativer eine Emotion ist, desto größer ist das Risiko, dass Sie und Ihr Gesprächspartner die Kontrolle verlieren.

Daher die Frage, die dieses Buch beantworten will: Wie sollen Sie in einer Verhandlung mit den sich gegenseitig beeinflussenden, wichtigen und alles entscheidenden Emotionen der Beteiligten umgehen? Wenn wir realistischerweise davon ausgehen, dass wir nicht in der Lage sind, diese Emotionen zu erkennen, zu verstehen und unmittelbar auf sie zu reagieren, bleibt uns dann nichts anderes übrig, als mehr schlecht als recht zu reagieren?

Tabelle 2: Wörter, die Emotionen beschreiben

Positive Emotionen	Negative Emotionen
■ angeregt	■ schuldig
■ froh	■ beschämt
■ amüsiert	■ erniedrigt
■ begeistert	■ verlegen
■ fröhlich	■ reuevoll
■ freundschaftlich	
■ erfreut	■ neidisch
■ ekstatisch	■ eifersüchtig
	■ angeekelt
■ stolz	■ missgünstig
■ befriedigt	■ verächtlich
■ glücklich	
■ frohlockend	■ ungeduldig
■ erregt	■ verärgert
■ selig	■ wütend
■ beschwingt	■ zornig
■ erleichtert	■ eingeschüchtert
■ beruhigt	■ besorgt
■ zufrieden	■ überrascht
■ entspannt	■ ängstlich
■ geduldig	■ panisch
■ ruhig	■ erschreckt
■ still	
	■ traurig
■ hoffnungsvoll	■ hoffnungslos
■ bewundernd	■ elend
■ erstaunt	■ erschüttert

Eine Alternative: Kümmern Sie sich um die Grundbedürfnisse

Dieses Buch bietet allen Menschen, die mit Verhandlungen zu tun haben – und damit allen Menschen – einen nützlichen Leitfaden für den Umgang mit Emotionen. Ob Sie sich Emotionen zugestehen oder nicht, sie haben große Auswirkungen auf Ihre Verhandlungen. Das folgende Kapitel erläutert, warum es nicht nötig ist, auf Dutzende sich ständig verändernder Emotionen zu reagieren, wenn Sie sich auf fünf Grundbedürfnisse konzentrieren, die für die überwiegende Zahl der Emotionen in einer Verhandlung verantwortlich sind. Diese Grundbedürfnisse sind die Ursache der meisten emotionalen Schwierigkeiten, denen Sie in einer Verhandlung begegnen können. Statt sich Emotionen hilflos ausgeliefert zu fühlen, werden Sie lernen, positive Emotionen zu erzeugen und negative zu überwinden.

2.

Konzentrieren Sie sich auf Grund-
bedürfnisse, nicht auf Emotionen

Statt sich mit jeder Emotion zu beschäftigen, die Sie und andere empfinden, sollten Sie sich auf die Auslöser dieser Emotionen konzentrieren.

Als emotionale Grundbedürfnisse bezeichnen wir diejenigen Bedürfnisse, auf die es fast jedem Menschen in fast jeder Verhandlung ankommt. Sie bleiben oft unausgesprochen, doch deshalb sind sie nicht weniger wichtig als unsere Sachinteressen. Selbst erfahrene Verhandlungsführer sind sich oft nicht bewusst, in welchem Ausmaß diese emotionalen Grundbedürfnisse ihre Entscheidungen beeinflussen.

Die emotionalen Grundbedürfnisse bieten Ihnen einen nützlichen Leitfaden, wie Sie mit Gefühlen umgehen können, ohne sich von ihnen überwältigen zu lassen. Dieses Kapitel bietet Ihnen einen Überblick, wie Sie die Grundbedürfnisse für sich nutzen können.

Fünf emotionale Grundbedürfnisse sind
Auslöser vieler Emotionen

Fünf Grundbedürfnisse sind die Auslöser einer Vielzahl von positiven und negativen Emotionen, denen Sie in einer Verhandlung begegnen können. Bei diesen fünf emotionalen Grundbedürfnissen handelt es sich um *Wertschätzung, Verbundenheit, Autonomie, Status* und *Rolle*.

Wenn Sie diese fünf Bedürfnisse effektiv ansprechen, können Sie bei sich und anderen positive Emotionen auslösen. Das trifft auch dann zu, wenn Sie jemanden zum ersten Mal treffen. Sie nutzen die Wirkung positiver Emotionen, ohne Dutzende sich ständig veränderter Gefühlsregungen an sich und anderen beobachten, analysieren und diagnostizieren zu müssen.

Natürlich können auch Existenzbedürfnisse wie Hunger, Durst oder das Bedürfnis nach Schlaf sowie körperliche Schmerzen starke Emotionen auslösen. Bei den hier behandelten fünf Grundbedürfnissen handelt es sich jedoch um emotionale Bedürfnisse, die un-

Tabelle 3: Die fünf Grundbedürfnisse

Grund-bedürfnisse	Das Bedürfnis wird nicht befriedigt, wenn ...	Das Bedürfnis wird befriedigt, wenn ...
Wertschätzung	■ ... Ihre Gedanken, Gefühle und Handlungen herabgewürdigt werden.	■ ... Ihre Gedanken, Gefühle und Handlungen als wertvoller Beitrag gewürdigt werden.
Verbundenheit	■ ... Sie als Gegner behandelt und auf Distanz gehalten werden.	■ ... Sie als Kollege behandelt werden.
Autonomie	■ ... Ihre Entscheidungsfreiheit von anderen beeinträchtigt wird.	■ ... andere Ihre Entscheidungsfreiheit in wichtigen Fragen respektieren
Status	■ ... Sie behandelt werden, als sei Ihre relative Position unter der der anderen.	■ ... Ihre Position volle Anerkennung findet.
Rolle	■ ... Sie Ihre momentane Rolle und die damit verbundenen Tätigkeiten als persönlich unbefriedigend empfinden.	■ ... Sie Ihre Rolle und die damit verbundenen Tätigkeiten so definieren, dass Sie diese als persönlich befriedigend empfinden.

sere Beziehungen zu anderen betreffen. Wie Tabelle 3 zeigt, hat jedes dieser emotionalen Grundbedürfnisse damit zu tun, wie Sie sich selbst in Beziehung zu anderen sehen und wie diese sich umgekehrt in Beziehung zu Ihnen sehen.

Die genannten fünf Grundbedürfnisse sind nicht scharf voneinander getrennt, die Grenzen verschwimmen und sie gehen ineinander über. Doch jedes stimuliert auf seine ganz eigene Weise unsere Emotionen. Zusammengenommen beschreiben sie den emotionalen Gehalt einer Verhandlung besser, als es nur ein einzelnes Grundbedürfnis könnte. Das Zusammenspiel der Grundbedürfnisse ist vielleicht am besten vergleichbar mit den fünf Blasinstrumenten, die zusammen ein Divertimento von Mozart spielen. Querflöte, Oboe, Klarinette, Fagott und Waldhorn fließen scheinbar ineinander, doch es ließe sich keines dieser fünf Instrumente entfernen, ohne die Harmonie des Ganzen empfindlich zu stören.

Keines der fünf Grundbedürfnisse darf überbetont und keines vernachlässigt werden. Jedes sollte angemessene Berücksichtigung finden. Um festzustellen, ob unsere Grundbedürfnisse ausreichend berücksichtigt werden, lassen sich drei Maßstäbe anlegen. Ist die Art und Weise, in der andere auf unsere Bedürfnisse reagieren…

… fair? Eine faire Behandlung steht im Einklang mit den üblichen Gepflogenheiten, Gesetzen, unternehmensüblichen Praktiken und gesellschaftlichen Erwartungen. Wir haben das Gefühl, dass man uns so behandelt, wie man Menschen in vergleichbaren Situationen behandeln sollte.

… aufrichtig? Ein aufrichtiger Umgang bedeutet, dass man uns die Wahrheit sagt. Auch wenn wir nicht das Recht haben, alles zu erfahren, wollen wir doch das Gefühl haben, dass man uns nicht hintergeht. Wenn unser Gegenüber unsere Bedürfnisse ehrlich berücksichtigt, dann ist er nicht darauf aus, uns zu täuschen oder zu betrügen. Er kommuniziert aufrichtig, was er empfindet und weiß.

... der Situation angemessen? Vielleicht ist es unrealistisch zu erwarten, dass in jeder Situation sämtliche unserer Grundbedürfnisse gleichermaßen Berücksichtigung finden. Normen können sich verändern, je nachdem ob wir über Alltagsfragen diskutieren oder uns in einer Krisensituation befinden. Welches Verhalten wir als angemessen empfinden, hängt oft mit diesen sich verändernden Normen zusammen.

**Tabelle 4: Was passieren kann,
wenn meine Grundbedürfnisse *ignoriert* werden**

Meine Grundbedürfnisse werden ignoriert, wenn ...	Daher fühle ich mich:		Wenn das passiert, neige ich dazu, ...
■ ... ich keine Wertschätzung finde. ■ ... ich als Gegenspieler behandelt werde. ■ ... meine Autonomie nicht respektiert wird. ■ ... mein Status nicht anerkannt wird. ■ ... meine Rolle eingeschränkt wird.	**ärgerlich** verärgert empört entrüstet wütend zornig hasserfüllt trotzig ungeduldig → **verunsichert** ängstlich nervös unsicher beunruhigt **neidisch und eifersüchtig** **angeekelt** abgestoßen	angewidert missgünstig verächtlich **schuldig und beschämt** erniedrigt verlegen reuevoll **traurig** elend hoffnungslos deprimiert erschüttert apathisch	■ ... negativ zu reagieren und gegen meine eigenen Interessen zu handeln ■ ... alles allein machen zu wollen → ■ ... unflexibel in meinem Denken zu werden ■ ... unaufrichtig zu handeln und als unzuverlässig wahrgenommen zu werden

Chancen, wenn meine Grundbedürfnisse *befriedigt* werden

Meine Grundbedürfnisse werden befriedigt, wenn ...	Daher fühle ich mich:		Wenn das passiert, neige ich dazu, ...
■ ... ich Wertschätzung finde. ■ ... ich als Kollege behandelt werde. ■ ... meine Entscheidungsfreiheit respektiert wird. ■ ... mein Status anerkannt wird, wo es verdient ist. ■ ... ich meine Rolle als befriedigend empfinde und Tätigkeiten beinhaltet, die mir das Gefühl geben, dass ich einen wichtigen Beitrag leiste.	begeistert fröhlich gut gelaunt amüsiert ekstatisch glücklich zufrieden angetan jovial beruhigt froh hoffnungsvoll	freundschaftlich fürsorglich mitfühlend zuvorkommend stolz fähig mutig ruhig gelassen erleichtert	■ ... zu kooperieren ■ ... im Team zu arbeiten ■ ... kreativ zu sein ■ ... als vertrauenswürdig wahrgenommen zu werden

Die Frage, ob ein Grundbedürfnis befriedigt wird oder nicht, kann so entscheidend sein wie die Frage, ob Sie Ihre Nase über oder unter Wasser haben. Wenn Sie beispielsweise das Gefühl haben, nicht anerkannt und oder ausgeschlossen zu werden, dann kann es sich anfühlen, als würden Sie ertrinken: Sie fühlen sich allein, isoliert und bekommen keine Luft mehr. Sie reagieren emotional und neigen zu feindseligem Verhalten. Wenn Sie sich dagegen anerkannt und eingebunden fühlen, dann ist das, als ob Sie schwimmen. Sie atmen frei, überblicken die Lage und können sich entscheiden, was Sie tun und wohin Sie sich wenden wollen. Ihre positiven Emotionen tragen Sie, und Sie neigen zu Kooperation, kreativem Denken und vertrauenerweckendem Verhalten (siehe Tabelle 4).

Nutzen Sie die emotionalen Grundbedürfnisse als Lupe und als Hebel

Die Stärke der fünf Grundbedürfnisse ist eine doppelte. Sie können sie sowohl als Lupe verwenden, um die Emotionen Ihrer Verhandlungspartner besser zu erkennen. Und Sie können sie als Hebel einsetzen, um positive Emotionen bei sich und anderen zu erzeugen.

Grundbedürfnisse als Lupe: Verstehen Sie eine Situation besser

Die Grundbedürfnisse helfen Ihnen, Ihre Verhandlung unter Einbeziehung der emotionalen Dimension vorzubereiten, durchzuführen und zu beurteilen.

Die Vorbereitung der Verhandlung

Sie können die fünf Grundbedürfnisse als eine Checkliste verwenden, um sensible Punkte bei sich und Ihren Gesprächspartnern zu erkennen. Könnten andere sensibel auf etwas reagieren, was Sie über ihren *Status* aussagen? Wird die Verhandlungsführerin der anderen Partei das Gefühl haben, Sie missachten ihre *Autonomie*, wenn Sie den aktuellen Vertragsentwurf überarbeiten, ohne Ihr Vorgehen mit ihr zu besprechen? Leidet Ihr Gefühl der *Verbundenheit*, wenn der Rest des Teams zum Essen geht und Sie nicht einlädt?

Die Durchführung der Verhandlung

Wenn Sie sich der fünf Grundbedürfnisse bewusst sind, dann verstehen Sie besser, wodurch das jeweilige Verhalten eines Verhandlungspartners motiviert sein kann. Sie könnten beispielsweise erkennen, dass der Verhandlungsführer der Gegenseite das Gefühl hat, die Arbeit, die er darauf verwendet hat, um im Vorfeld auf seiner Seite um Unterstützung für eine Vereinbarung zu werben, werde nicht ausreichend gewürdigt. Wenn Sie sich dessen bewusst sind, können Sie entsprechend reagieren und dieses Bedürfnis ansprechen.

Wenn Sie sich Ihrer eigenen Grundbedürfnisse bewusst sind, kann Ihnen das helfen, eine Eskalation Ihrer Emotionen zu verhindern. Wenn Ihr Verhandlungspartner zum Beispiel etwas sagt, was Sie an einem sensiblen Punkt berührt, dann sollten Sie darauf achten, dass Sie nicht die Kontrolle über Ihr eigenes Verhalten verlieren. Statt auf einen scheinbaren persönlichen Angriff zu reagieren, atmen Sie tief durch und fragen sich, welches Ihrer fünf Grundbedürfnisse zu kurz kommt. Stellt Ihr Gegenüber Ihre Autonomie infrage? Erkennt er Ihren Status nicht an?

Die Nachbereitung der Verhandlung

Sie können die fünf Grundbedürfnisse verwenden, um beim Rückblick auf ein Gesprach dessen emotionale Dimension zu verstehen. Wenn das Gespräch abgebrochen wurde, weil Ihr Verhandlungspartner verärgert den Raum verließ, dann können Sie mithilfe der fünf Grundbedürfnisse die mögliche Ursache des Ärgers erkennen. Sie können dieses Wissen verwenden, um die Situation zu bereinigen oder um zu verhindern, dass sie sich wiederholt. Wenn ein Gespräch besser verlief als erwartet, können Sie mithilfe der Grundbedürfnisse verstehen, was gut gelaufen ist und eine Liste Ihrer besten Praktiken erstellen.

Grundbedürfnisse als Hebel: Verbessern Sie die Situation

Es kommt nicht darauf an, dass Sie genau wissen, was ein Mensch empfindet und warum; auch ohne dieses Wissen können Sie jedes der fünf Grundbedürfnisse als einen Hebel verwenden, um positive Emotionen zu bewirken. Das ist oft sehr viel einfacher als herauszufinden, welche negative Emotion ausgelöst wurde, und sich dann zu überlegen, was Sie dagegen unternehmen können. Sie können Dinge sagen oder tun, mit denen Sie eines der Grundbedürfnisse Ihres Gesprächspartners ansprechen und seine Anerkennung, Verbundenheit, Autonomie, Status oder Rolle bestätigen. Das Resultat sind positive Emotionen.

Sie können die Grundbedürfnisse auch nutzen, um Ihre eigenen Emotionen in eine positive Richtung zu lenken. Sie können beispielsweise den Druck einer wichtigen Entscheidung verringern, indem Sie sich bewusst machen, dass Sie die Autonomie besitzen, eine Vereinbarung mit der Gegenseite zu akzeptieren oder abzulehnen. Oder Sie können Ihren Status aufwerten, indem Sie andere an Ihrem Wissen auf einem wichtigen Spezialgebiet teilhaben lassen.

Es ist wichtig, diese Grundbedürfnisse offensiv anzugehen, um auf diese Weise die negativen Emotionen zu vermeiden, die immer dann aufkommen, wenn diese Bedürfnisse unbefriedigt bleiben. Die Freude, die ein Mensch empfindet, wenn er atmen kann, wiegt die Angst nicht auf, die er spürt, wenn er nicht atmen kann.

Zusammenfassung

Die emotionalen Grundbedürfnisse sind Bedürfnisse, die die allermeisten Menschen in Verhandlungen empfinden. Statt direkt mit den Dutzenden unterschiedlichen Gefühlen umzugehen, die Sie und Ihre Verhandlungspartner in einer Verhandlung empfinden, können Sie sich auf fünf Grundbedürfnisse konzentrieren: Wertschätzung, Verbundenheit, Autonomie, Status und Rolle. Sie können diese Bedürfnisse als Hebel einsetzen, um positive Emotionen bei sich und anderen auszulösen. Wenn Sie die Zeit dazu haben, können Sie sie auch als Lupe verwenden, um besser zu erkennen, welches Bedürfnis nicht befriedigt wurde und dieses unbefriedigte Bedürfnis anzusprechen.

Die Grundbedürfnisse sind so einfach, dass Sie sie sofort einsetzen können, und sie sind so anspruchsvoll, dass Sie sie auch in komplexen Situationen anwenden können. Eine Verhandlung, an der mehrere Parteien beteiligt sind und bei der viel auf dem Spiel steht, erfordert ein profunderes Verständnis der fünf Grundbedürfnisse.

Die folgenden Kapitel zeigen Ihnen umfassend, wie Sie die fünf Grundbedürfnisse einsetzen können, sowohl als Lupe zum besseren Verständnis einer Situation, als auch als Hebel für bessere Verhandlungen.

Teil II

Emotionen aktiv nutzen

3.

Bringen Sie Ihre Wertschätzung zum Ausdruck

Erkennen Sie den Wert dessen an, was andere Menschen denken, fühlen und tun, und drücken Sie Ihre Anerkennung aus

Vor einigen Jahren reiste Roger Fisher in die georgische Hauptstadt Tiflis, um dort an einem Regierungsprojekt teilzunehmen. Am Tag vor seiner Heimreise in die Vereinigten Staaten machte er einen Einkaufsbummel. Als er die Hauptstraße von Tiflis entlangging, sah er in einer der Arkaden einen Schnitzer, der an einer Holzschale arbeitete. Vor sich hatte er einige seiner Schnitzereien aufgebaut, um sie zum Verkauf anzubieten. Roger blieb stehen, um dem Mann bei der Arbeit zuzusehen. Er erinnert sich an die Begegnung:

Mir gefielen die Schnitzereien, und am allerbesten gefiel mir die Schale, an der der Mann arbeitete. Also fragte ich ihn: »Wie viel kostet diese Schale?«

»Sie ist noch nicht fertig«, erwiderte er.

»Wann wird sie denn fertig?«, fragte ich und verspürte dabei eine gewisse Ungeduld.

»In ein paar Tagen. Dann können Sie sie kaufen.«

»Ich würde sie gern jetzt kaufen – auch wenn sie noch nicht ganz fertig ist. Was wollen Sie dafür haben, wenn ich sie so kaufe, so wie sie jetzt ist?« (Ich erwartete natürlich einen günstigeren Preis.)

»Sie ist nicht verkäuflich«, antwortete der Schnitzer.

Ich ärgerte mich über seine kurz angebundene Antwort. Ich hatte mein Interesse an seiner Arbeit geäußert, war bereit, die Schale in unfertigem

Zustand zu kaufen, und er schenkte meinem Angebot keinerlei Beachtung. Er schenkte mir keinerlei Beachtung. Ich verspürte das Bedürfnis, seine Arbeit zu beleidigen, ihn zu beleidigen, oder einfach weiterzugehen. Stattdessen atmete ich einmal tief durch. Ich erkannte, dass ich mich nicht ausreichend anerkannt und respektiert fühlte. Ich fühlte mich herabgewürdigt.

Und dann dämmerte es mir. Der Schnitzer fühlte sich wahrscheinlich genauso wenig anerkannt und respektiert. Vermutlich war mein Verhalten keinen Deut besser als seines. Auch ich hatte keinerlei Wertschätzung oder Anerkennung für ihn oder seine Arbeit zum Ausdruck gebracht. Er fühlte sich wahrscheinlich genauso wie ich.

»Wenn ich Ihnen die Schale jetzt verkaufe, ist sie teurer«, erklärte der Schnitzer.

»Warum?«, fragte ich überrascht.

Er sah mich an und lächelte. »Wenn ich Ihnen die Schale heute verkaufe, dann nehme ich mir das Vergnügen, sie fertigzustellen.«

Jetzt lächelte auch ich. »Ich reise morgen aus Tiflis ab. Die Schale gefällt mir sehr. Alle ihre Arbeiten gefallen mir sehr. Und jetzt möchte ich diese Schale umso mehr, damit sie mich an den Schnitzer erinnert, der so viel Stolz für seine Arbeit empfindet und solche Befriedigung verspürt, etwas gut zu machen.«

Auch er lächelte, doch er schwieg.

»Wenn Sie berücksichtigen, dass ich morgen abreisen muss, würden Sie mir als einem fremden Reisenden den Gefallen tun, und mir die Schale zu dem Preis verkaufen, den Sie verlangen würden, wenn sie fertig wäre?«

Der Mann dachte einen Moment lang nach und nahm das Angebot an.

Wertschätzung ist Grundbedürfnis und zentrale Verhandlungsstrategie

Wie Roger Fisher und der Schnitzer feststellten, ist Wertschätzung ein wichtiges Bedürfnis. Die Bedeutung der Wertschätzung liegt in der Wirkung auf die Person, die sich anerkannt fühlt. Vom Grundschullehrer bis zum Vorstandsvorsitzenden eines multinationalen

Konzerns, vom Bauarbeiter bis zum Diplomaten, jeder will anerkannt werden.

Wertschätzung wirkt einfach und unmittelbar. Verweigert man uns die Wertschätzung, fühlen wir uns schlechter. Werden wir dagegen ausreichend anerkannt, fühlen wir uns besser: Unser Selbstwertgefühl steigt, wir öffnen uns, hören besser zu und fühlen uns motiviert, zu kooperieren.

Wertschätzung und Anerkennung sind nicht nur Substantive, die ein Grundbedürfnis beschreiben, sondern eine Handlung. Anerkennen ist ein Tätigkeitswort. Anerkennung ist ein zentrales Grundbedürfnis und eine zentrale Handlungsstrategie, denn ehrlich gemeinte Anerkennung ist oft eine ausgezeichnete Möglichkeit, weitere Grundbedürfnisse eines anderen Menschen zu befriedigen. *Bringen Sie Ihre Wertschätzung zum Ausdruck* ist daher der einfachste, für jede Situation geeignete Rat, wenn Sie positive Emotionen in Ihren Verhandlungspartnern wecken wollen.

Wenn Sie und Ihr Gesprächspartner Wertschätzung füreinander empfinden und zum Ausdruck bringen, dann ist die Wahrscheinlichkeit größer, dass Sie zu einer vernünftigen Übereinkunft kommen, als wenn eine Seite sich nicht ausreichend anerkannt fühlt. Es nutzt Ihnen, wenn Sie dazu beitragen, dass die andere Seite sich anerkannt fühlt, unabhängig davon, ob die Wertschätzung erwidert wird oder nicht. Ihr Verhandlungspartner fühlt sich wohler und verhält sich kooperativer. Und wenn Sie Ihre Wertschätzung zum Ausdruck bringen, steigt die Wertschätzung, die man Ihnen entgegenbringt.

Warum wir uns nicht anerkannt fühlen

In den meisten Verhandlungen sind es drei Hindernisse, die einem gegenseitigen Gefühl der Wertschätzung entgegenstehen. Zum einen kann es passieren, *dass jede Seite den Standpunkt der jeweils anderen nicht versteht.* Wir legen unsere eigenen Positionen dar, doch wir bringen nichts über die Positionen der anderen Seite in Erfahrung. Während der andere spricht, denken wir nur an das, was wir selbst kommunizieren wollen. Doch ohne wirkliches Zuhören kommt kein Verständnis zustande.

Wenn wir nicht mit dem übereinstimmen, was der andere sagt, kann es zweitens passieren, *dass wir den Wert dessen anzweifeln, was der andere sagt.* Oft meinen wir, dass es zu unserer Aufgabe als Verhandlungsführer gehört, die anderen schlechtzumachen. Allzu oft suchen wir nach den Schwächen in der Argumentation des anderen, nicht nach deren Wert. Doch jeder sieht die Welt durch seine eigene Brille, und wir fühlen uns abgewertet, wenn unsere Sicht der Welt keine Wertschätzung findet oder gar als falsch bezeichnet wird. Wenn wir Wochen mit der Erarbeitung eines Vorschlags zubringen, und die andere Seite hat nichts als Kritik dafür übrig, dann reagieren wir sehr wahrscheinlich frustriert und verärgert.

Zum Dritten kann es sein, *dass wir den Wert, den wir in den Gedanken, Gefühlen oder Handlungen des anderen sehen, nicht zum Ausdruck bringen.* Wenn wir nur Kritik unserer Ansichten hören, dann nehmen wir an, dass unsere Botschaft und deren Wert nicht angekommen sind. Wir tragen unsere Ansicht daher entweder vehementer vor, oder wir geben auf.

Die drei Bausteine der Wertschätzung

Unsere Anerkennung auszudrücken erfordert mehr als ein einfaches Dankeschön. Um Wertschätzung zum Ausdruck zu bringen, müssen wir:

- den Standpunkt des anderen *verstehen,*
- den Wert der Gedanken, Gefühle und Handlungen jedes Teilnehmers *anerkennen,*
- und unsere Anerkennung mit Worten und Taten *kommunizieren.*

Verstehen Sie den Standpunkt des anderen

Um einem anderen Menschen unsere Wertschätzung ausdrücken zu können, müssen Sie zuallererst verstehen, wie sich die Dinge aus seiner Sicht darstellen und anfühlen. Ihr wichtigstes Hilfsmittel ist Ihre Fähigkeit, zuzuhören und die richtigen Fragen zu stellen.

Viele Menschen sind der Ansicht, dass wir nicht verstehen können, wie jemand anders die Dinge sieht, es sei denn, er sagt es uns ausdrücklich. Das stimmt natürlich oft, doch Sie können vieles vorwegnehmen, indem Sie sich vorstellen, wie es sich anfühlt, in seiner Haut zu stecken. Und selbst wenn Sie den Standpunkt des anderen nicht gleich verstehen, versucht dieser trotzdem, sich Gehör zu verschaffen. Seien Sie also offen und hören Sie zu.

Es gibt viele Techniken des aktiven Zuhörens, die Sie in einer Verhandlung zum Einsatz bringen können, um den anderen besser zu verstehen. Zwei davon seien an dieser Stelle besonders hervorgehoben:

Achten Sie nicht nur auf die Worte, sondern auch auf die Melodie

Verstehen hat nicht nur damit zu tun, die Worte zu hören, die jemand sagt. Für Sie als Zuhörer ist es genauso wichtig zu hören, in welchem Zusammenhang diese Worte gesprochen werden und welche Stimmungen, Zwischentöne und Emotionen mitschwingen.

Wie bei einem Lied reicht es nicht aus, nur den Text zu kennen. Sie müssen sehr genau auf das hören, was die Worte begleitet: auf die Melodie. So wie ein donnernder Trommelwirbel ein sentimentales Liebeslied in einen aufgewühlten Kriegsschrei verwandeln kann, so kann der Ton eines Verhandelnden seine Worte unterstreichen oder in absolutem Widerspruch zu ihnen stehen, etwa wenn eine Person schreit: »Ich bin *nicht* wütend!«

Achten Sie auf Meta-Botschaften

Beim Zuhören stellen Sie oft fest, dass eine Botschaft in einer anderen versteckt ist. Diese unausgesprochenen Botschaften begegnen uns überall. Bei einem Abendessen könnte beispielsweise ein Gastgeber auf die Uhr sehen und sagen: »Ich habe unser Gespräch so genossen, dass ich gar nicht bemerkt habe, wie spät es geworden ist.« Die meisten Gäste werden die Meta-Botschaft verstehen, dass das Abendessen vorüber ist.

Meta-Botschaften machen häufig deutlich, ob jemand die in einer Diskussion geäußerten Ansichten unterstützt, sie ablehnt, oder ob er unschlüssig ist. Sie können Meta-Botschaften einfach erkennen, indem Sie zum Beispiel darauf achten, welches Wort in einem Satz betont wird. Obwohl die folgenden vier Sätze im Wortlaut exakt identisch sind, hat jeder Satz eine andere Bedeutung – mögliche Übersetzungen finden Sie in Klammern.

Mir gefällt dieser Vorschlag. (Aber andere sind dagegen.)

Mir *gefällt* dieser Vorschlag. (Ich unterstütze ihn von ganzem Herzen.)

Mir gefällt *dieser* Vorschlag. (Mir gefällt dieser Vorschlag besser als andere.)

Mir gefällt dieser *Vorschlag*. (Als Vorschlag; ich will mich aber nicht festlegen.)

Begehen Sie nicht den Fehler, Unschlüssigkeit oder Ablehnung zu ignorieren. Die Körpersprache eines Menschen kann etwas ganz anderes aussagen als seine Worte. Wenn Sie auf die Meta-Botschaften achten, können Sie den Standpunkt des anderen besser verstehen und anerkennen.

Erkennen Sie den Wert dessen an, was der andere denkt, fühlt und tut

Das zweite wichtige Element der Wertschätzung besteht darin, den Wert dessen anzuerkennen, was Ihr Gegenüber denkt, fühlt und tut. Denken Sie zum Beispiel an die Arbeit im Haushalt. Egal, ob wir Geschirr spülen, Betten machen, Rasen mähen oder uns an einen Hochzeitstag erinnern – wenn unser Einsatz nicht bemerkt wird oder keine Anerkennung findet, sind wir enttäuscht. Tabelle 5 zeigt, wie wir den Wert der Gedanken, Gefühle und Handlungen eines anderen Menschen anerkennen, und wie wir diese Wertschätzung zum Ausdruck bringen können.

Tabelle 5: Äußern Sie Ihre Wertschätzung

Erkennen Sie an, was ein anderer …	Und sagen Sie zum Beispiel:
… denkt ■ Logik und Argumentation ■ Ansichten	■ »Ich finde Ihre Argumente überzeugend.« ■ »Auch wenn ich nicht mit Ihrer Schlussfolgerung übereinstimme, verstehe ich Ihren Standpunkt.«
… fühlt ■ Emotionen ■ Grundbedürfnisse	■ »Ich bewundere, mit welchem Stolz Sie Ihre Arbeit tun.« ■ »Ich stimme Ihnen zu, es gibt keinen Grund, warum Sie nicht an unserer morgigen Sitzung teilnehmen sollten.«
… tut ■ Handlungen ■ Leistungen	■ »Sie leisten mit Ihrer Arbeit einen wichtigen Beitrag.« ■ »Ich danke Ihnen dafür, dass Sie diesen ersten Entwurf erarbeitet haben.«

Wenn Ansichten einander widersprechen, erkennen Sie den Wert der Argumentationsführung an

Selbst wenn Sie den Standpunkt Ihres Verhandlungspartners in einer bestimmten Sachfrage nicht teilen, können Sie zumindest die Gründe für seine spezielle Sichtweise anerkennen. Hinter einer Haltung können tiefe Überzeugungen, ein leidenschaftlicher Glaube oder eine durchdachte Argumentation stecken.

Nehmen wir als Beispiel ein Erlebnis, das Roger Fisher hatte, als er die US-Regierung vor dem Obersten Gerichtshof der Vereinigten Staaten vertrat. Er stand auf, um sein Plädoyer gegen die Argumente des Klägers zu führen und begann mit den Worten: »Die Position des Klägers ist überzeugend. Ich denke, seine Position ist sogar noch stärker, als es sein Anwalt in seinem Plädoyer von heute morgen dargestellt hat. Wenn ich der Anwalt des Klägers gewesen wäre, hätte ich noch ein zusätzliches Argument angeführt, und zwar ...«

Hier unterbrach ihn der Richter. »Mister Fisher! Sie sind hier, um das Plädoyer *für* die Regierung vorzutragen!«

»Das stimmt, Euer Ehren«, erwiderte Roger Fisher. »Aber ich möchte dem Gericht klarmachen, dass wir nicht nur Argumente gegen sämtliche Klagepunkte haben, die der Kläger angeführt hat, sondern auch gegen weitere gute Argumente, die der Kläger ebenfalls hätte ins Feld führen können. Die Position des Klägers ist weder trivial noch weit hergeholt. Wir sind der Ansicht, dass das Gericht die Klage zu Recht zugelassen hat und sich aufgrund ihres Wertes ausführlich mit ihr beschäftigt, so wie wir es in der Regierung ebenfalls getan haben. Trotzdem sind wir zu dem Schluss gekommen, dass das Recht gegen den Kläger ist, und zwar aus den Gründen, die ich nun darlegen werde ...«

Fisher war überzeugt, dass er der Regierung mehr nutzen konnte, wenn er seine Wertschätzung für die Gegenposition zum Ausdruck brachte, als wenn er die Anklagepunkte als absurd bezeichnet und in Bausch und Bogen abgeschmettert hätte. Wenn er zeigen konnte, dass er sich gründlich mit dem Standpunkt der gegnerischen Seite vertraut gemacht hatte und in jedem Aspekt beantworten konnte, dann war seine Argumentation seiner Ansicht nach überzeugender, als wenn er die Einzelheiten ignoriert und eine vom Plädoyer des Klägers unabhängige Argumentation präsentiert hätte. (Bleibt zu erwähnen, dass die Regierung den Prozess gewann.)

Mit seiner Wertschätzung für die Argumente des Klägers überzeugte er auch dessen Anwälte davon, dass ihre Position gehört und der Wert ihrer Ausführungen gewürdigt worden war. Am Ende des Prozesstages kam der Anklagevertreter auf Roger Fisher zu, um ihm die Hand zu geben und sich bei ihm dafür zu bedanken, dass er sich so ernsthaft mit seinen Argumenten auseinandergesetzt hatte.

Wenn Sie Ihre Wertschätzung für die Argumentation eines anderen zum Ausdruck bringen wollen, setzt das natürlich voraus, dass Sie tatsächlich einen Wert darin erkennen. Aufrichtigkeit ist unerlässlich. Nur Ihre ehrliche Wertschätzung seiner Ansichten vermittelt Ihrem Gegenüber ein Gefühl der Anerkennung. Sie sollten zum Ausdruck bringen, dass Sie die Gründe verstehen, warum ihr Verhandlungspartner auf eine bestimmte Weise fühlt, denkt und handelt. Wenn es Ihnen schwer fällt, in den Handlungen und Worten Ihres Gegenübers einen Wert zu erkennen, dann versuchen Sie sich vorzustellen, was er fühlt und überlegen Sie sich, welche Bedürfnisse Auslöser für diese Emotionen sein könnten.

Wenn Sie völlig anderer Meinung sind als die andere Seite, versuchen Sie die Rolle des Vermittlers einzunehmen

Am schwierigsten ist es, den Wert der Standpunkte Ihres Verhandlungspartners anzuerkennen, wenn Ihnen die strittige Frage persönlich am Herzen liegt. Wenn Sie sich darum bemühen herauszuhören, worin der Wert der Ansicht Ihres Gegenübers bestehen könnte, dann verändert das die Art und Weise, wie Sie zuhören.

Versuchen Sie, die Rolle eines unparteiischen Vermittlers einzunehmen. Die Aufgabe eines Vermittlers besteht darin, die Sichtweise jedes Diskussionsteilnehmers zu verstehen und zu würdigen. In dieser Rolle enthalten Sie sich eines Urteils darüber, wer Recht und wer Unrecht hat. Stattdessen versuchen Sie, jeden einzelnen Standpunkt zu würdigen.

Wenn Sie die Vermittlerrolle einnehmen, versuchen Sie zuerst zu verstehen, warum Ihr Gegenüber einen bestimmten Standpunkt für besonders wichtig oder überzeugend hält. Welche Überzeugungen oder Argumente stecken hinter seiner Sichtweise? Auch wenn Sie in der betreffenden Frage anderer Ansicht sind, können Sie trotzdem den Wert einer Überzeugung oder Argumentation anerkennen, die zu dieser Position geführt hat. Wenn Sie deren Wert erkannt haben, können Sie sagen:

Ich verstehe (Ihren Standpunkt) und erkenne (Ihre Argumentation oder Ihre Überzeugung) an.

Stellen Sie sich zum Beispiel eine Abtreibungsbefürworterin vor, die die Argumentation einer Abtreibungsgegnerin würdigen soll. Vermutlich kann sie in der Ansicht, Abtreibung solle verboten werden, keinen Wert erkennen. Doch sie könnte versuchen, die Gründe und Überzeugungen zu würdigen, die hinter dieser Position stehen. So könnte sie etwa sagen:

Ich verstehe, dass Ihrer Überzeugung nach das Leben mit der Zeugung beginnt. *(Damit demonstriert sie ihr Verständnis.)*
Und ausgehend von dieser Überzeugung kann ich auch anerkennen, dass Sie etwas schützen wollen, was Sie als ungeborenes Leben verstehen. *(Damit zeigt sie, dass sie den Wert der Argumentation anerkennt.)*

Wertschätzung lässt sich nicht an Bedingungen knüpfen. Im Gegenteil, meine Anerkennung Ihrer Sichtweise verliert viel an Wert, wenn ich sie an die Bedingung knüpfe, dass Sie im Gegenzug meine Sichtweise anerkennen. Wenn die Abtreibungsgegnerin sich demselben Prozess unterzöge (und die Argumentation der Abtreibungsbefürworterin würdigen und anerkennen würde), dann fühlten sich beide Seiten anerkannt. Das bedeutet jedoch nicht, dass eine der beiden ihre Überzeugungen zum Thema Abtreibung aufgeben muss. Im Gegenteil, beide können sogar noch klarer und bestimmter in ihren Ansichten werden. Doch wenn sie den Wert der jeweils anderen Position anerkennen, können beide unterschiedlicher Auffassung sein und trotzdem zusammenarbeiten. So könnten sie zum Beispiel ein gemeinsames Projekt anstoßen, um die Zahl ungewollter Schwangerschaften zu verringern.

Kommunizieren Sie Ihre Wertschätzung

Das dritte Element der Wertschätzung besteht schließlich darin, zu kommunizieren, dass Sie die Argumentation des anderen verstehen und würdigen. Wenn Sie die Perspektive der Gegenseite verstehen und ihren Wert erkennen, dann lassen Sie das die anderen auch wissen. Ihre Kommentare sollten zutreffend, klar, den Umständen angemessen und vor allem ehrlich sein. Niemand verlangt blumige Ausführungen. Wichtig ist, dass Sie die Gedanken, Gefühle und Handlungen des anderen erkennen und würdigen. Ganz einfach.

Ich habe den Eindruck, Sie machen sich Sorgen, dass Ihr Verhältnis zu den anderen Aufsichtsratsmitgliedern leiden könnte, wenn Sie Ihren Aktienanteil verkaufen. *(Sie zeigen Verständnis.)*
Ich verstehe Ihre Sorge, zumal Sie weiter in der Branche tätig sein wollen. *(Sie zeigen, dass Sie die Argumentation des anderen anerkennen.)*

Um sicherzugehen, dass Ihr Gegenüber nicht in die Defensive geht, formulieren Sie Ihre Botschaften affirmativ. Das ist umso leichter, wenn Sie seine Sichtweise tatsächlich anerkennen. Statt in sarkastischem Tonfall zu sagen: »Ja, ich verstehe nur zu gut, warum *Sie* meinen, dass Sie eine Gehaltserhöhung verdient haben«, können Sie seine Sichtweise bestätigen:

> Ich denke, Sie haben gute Gründe anzunehmen, dass Sie eine Gehaltser-
> höhung verdient haben. Sie haben viel Zeit in das Unternehmen investiert.
> Sie haben hart gearbeitet. Sie haben erfolgreich an Projekten mit zwei un-
> serer wichtigsten Klienten gearbeitet.

Sowohl die sarkastische wie die affirmative Formulierung verdeut-
lichen, dass Sie verstehen, worum es dem anderen geht. Doch nur
die zweite Formulierung bringt zum Ausdruck, dass Sie seinen
Standpunkt auch anerkennen. Doch diese Anerkennung bedeutet
noch nicht, dass Sie sich der Argumentation auch anschließen.

Spiegeln Sie das Gehörte zurück

Es reicht selten aus, den anderen einfach zu verstehen oder zu sagen »Ja, das verstehe ich«. Andere fühlen sich leicht überhört,
wenn Sie ihnen nicht zeigen, dass Sie wirklich verstanden haben,
was ihnen am Herzen liegt. Dies ist eine Lektion, die zwei Politiker
lernten, mit denen Daniel Shapiro arbeitete. Er erinnert sich:

> Ich leitete einen Workshop für gesellschaftliche und politische Führer in
> der Stadt Ohrid in Mazedonien. Unter den Teilnehmern waren Angehörige
> der albanischen und der mazedonischen Volksgruppen in Mazedonien.
> Während unser Workshop stattfand, kam es zwischen beiden ethnischen
> Gruppen zu gewalttätigen Auseinandersetzungen. Durch den Kosovokrieg
> kamen Tausende Albanier nach Mazedonien, und einige Mazedonier
> fürchteten nun um ihren politischen und kulturellen Einfluss.
>
> Während einer Kaffeepause saß ich mit zwei Teilnehmern an einem
> Tisch, einem Mazedonier namens Ivan und einem Albaner namens Bamir.
> Die beiden brachen sofort einen Streit vom Zaun.
>
> »Sind Sie sich dessen bewusst, dass Abertausende albanische Flücht-
> linge aus dem Kosovo hierher gekommen sind?« fragte Ivan. »Wie sollen
> wir für diese Leute sorgen?«
>
> »Es gibt keine andere Wahl«, erwiderte Bamir. »Sie haben keine Ah-

nung, wie es sich anfühlt, wenn Sie in so einer hoffnungslosen Situation sind wie wir.«

»Wenn wir den Flüchtlingen nicht helfen, hält uns die ganze Welt für hartherzig. Aber unser Land ist zu klein. Was sollen wir tun?«, antwortete Ivan.

»Sie verstehen unsere Situation nicht«, rief Bamir aus. »Sie haben keine Ahnung, was es bedeutet, aus der eigenen Heimat vertrieben zu werden!«

So ging es eine Weile lang hin und her. Die beiden Männer wurden immer lauter und überschrieen sich gegenseitig. Anfangs hatte ich zugehört, um mehr über ihre Standpunkte in Erfahrung zu bringen, doch nun geriet die Diskussion außer Kontrolle.

Ich unterbrach die Kontrahenten. »Moment mal. Das führt doch nirgendwo hin.«

Sie hielten inne und sahen mich an. Ich sagte: »Sie scheinen beide frustriert zu sein. Lassen Sie uns die Sache mal klären.«

»Er versteht unsere Lage nicht«, unterbrach mich Bamir.

»Nein, er versteht nicht«, empörte sich Ivan.

Ich machte eine Pause, bis sich die Gemüter ein klein wenig beruhigt hatten. Dann fragte ich: »Ivan, was haben Sie erfahren, als Sie Bamir zugehört haben?«

Er fing an: »Bamir denkt, dass wir Mazedonier die Albaner ablehnen. Aber das stimmt nicht.«

»Das habe ich *nicht* gesagt!«

Und ich fragte Bamir: »Was haben Sie Ivan sagen hören?«

»Es ist offensichtlich, dass es ihm nur um seine Leute geht.«

Ivan sprang auf. »Das habe ich nicht gesagt!«

Die beiden Männer starrten einander stumm an. Sie hatten einander wohl gehört, aber keiner hatte dem anderen zugehört. Keiner wusste, was der andere gesagt hatte, und keiner hatte auf den anderen reagiert. Sie hatten zwei unterschiedliche Gespräche geführt, und jeder von beiden hatte nur auf seine eigenen Annahmen und Emotionen reagiert.

Die beiden schwiegen. Dann lachte Ivan. Er hatte erkannt, was passiert war, und diese Erkenntnis überraschte ihn. Er sagte: »Wir kommen keinen Schritt weiter, wenn wir unsere Ohren verschließen.«

Und er hat Recht. Zu oft hören Menschen nicht zu, weil sie nur darauf warten, dass sie endlich an die Reihe kommen und ihre Ansichten äußern können. Doch Zuhören ist eine aktive, keine passive Tätigkeit. Sie verlangt Konzentration. Im weiteren Verlauf des Workshops beobachtete ich Ivan und Bamir dabei, wie sie einander nicht nur hörten, sondern zuhörten. Mehr als einmal schalteten ihre Emotionen ihre Fähigkeit zum Zuhören aus. Doch nun gaben sie sich Mühe, die Sichtweise des anderen anzuerkennen – und es einander zu sagen.

Wenn Sie bemerken, dass Sie einem anderen nicht mehr zuhören, fragen Sie sich: »Ist er fertig, oder bin ich fertig?« Mit anderen Worten, haben Sie zu früh aufgehört, dem anderen zuzuhören, vielleicht weil er Sie ermüdet, oder weil Sie sich nicht mit seinen Emotionen auseinandersetzen wollen?

Wenn Sie das Gehörte zurückspiegeln, sind Sie motiviert, genau zuzuhören. Diese Technik besteht darin, die Informationen oder die Emotionen mit eigenen Worten wiederzugeben. Daniel Shapiro demonstrierte diese Technik des aktiven Zuhörens, als er zu den beiden sagte: »Sie scheinen beide frustriert zu sein« Damit vermittelte er beiden das Gefühl, dass er ihnen zuhörte.

Zeigen Sie, wie Sie sich fühlen würden, wenn Sie in derselben Situation wären

Oft sind wir nicht in der Lage, korrekt einzuschätzen, was ein anderer in einem bestimmten Moment wirklich empfindet. Oft interpretieren wir Emotionen falsch und laufen dadurch Gefahr, unseren Gesprächspartner zu verärgern.

Dies passierte einer Mieterin, die ihre Miete nachverhandeln wollte. Der Vermieter war ein Anwalt, der in der Wohnung unter ihr wohnte. Die Mieterin versuchte zuerst, eine mentale Verbindung herzustellen: »Ich habe gehört, dass Sie gerade in einem neuen Anwaltsbüro angefangen haben. Das ist bestimmt anstrengend.«

Der Vermieter wurde blass und blaffte: »Nein, das ist es nicht. Sagen Sie mir lieber, was Sie von mir wollen.« Während er ihr antwortete, ging ihm durch den Kopf: »Will sie damit sagen, dass ich nicht in der Lage bin, einen Jobwechsel hinzubekommen? Sie muss mich für ein ziemliches Weichei halten.« Obwohl die Mieterin beste Absichten hatte, fühlte sich der Vermieter kritisiert und angegriffen.

Weniger aufdringlich wäre es, wenn wir einfach annehmen, wie wir uns fühlen würden, wenn wir in derselben Situation wären. Doch zuerst fragen wir am besten, was der andere empfindet. Die Mieterin könnte beispielsweise sagen: »Ich habe gehört, dass Sie in den Job gewechselt haben. Wie ist es Ihnen ergangen? Wenn ich irgendwo neu anfangen würde, dann fände ich das bestimmt sehr anstrengend.« Diese indirekte Aussage eröffnet einen besseren Weg zur Kommunikation. Mit dieser weniger anmaßenden Gesprächseröffnung wäre sie offen geblieben für neue Erkenntnisse und der Vermieter hätte nicht das Gefühl gehabt, dass sie ihm etwas unterstellen will.

Anerkennen ist nicht gleichbedeutend mit Nachgeben

Viele Menschen befürchten, wenn sie die Meinung eines anderen anerkennen, dann ist das gleichbedeutend mit einer Zustimmung. Das ist nicht richtig. Sie können die Argumentation eines anderen Menschen anerkennen und diese Anerkennung zum Ausdruck bringen, unabhängig davon, ob Sie ihm zustimmen oder nicht. Damit geben Sie Ihre Entscheidungsfreiheit nicht aus der Hand: Sie können einen Vorschlag immer noch annehmen oder ablehnen, und erhöhen gleichzeitig die Wahrscheinlichkeit, dass Sie beide effektiv zusammenarbeiten können.

Sie können die Vorstellungen und Gedanken eines Menschen *verstehen*, auch wenn Sie sie für unklug oder grundfalsch halten.

Sie können Argumente verstehen, die Sie für gewichtig und diskussionswürdig halten, selbst wenn Sie ihnen nicht zustimmen oder der Ansicht sind, dass andere Faktoren eine wichtigere Rolle spielen. Wenn Sie Ihr Verständnis zum Ausdruck bringen, dann ist das etwas völlig anderes als zu sagen »Ich stimme Ihnen zu« oder »Ich werde tun, was Sie sagen«.

Eine Anwältin kann beispielsweise einen Klienten befragen und ihm zeigen, dass sie Verständnis für seine emotionalen Schwierigkeiten hat. Das bedeutet allerdings noch lange nicht, dass sie jede Handlung oder Meinung ihres Klienten gutheißen muss. Trotzdem kann sie die Überzeugungen und Gedankengänge ihres Klienten würdigen. Um Missverständnissen vorzubeugen, könnte die Anwältin ein Gespräch mit den Worten beginnen: »Ich möchte besser nachvollziehen können, was Sie erlebt und erfahren haben, um Sie so gut wie möglich vertreten zu können. Vielleicht bin ich nicht mit allem einverstanden, was Sie gesagt und getan haben, doch ich möchte sichergehen, dass ich Ihren Standpunkt verstehe.«

Auch im Geschäftsleben kann es nützlich sein, einen anderen Menschen in seiner Position anzuerkennen, ohne ihm nachzugeben. Nehmen wir den Fall von Mark, einem talentierten Manager eines Automobilherstellers, der unter der Parkinsonkrankheit litt. Im Verlaufe der Krankheit sprach er immer undeutlicher und hatte Probleme, das Gleichgewicht zu halten. Er war im Büro mehrmals gestürzt, hatte sich aber glücklicherweise nicht verletzt.

Mark war mit einigen Vorständen des Unternehmens befreundet, insbesondere mit Sam, dem regionalen Vorstandschef. Sam, Mark und die Familien der beiden hatten in den vergangenen Jahren häufig zusammen Urlaub gemacht. Mark hatte den Verdacht, der Vorstand wolle ihm einen Vorruhestand nahelegen, da seine Krankheit die Kommunikation mit Kunden immer schwieriger machte. Mark wollte dagegen nur auf Teilzeit umstellen. Ihm machte die Arbeit Spaß, doch er wollte die Winter zusammen mit seiner Frau in einer Kurklinik am Meer verbringen. Er wollte auf jeden Fall vermeiden, dass ihm das Management einseitig die Bedingungen für seinen Abschied diktierte. Statt dem Vorstand selbst Bedingungen zu stellen und damit einen offenen Konflikt heraufzubeschwören, nutzte Mark die Überzeugungskraft der Anerkennung. Er traf sich mit dem Vorstandschef und erklärte:

> Sam, ich danke dir, dass du dir die Zeit für dieses Gespräch genommen hast. Ich habe darüber nachgedacht, wie ich mein weiteres Arbeitsleben gestalten kann, jetzt, da die Krankheit die Verständigung immer schwieriger macht. Wir sind seit langer Zeit gute Freunde, und ich bin mir sicher, dass es nicht einfach für dich ist mit anzusehen, wie mich die Krankheit verändert. Ich weiß, dass dir sehr an meinem Wohlergehen gelegen ist, und dass du nicht möchtest, dass ich mich zu sehr belaste. Ich weiß auch, dass dir als Vorstandschef sehr am Wohlergehen des Unternehmens gelegen ist. Du möchtest, dass jeder seine Aufgaben effizient erledigt. Ich kann mir vorstellen, dass diese Situation nicht ganz einfach für dich ist. Also wollte ich mich mit dir zusammensetzen und unverbindlich gemeinsam überlegen, welche Möglichkeiten wir haben.

Mit dieser Einleitung signalisiert Mark, dass er Sams Position versteht, ohne dadurch Zugeständnisse zu machen. Stattdessen erkennt er an, dass Sam sich einerseits Sorgen um ihn macht und andererseits die Verantwortung für das Unternehmen trägt. Diese Einleitung gibt dem Gespräch eine positive Grundstimmung und macht es wahrscheinlicher, dass das Resultat im Interesse von Mark, Sam und dem Unternehmen ist.

Bereiten Sie sich darauf vor, anderen Ihre Wertschätzung zu zeigen

Nachdem Sie nun wissen, *wie* Sie anderen Ihre Wertschätzung zeigen können, können Sie sich darauf vorbereiten, es tatsächlich zu tun. Natürlich können Sie die Gedanken Ihres Verhandlungspartners nicht lesen, doch Sie können viel tun, um zu verstehen, wie er eine Situation sieht und empfindet.

Klären Sie für sich, wem Sie Ihre Wertschätzung zeigen wollen

In einem ersten Schritt entscheiden Sie sich, wem Sie Ihre Wertschätzung zeigen wollen. Egal wie alt oder wie reich jemand ist oder welche Position er bekleidet: Jeder Mensch erfährt gern Wertschätzung. Es ist ein Grundbedürfnis, das Menschen in allen Lebenslagen teilen. Wir gehen oft davon aus, dass Vorgesetzte keine Wertschätzung nötig haben, weil Wertschätzung nur in eine Richtung fließt, nämlich von oben nach unten. Weit gefehlt. Führungskräfte benötigen Anerkennung genauso wie ihre Mitarbeiter. Sie können Ihrem Vorgesetzten genauso Ihre Wertschätzung zeigen wie Ihren Mitarbeitern oder Kollegen, und natürlich auch Ihren Verhandlungspartnern. Wenn Sie das Gefühl haben, am kürzeren Hebel zu sitzen, dann können Sie durch die Wertschätzung anderer dazu beitragen, die Machtverhältnisse auszugleichen. Wenn Ihr Gesprächspartner das Gefühl hat, wirklich gehört zu werden, dann haben Sie nicht nur seiner Botschaft Ihre Anerkennung gezeigt, sondern auch dem Menschen.

Roger Fisher erinnert sich an eine Erfahrung, die ihm deutlich vor Augen führte, wie positiv Wertschätzung auf Menschen in jeder Position einer Hierarchie wirkt. Im Jahr 1949 hielt er sich als Mitarbeiter der Economic Cooperation Administration, der Behörde, die mit der Umsetzung des Marshallplans beauftragt war, in Paris auf. Barry, Leiter der Finanzabteilung der ECA und guter Freund Fishers, war seit Wochen mit der Frage beschäftigt, wie eine drohende Finanzkrise in Österreich abgewendet werden konnte.

Eines Montagmorgens berichtete der *Herald Tribune* in Paris, dass die erwartete Finanzkrise nun tatsächlich eingetreten sei. Alle Banken seien geschlossen und der Botschafter Averell Harriman, der Direktor der ECA in Europa, sei nach Wien geflogen, um sich der Krise anzunehmen. Da Harriman in großer Eile aufgebrochen war, hatte er jedoch keine Gelegenheit gehabt, die Lage mit Barry zu besprechen.

Gegen Ende der Woche hatte Harriman die Krise beigelegt – brillant, wie Barry betonte. Doch Barry fühlte sich übergangen und nicht anerkannt. Harriman hatte die Krise ganz offensichtlich ohne Barrys Hilfe bewältigt. Barry hatte Wochen damit zugebracht, Vorschläge zu erarbeiten, doch es hatte den Anschein, als sei seine Arbeit völlig überflüssig gewesen. Frustriert gestand er Fisher, er überlege, seinen Job zu kündigen.

In der folgenden Woche arbeitete Fisher in einer anderen Angelegenheit mit Harriman zusammen. Harriman bat ihn zu einem Gespräch, um mehr über die Moral seiner jüngeren Mitarbeiter in Erfahrung zu bringen.

Fisher war offen:»Manchmal fühlen sich Ihre Mitarbeiter nicht ausreichend gewürdigt. Barry erzählte mir, wie gut Sie die Krise in Österreich ohne ihn bewältigt haben. Nun denkt er darüber nach, sich einen anderen Job zu suchen.«

»Barry?«, fragte der Botschafter.»Der Mann ist ein Genie! Nachdem wir am Samstagnachmittag den Anruf aus Wien erhalten hatten, habe ich bei ihm angerufen, aber er war nicht zu Hause. Die Sicherheitsleute haben sein Büro durchsucht und in seinem Safe ein 44-seitiges Memorandum darüber gefunden, was im Falle einer Finanzkrise in Österreich zu tun sei. Ich habe eine Kopie gemacht, sie mitgenommen und in dieser Woche in Wien genau das gemacht, was er vorgeschlagen hat, und es war ein voller Erfolg.«

»Haben Sie Barry davon erzählt?«

»Nein. Der Mann hat doch nur seine Arbeit gemacht. Ich bin doch nicht dazu da, um Leuten dafür zu danken, dass sie ihre Arbeit machen. Wenn Sie wollen, können Sie es ihm erzählen.«

Fisher rief Harrimans Sekretärin ins Büro und sagte zu ihr vor Harriman:»Könnten Sie bitte zehn oder fünfzehn Minuten im Terminkalender des Botschafters reservieren, damit er dem Leiter der Finanzabteilung mitteilen kann, was er mir soeben gesagt hat?«

»Auf gar keinen Fall«, unterbrach ihn Harriman.

»Doch«, widersprach Roger seinem obersten Vorgesetzten, einem Mann der doppelt so alt war wie er selbst.»Das ist sehr wichtig.«

»*Mir* sagt doch auch niemand, wenn ich etwas gut mache«, antwortete Harriman.

Roger war verblüfft. »Ich hatte nie daran gedacht, dass ich in einer Position wäre, um Ihnen zu sagen, wie großartig die Arbeit ist, die Sie hier leisten. Natürlich, wenn Sie morgens ins Büro kommen, haben Sie schon die Telegramme aus Washington und aus den europäischen Hauptstädten gelesen und wissen genau, was Sie zu tun haben. Und Sie arbeiten bis spät am Abend. Wir arbeiten bis halb neun abends, und Sie sagen, es sei ›Nachmittag‹.«

Der Botschafter Harriman hatte vermutlich schon als Junge gelernt, sein Bett zu machen und Aufgaben im Haushalt zu übernehmen, ohne dafür irgendeinen Dank zu erwarten. Das bedeutete aber nicht, dass er keine Anerkennung dafür *gewollt* hätte. Als Erwachsener sprach er vermutlich nie Dank und Anerkennung aus, weil er selbst keine bekam.

Versetzen Sie sich in die Lage des anderen

Um den Standpunkt einer anderen Person tatsächlich anerkennen und würdigen zu können, versetzen Sie sich mithilfe eines Rollenspiels in deren Situation. Arbeiten Sie mit einem Kollegen zusammen: Sie übernehmen die Rolle der Person, der Sie Ihre Wertschätzung zeigen möchten, und Ihr Kollege übernimmt Ihre Rolle. Ihr Kollege kann Ihnen Fragen stellen, die Ihnen verstehen helfen, was die Person auf der anderen Seite des Verhandlungstisches möglicherweise empfindet:

- »Was ist Ihnen *(in der Rolle Ihres Verhandlungspartners)* besonders wichtig?«
- »Was sind für Sie besonders sensible Punkte?«
- »Natürlich geht es um Geld, aber erklären Sie mir bitte: Was ist Ihnen darüber hinaus wichtig? Respekt? Akzeptanz? Gehört zu werden?«

Sie beantworten diese Fragen in der ersten Person, als ob Sie tatsächlich dieser Verhandlungspartner wären. In dieser Rolle antworten sie beispielsweise: »Ich ärgere mich, wenn andere meine Meinung ignorieren.« Wenn Sie dieses Rollenspiel frühzeitig durchspielen, kann es Ihnen sehr dabei helfen, die Person besser zu verstehen, der Sie Ihre Anerkennung zeigen wollen.

Daniel Shapiro erinnert sich, wie ein ähnliches Rollenspiel seiner Mutter Ana in einer schwierigen Phase ihrer Ehe half. Als ihr bereits erwachsener Sohn am Telefon erzählte, er werde wieder in ihre Stadt ziehen, sagte sie spontan: »Warum ziehst du nicht bei uns ein, bis du eine Wohnung gefunden hast?« Sie hatte keine Ahnung, dass sie damit einen Sturm heraufbeschwor, der ihre zweite Ehe, die inzwischen fünfzehn Jahre dauerte, in Gefahr bringen könnte. Voller Freude überbrachte sie ihrem Mann Joe die gute Nachricht. Doch sehr zu ihrer Überraschung war dieser keineswegs beglückt darüber, dass sie ihren Sohn zurück ins Haus geholt hatte.

»Warum freust du dich denn nicht?«, fragte sie ihren Mann.

»Ich will ihn nicht für einen unbegrenzten Zeitraum hier haben«, erwiderte er. »Die Kinder sind aus dem Haus. Jetzt wollen wir beide unser Leben zu zweit genießen.«

»Aber er wird doch nicht ewig hier bleiben«, antwortete Ana.

»So wie ich ihn kenne, richtet er sich hier ein«, entgegnete Joe.

»Er ist Ende zwanzig. Er ist erwachsen…«

»Willst du denn die Familie nicht um dich haben?«, fragte Ana. »Oder liegt es daran, dass es *mein* Sohn ist und nicht deiner?«

»Es ist mir völlig egal, wessen Sohn er ist! Er ist zu alt, um wieder hier einzuziehen!«

Ana hatte plötzlich das Gefühl, dass dies nicht der Mann war, den sie geheiratet hatte, der gute Vater, mit dem sie ihre und seine Kinder aufgezogen hatte. Sie war wütend und verwirrt und hatte mit einem Mal das Gefühl, sie müsse sich zwischen ihrem Sohn und ihrem Mann entscheiden. Sie stand auf und verließ das Zimmer.

Der Streit eskalierte. Das Zusammenleben wurde immer unerträglicher. Die beiden begannen, sich gegenseitig anzuschreien, was sie nie zuvor getan hatten. Ana wandte sich an ihren Sohn Daniel mit der Bitte um Rat. Nachdem sie ihm die Situation erklärt hatte, sprachen die beiden darüber, wie Ana weiter vorgehen könne:

Ich sagte zu ihr:»Ihr beiden redet aneinander vorbei. Keiner scheint den Standpunkt des anderen zu verstehen. Deshalb fühlt sich jeder von euch unverstanden.«

Sie nickte und fragte:»Und was können wir dagegen tun?«

Ich antwortete:»Ihr habt doch beide ein Interesse daran, dass eure Beziehung weiter funktioniert. Du könntest damit anfangen, Joes Position anzuerkennen. Warum machen wir nicht eine einfache Übung?« Darauf bat ich sie, drei Fragen zu beantworten, und zwar aus Joes Sicht. Dies sind die Fragen und eine kurze Beschreibung dessen, was Ana aus ihnen lernte.

1. »*Warum könnte Joe meinen, dass du ihn nicht verstehst?*« Ana erkannte, dass sie sich so verhielt, als handele es sich nur um ihren Sohn. Sie warf Joe vor, ihr Sohn sei ihm egal, weil er nicht sein Sohn war. (»Liegt es daran, dass es mein Sohn ist und nicht deiner?«) Sie hatte ihren Standpunkt verteidigt und sich nicht darum bemüht, auch seine Sicht der Dinge zu verstehen.

2. »*Was könnte das Wertvolle an Joes Standpunkt sein?*« Ana dachte darüber nach, wie sich die Situation aus Joes Perspektive darstellte. Sie erkannte, dass die Vorstellung, wieder eines ihrer Kinder im Haus zu haben, bei Joe Erinnerungen an eine Zeit weckte, in der er rund um die Uhr für alles verantwortlich war und den Kindern vom Lesen bis hin zum Radfahren alles beibringen musste. In seinem neuen Lebensabschnitt wollte Joe jedoch keine zusätzlichen Verantwortungen mehr übernehmen, sondern die Zeit mit seiner Frau allein genießen.

3. »*Hast du mit Joe über dein Verständnis für seine Position gesprochen?*« Ana stellte fest, dass sie Joe nie mitgeteilt hatte, dass sie seine Bedenken verstand. Sie befürchtete, wenn sie seine Sichtweise anerkannte, würde sie ihm automatisch nachgeben müssen. Daher hatte sie ihm zu keinem Zeitpunkt ihr Verständnis für seine Befürchtungen und Wünsche signalisiert.

Nach dieser Übung versuchte Ana, ihre eigene Sichtweise zu verstehen und ebenfalls zu würdigen. Sie stellte fest, dass sie sich durch ihre Rollen als Frau und als Mutter in zwei entgegengesetzte Richtungen gezogen fühlte: Sie wollte einerseits für ihren Sohn da sein und sich andererseits um ihre Ehe kümmern. So erkannte sie den Wert ihrer eigenen Position an. Es ging ihr darum, es sowohl dem Sohn als auch dem Ehemann recht zu machen. Und sie wollte ein Zeichen von Joe, dass er ihre Position verstand und respektierte.

Mithilfe des Rollenspiels verstand Ana den Konflikt besser. Statt ihren Mann zu kritisieren, war sie nun offen, ihm zuzuhören und seinen Standpunkt besser kennen zu lernen. Um den Ton der Verhandlungen zu ändern, bereitete sie eine einfache Frage vor: »Hilf mir, dich zu verstehen. Was genau ist dein Standpunkt und warum?«

Nachdem sie diese Frage gestellt hatte, konnte Ana zuhören, ohne gleich zu urteilen. Sie erfuhr, dass sich ihr Mann um die Privatsphäre ihrer Beziehung sorgte. Er hatte sich darauf gefreut, dass das Haus endlich allein ihnen gehören würde und die beiden endlos viel Zeit füreinander hätten. Sie erfuhr, dass die Anwesenheit eines erwachsenen Sohnes ihn eifersüchtig machen würde, weil er diese Zeit nun mit jemandem teilen musste.

Weil sie ihrem Mann zuhörte und ihn wissen ließ, dass sie seine Position anerkannte, fühlte er sich schließlich verstanden, und der Ton zwischen den beiden änderte sich. Joe merkte, dass seine Frau ihn liebte und seinen Wunsch anerkannte, Zeit mit ihr allein zu haben. Er erkannte auch, dass sie sich als Mutter verpflichtet fühlte, ihrem Sohn zu helfen, zumal dieser erst kurz zuvor eine langjährige Beziehung mit seiner Freundin beendet hatte. Und er erfuhr, wie sehr sie es vermisste, die Rolle der Mutter zu spielen, und wie sehr er ihr in der Rolle des Vaters gefiel.

Die Lösung ihres Problems war nicht einfach, doch nun verhandelten sie Seite an Seite. In ihren Gesprächen erfuhr jeder mehr über die Position des anderen. Schließlich entschieden sie gemeinsam, wie sie ihren Sohn am günstigsten im Haus unterbringen konnten, und sie einigten sich darauf, dass dieser nur einen Monat bleiben sollte, was letztlich ausreichte, um eine neue Wohnung zu finden.

Erstellen Sie eine Liste mit »guten Fragen«, um die Sichtweise des anderen besser zu verstehen

Als Verhandlungsführer sind Sie gut beraten, Ihre persönliche Liste von allgemeinen Fragen zu erarbeiten, mit der Sie mehr über die Position der anderen Seite in Erfahrung bringen können. Das könnten Fragen sein, die Sie schon für eine andere Verhandlung vorbereitet haben (egal ob Sie sie tatsächlich gestellt haben oder nicht), oder gute Fragen, die Ihnen ein anderer Verhandlungspartner gestellt hat. Anas Frage: »Hilf mir dich zu verstehen. Was genau ist dein Standpunkt und warum?« ist ein gutes Beispiel für eine allgemeine Frage, wie sie in fast jeder Verhandlung zum Einsatz kommen kann. Andere Fragen sind:

- ■ »Helfen Sie mir zu verstehen, wie Sie die Situation sehen.«
- ■ »Welcher von all den Punkten, die wir heute besprochen haben, war aus Ihrer Sicht der wichtigste?«
- ■ »Welche weiteren Punkte sind Ihnen in unserer Verhandlung besonders wichtig?«

Allzu oft stellen die Verhandlungsführer bohrende Fragen, mit denen sie beweisen wollen, dass die andere Seite im Unrecht ist. Jede Seite behandelt die andere, als säße sie auf der Anklagebank. Fragen wie die folgenden lassen kaum mehr als ein Ja oder Nein zu:

- ■ »Haben Sie sich je Gedanken darüber gemacht, welche Auswirkungen Ihr Verhalten auf die Kunden haben könnte?«
- ■ »Haben Sie vor, in Zukunft wieder hinter unserem Rücken zu agieren?«

Klüger ist es, sich in den Standpunkt der anderen Seite hineinzuversetzen. Dazu stellen sie am besten *offene Fragen*. Hier geht es nicht um Argumente, sondern um aufrichtiges Interesse. Solche Fragen sind eine Einladung an die andere Seite, über das zu sprechen, was ihr besonders am Herzen liegt. Offene Fragen beginnen üblicherweise mit Fragewörtern wie *was*, *welche* oder *wie*. Zum Beispiel:

■ »Was sind Ihrer Ansicht nach die Vorteile dieser Option? Was könnten die Risiken sein?«

■ »Wie schätzen Sie die Entwicklung ein?«

■ »Was macht Ihnen an diesem Vorschlag Sorgen?«

Helfen Sie anderen, Ihnen ihre Wertschätzung zu zeigen

Was können Sie tun, wenn ein anderer Ihnen seine Wertschätzung verweigert? Sie könnten leicht das Gefühl bekommen, dass die Verhandlung in Schieflage gerät, wenn Sie versuchen, den Standpunkt Ihres Gegenübers zu würdigen, aber dieser Ihnen keinerlei Wertschätzung zeigt. In einem Anflug von Ärger könnten Sie zu dem Schluss kommen, dass Sie Ihre Wertschätzung von Bedingungen abhängig machen sollten: »Solange ich nicht anerkannt werde, spreche ich auch keine Wertschätzung mehr aus.« Doch wie bereits erwähnt funktioniert diese Strategie nicht, denn Anerkennung sollte immer aufrichtig sein. Eine Wertschätzung, die auf Anfrage ausgesprochen wurde, wird Ihnen immer verdächtig erscheinen.

Lassen Sie sich dennoch nicht entmutigen. Sie können eine Menge tun, um anderen zu helfen, Ihren Standpunkt zu verstehen, ihn anzuerkennen und diese Wertschätzung auszusprechen. In den folgenden Abschnitten finden Sie Anregungen dazu.

Helfen Sie anderen, Ihren Standpunkt zu verstehen

Wenn Sie der Ansicht sind, Ihr Verhandlungspartner versteht Ihren Standpunkt nicht, dann unternehmen Sie etwas.

Vereinbaren Sie einen bestimmten Zeitraum, in dem Ihr Verhandlungspartner Ihnen zuhört

Sie können beispielsweise einen Kollegen oder Vorgesetzten wissen lassen, dass es Ihnen wichtig ist, über ein bestimmtes Thema zu sprechen. Roger Fisher erinnert sich an einen Fall, in dem drei Minuten ausreichten, um eine Situation völlig zu verändern.

John Laylin war einer der Partner der Anwaltsfirma Covington & Burling, für die ich einige Jahre lang gearbeitet hatte. Jeder von uns hatte einen Entwurf für einen Brief vorbereitet, den ein Klient in Pakistan an eine Behörde in Indien schicken sollte. Jeder las den Entwurf des anderen und versah ihn mit Kommentaren. Mister Laylin kam zu dem Schluss, dass wir an seinem Entwurf weiterarbeiten sollten. Ich war der Ansicht, dass er nicht verstanden hatte, warum ich seinen Entwurf für ungenügend hielt. Ich sagte ihm, wir sollten an meinem weiterarbeiten, doch er sagte nein, wir würden seinen als Grundlage nehmen. Ob ich Änderungsvorschläge hätte.

Ich bat ihn, mir drei Minuten zu geben, um ihm zu erläutern, was meiner Ansicht nach mit seinem Entwurf nicht stimmte. Er sträubte sich. Dann zog er seine Taschenuhr hervor, legte sie auf den Schreibtisch und sagte: »In Ordnung, Sie haben drei Minuten.« Es waren noch keine zwei Minuten vergangen, als er mich unterbrach, mich fragte, warum ich nicht schon vorher Klartext gesprochen hatte, und seinen Entwurf in den Papierkorb warf. Dann bearbeiteten wir den Entwurf, den ich vorbereitet hatte.

Ich war gehört worden. Ich hatte mich verständlich gemacht und hatte überzeugt.

Formulieren Sie Ihre Botschaft so, dass sie gehört wird

Viele Rettungswagen tragen den Schriftzug »Notarzt« spiegelverkehrt auf der Kühlerhaube. Auf dieses Weise können Autofahrer, die das Fahrzeug im Rückspiegel sehen, das Wort lesen. Der Erfinder dieser Idee stellte sich eine sehr kluge Frage: »Wie können wir unsere Botschaft so gestalten, dass andere Autofahrer sie verstehen?«

In einer Verhandlung sollten Sie Ihre Botschaft ebenfalls so gestalten, dass andere sie verstehen. Sie können beispielsweise Ihren Handelsvertretern mitteilen, dass Sie eine Kommission von 5 Prozent für jeden Artikel erhalten, den sie verkaufen. Das mag Ihnen großzügig vorkommen. Doch viele Ihrer Handelsvertreter hören möglicherweise, dass Sie 95 Prozent in die eigene Tasche stecken, und halten Sie deshalb für gierig. Wenn das passiert, hat Ihre Botschaft Ihr Ziel nicht erreicht.

Wenn Ihre Emotionen oder die Ihres Gesprächspartners hochkochen, dann kann es schwer werden, sich mit Ihrer Botschaft Gehör zu verschaffen. Wenn Sie sich beispielsweise ärgern, dann haben Sie leicht das Bedürfnis, der anderen Seite die Schuld für Ihre negativen Emotionen in die Schuhe zu schieben. »Ich bin verärgert, weil Sie diese Vereinbarung unterzeichnet haben, ohne mich vorher zu konsultieren.« Sie sollten Schuldzuweisungen auf jeden Fall vermeiden. Dadurch drängen Sie Ihr Gegenüber nur in die Defensive. Er hört Ihnen nicht mehr zu, weil er im Geiste schon Argumente formuliert, warum *er* Recht hat und *Sie* Unrecht. Die Fähigkeit zur Zusammenarbeit schwindet.

Stattdessen könnten Sie Ihren Ärger in eine Botschaft verpacken, die in die Zukunft gerichtet ist. Lassen Sie den anderen wissen, dass Sie Ihren Ärger deshalb zum Ausdruck bringen, weil Sie erreichen wollen, dass es in Zukunft anders gemacht wird. »Ich bin verärgert, und ich sage Ihnen das, weil ich in Zukunft konsultiert werden möchte, wenn Sie eine Vereinbarung unterzeichnen, die uns beide betrifft.« Sie finden langfristig eher Gehör und Anerkennung, wenn Sie es Ihnen *nicht* ums Rechthaben geht, sondern wenn Sie Ihre Botschaft so gestalten, dass sie Auswirkungen auf die Zukunft hat.

Helfen Sie anderen, Ihre Gedanken, Emotionen und Handlungen anzuerkennen

Es gibt einige einfache Dinge, mit denen Sie anderen helfen können, Ihre Sichtweise oder Ihre emotionale Position zu verstehen und anzuerkennen.

Bitten Sie Ihren Gesprächspartner, den Wert Ihrer Sichtweise anzuerkennen

Statt den Wert Ihrer Sichtweise mit Argumenten zu belegen, stellen Sie der anderen Person Fragen. Bringen Sie sie dazu, über den Wert Ihrer Sichtweise zu reflektieren. Sie könnten beispielsweise sagen: »Ich bin mir nicht sicher, ob ich meine Perspektive deutlich genug dargestellt habe. Was glauben Sie, warum ich meinen Standpunkt für wichtig und überzeugend halte?«

Verwenden Sie eine Metapher, mit der Sie Ihren Gesprächspartner abholen

Es kann passieren, dass Sie sich ärgern, weil ein anderer Ihre emotionale Reaktion nicht wahrnimmt. Vielleicht tut er einfach so, als würde er Ihren Ärger nicht bemerken, oder er versucht, ihn durch einen eigenen Wutausbruch zu übertönen. Wie können Sie den anderen dazu bringen, Ihre Emotionen anzuerkennen?

Eine Metapher kann eine wirkungsvolle Methode sein, um solche Spannungen zu lösen. Eine Metapher gibt Ihnen und Ihren

Gesprächspartnern die Möglichkeit, Ihre gemeinsame emotionale Erfahrung anzusprechen, ohne ausdrücklich darüber sprechen zu müssen. Statt zu sagen: »Unsere Situation bereitet mir Sorgen, ich bin frustriert über Ihre Reaktion, ärgere mich über meine Kollegen und habe fast alle Hoffnung verloren« können Sie eine Metapher verwenden, die Ihre gemeinsame emotionale Erfahrung in ein Bild verpackt. Die folgenden Beispiele geben Ihnen einige Formulierungsvorschläge:

- ■ »Ich habe das Gefühl, wir tanzen zu zwei unterschiedlichen Melodien.«
- ■ »Es fühlt sich an wie ein Drahtseilakt. Wir sollten sicherstellen, dass wir ein Netz haben.«
- ■ »Ich habe das Gefühl, die Strömung zieht uns hinaus aufs offene Meer. Wir sollten die Richtung ändern.«
- ■ »Ich habe den Eindruck, wir graben uns immer tiefer in ein Loch. Wie kommen wir da wieder raus?«

Metaphern bieten Ihnen und Ihren Gesprächspartnern eine gemeinsame Sprache, um Ihre Meinungsverschiedenheiten anzusprechen. Mithilfe der Metapher können Sie emotionale Blockaden anerkennen und mit ihnen umgehen. Wenn Sie und ihre Gesprächspartner zu unterschiedlichen Melodien tanzen, dann können Sie fragen: »Wie können wir unsere Bewegungen in Einklang bringen? Sollten wir eine kurze Pause machen und danach sehen, dass wir mit dem gleichen Fuß anfangen?«

Wenn Sie und Ihre Verhandlungspartner »in eine Sackgasse« gekommen sind, dann können Sie fragen: »Wie kommen wir wieder aus dieser Sackgasse heraus? Warum fahren wir unser Gespräch nicht ein Stückchen zurück und klären noch einmal unsere und Ihre Interessen?«

Politiker, Journalisten und Verhandlungsführer greifen gern auf Metaphern zurück, um Menschen einen bildlichen, fassbaren Eindruck zu vermitteln. Im Konflikt zwischen Israelis und Palästinensern verwendeten die internationalen Vermittler beispielsweise die Metapher der »Roadmap«, der Straßenkarte. Das Bild entsprach der Wahrnehmung vieler Menschen in aller Welt von zwei Parteien, die sich im Konflikt verirrt hatten. Die Karte sollte dazu dienen, beiden Seiten eine Reihe von Handlungsoptionen aufzuzeigen. Anstatt zu sagen: »Wir legen den beiden Konfliktparteien einen neuen Vorschlag vor«, gab das Bild der Straßenkarte den Politikern und der Öffentlichkeit die Vorstellung von etwas Greifbarem, das sich anfassen und gemeinsam diskutieren ließ.

Helfen Sie anderen, Ihre Botschaft zu hören

Es gibt eine ganze Reihe von Möglichkeiten, wie Sie andere dazu bringen können, Ihnen zuzuhören.

Beschränken Sie sich auf die wichtigsten Punkte

Wenn Sie Ihre Botschaft vorbereiten, dann halten Sie sie so einfach wie möglich. Sie sollten Antworten auf folgende Fragen haben:

- An wen richtet sich meine Botschaft?
- Was soll der Angesprochene tun? Wird er das verstehen?
- Was sind Vor- und Nachteile dieser Wahlmöglichkeit – aus Sicht des anderen?
- Wird ihm meine Botschaft gefallen, oder wird er sie ignorieren wollen?

Beantworten Sie diese Fragen eindeutig, und Sie haben die besten Argumente auf Ihrer Seite.

Fragen Sie nach, was Ihre Gesprächspartner gehört haben

Sie wissen nicht, ob Ihre Botschaft bei Ihrem Verhandlungspartner angekommen ist, wenn dieser es Ihnen nicht mitteilt. Wenn Sie herausfinden wollen, was er gehört hat, fragen Sie einfach nach. Sie könnten beispielsweise fragen: »Ich bin mir nicht sicher, ob ich mich verständlich gemacht habe. Was ist bei Ihnen angekommen?« Wenn er Ihre Botschaft falsch wiedergibt, können Sie den Irrtum richtigstellen. Und unabhängig davon, ob er Ihre Botschaft korrekt wiedergibt oder nicht, motivieren Sie ihn mit Ihrer Frage, in Zukunft genauer zuzuhören.

Zeigen Sie sich selbst Ihre Wertschätzung

Es wäre nicht ganz ungefährlich, wenn Sie sich nur auf die Wertschätzung Ihres Verhandlungspartners verlassen wollten, denn Sie haben keinerlei Einfluss auf seine Handlungen. Wenn er Ihnen seine Wertschätzung versagt, kann das leicht Enttäuschung verursachen. Oder er könnte seine Wertschätzung verwenden, um Sie zu manipulieren und Ihnen schmeicheln, um Ihre Zustimmung zu seinem Vorschlag zu bekommen. Oder er könnte sich weigern, Ihren Standpunkt zu verstehen. Dies alles hätte negative Auswirkungen auf Sie, wenn Sie sich tatsächlich von seiner Wertschätzung abhängig machen.

Worauf Sie allerdings Einfluss haben, ist Ihre Fähigkeit, Ihrem Verhandlungspartner Ihre Wertschätzung zu zeigen – *und sich selbst*. Sie können Ihre eigenen Ressourcen einsetzen, um sich selbst Ihre Wertschätzung zu zeigen, Ihr Selbstvertrauen zu steigern und Ihr eigenes Verständnis Ihrer und der anderen Position zu verbessern.

Sie sollten sich den Wert Ihrer Ansichten und Handlungen möglichst objektiv klar machen. Wenn Ihre Ansichten Wertschätzung verdienen, zögern Sie nicht, diese für sich auszusprechen. Wenn es Ihnen schwer fällt, den Wert Ihrer Handlungen und Ansichten anzuerkennen, dann stellen Sie sich vor, dass ein Mentor, der in Ihrem Leben eine wichtige Rolle gespielt hat, Ihre Position würdigt. Vielleicht hat Ihr Vater, Ihre Mutter, ein Lehrer oder ein Kollege Sie in schwierigen Zeiten unterstützt und Ihr Selbstbewusstsein gefördert. Was würde Ihnen diese Person in Ihrer jetzigen Situation sagen? Sagen Sie es sich selbst. Wie würde sie ihre Wertschätzung für Ihre Position und Ihre Handlungen ausdrücken? Hören Sie auf diese Stimme.

Manchmal erscheint – bei genauerer Analyse – Selbstlob weniger angebracht. Seien Sie aufrichtig mit sich selbst. Das kostet Sie nichts. Im Gegenteil, Sie können stolz darauf sein, mit welcher Ehrlichkeit sie sich selbst einschätzen. Dabei ist es gleichgültig, ob Sie schließlich Ihre Ansichten begeistert bestätigen, oder ob Sie zu dem Schluss kommen, dass Ihre Position bestenfalls vorläufig sein kann und noch reiflicher Überlegung bedarf. Je aufrichtiger Sie die Position eines Verhandlungspartners anerkennen – sowohl hinsichtlich ihrer Schwächen als auch ihrer Stärken – und je aufrichtiger Sie Ihre eigenen Standpunkte auf ihre Stärken und Schwächen hin überprüfen, umso besser sind die Voraussetzungen, dass Sie zu einer guten Einigung finden.

Es kann gut sein, dass Ihnen zunächst nicht daran gelegen ist, langfristig gute Beziehungen zu Ihrem Verhandlungspartner herzustellen. Wenn Sie Wertschätzung für seine Position entwickeln und aussprechen, dann könnten Sie Ihre Meinung in dieser Hinsicht leicht ändern. Wie dem auch sei, ein besseres Verständnis Ihres Verhandlungspartners und Ihrer eigenen Positionen macht es für beide Seiten einfacher, auf eine Weise zusammenzuarbeiten, die Sie zu einer Einigung führt.

Zusammenfassung

Wertschätzung ist ein Grundbedürfnis. Jeder Mensch hat das Bedürfnis, verstanden, geschätzt und gehört zu werden. Wenn Menschen sich aufrichtig anerkannt fühlen, ist die Wahrscheinlichkeit größer, dass sie zusammenarbeiten und geringer, dass sie feindselig auftreten.

Sie können Ihre Wertschätzung zeigen, indem Sie

▪ den Standpunkt des anderen *verstehen*,
▪ den Wert der Gedanken, Gefühle und Handlungen
jedes Teilnehmers *anerkennen*,
▪ und Ihre Anerkennung mit Worten und Taten
kommunizieren.

Es kann sein, dass Sie anderer Meinung sind als Ihr Verhandlungspartner. Das ist völlig in Ordnung. Doch Sie können seine Position verstehen, sie anerkennen und Ihre Wertschätzung dafür aussprechen.

Das Kapitel zum Thema Wertschätzung steht ganz bewusst im Hauptteil dieses Buches an erster Stelle, denn wir fühlen uns schon dann emotional belohnt, wenn man uns für das, was wir sind und was wir tun Wertschätzung zeigt. Darüber hinaus ist Wertschätzung in vieler Hinsicht eine Voraussetzung für die anderen Grundbedürfnisse, denn es ist uns wichtig, dass unser Wunsch nach Verbundenheit, Autonomie, Status und Rolle Wertschätzung findet. In den folgenden Kapiteln geht es um diese vier Grundbedürfnisse.

4.

Schaffen Sie Verbundenheit

Machen Sie einen Gegner zum Partner

In unseren Verhandlungsseminaren beginnen wir oft mit einer Übung im Armdrücken. An einer unserer Veranstaltungen nahmen 30 Verhandlungsführer aus dem Bereich des internationalen Handels teil. Wir teilten sie in Zweiergruppen ein und wiesen sie an, sich an einem Tisch einander gegenüberzusetzen, einander in die Augen zu sehen und dabei die rechten Ellenbogen auf den Tisch zu legen. Dann wiesen wir sie an, mit der rechten Hand die Rechte des anderen zu nehmen und nach unten zu drücken. Sobald die Hand eines Partners den Tisch berührte, bekam der andere einen Punkt. Das Ziel bestand darin, innerhalb eines bestimmten Zeitraums so viele Punkte wie möglich zu sammeln. Wir sagten den Teilnehmern, dass es dabei völlig gleichgültig war, wie viele Punkte ihr Partner bekam. Während der Übung sollten sie außerdem die Augen geschlossen halten.

»Auf die Plätze, fertig, los!«

Zwei Minuten lang rangen die Paare gegeneinander und jeder versuchte, den Arm des anderen auf den Tisch zu drücken. Mit großer Anstrengung und gegen den Widerstand des Partners gelang es kaum jemandem, mehr als ein oder zwei Punkte zu erringen.

Mit einer Ausnahme. Einer der Teilnehmer erinnerte sich nach einigen Sekunden daran, dass es darum ging, so viele Punkte wie möglich zu machen, und *dass es völlig gleichgültig war, wie viele Punkte der Partner dabei machte.* Statt gegen den Widerstand seines Partners anzudrücken, zog er dessen Arm nach unten und schenkte ihm einen schnellen Punkt. Dann nutzte er dessen Überraschung, drückte in die andere Richtung, bekam seinerseits einen schnellen Punkt, nur um dann seinem Partner einen weiteren Punkt zu geben. Ohne dass einer der beiden Partner auch nur ein Wort sagte, schwangen sie ihre Arme im Takt so schnell wie möglich von einer Seite zu anderen, sodass jeder einen Punkt nach dem anderen sammelte.

Nach dem Ende der Übung baten wir die Teilnehmer, den anderen mitzuteilen, wie viele Punkte jeder erzielt hatte. Keiner der Teilnehmer kam auf mehr als drei Punkte. Mit Ausnahme des Paares, das zusammengearbeitet hatte: Hier kam jeder der beiden auf mehr als 20 Punkte.

In unserer Nachbesprechung stellte sich heraus, dass alle Teilnehmer von der Annahme ausgegangen waren, bei den Paaren handele es sich um Gegenspieler, obwohl wir ganz bewusst das Wort »Partner« verwendet und in unseren Anweisungen betont hatten, dass es völlig gleichgültig war, wie viele Punkte der Partner erhielt. Trotzdem bestimmte die antagonistische Sichtweise ihr Denken und verhinderte, dass sie selbst so viele Punkte wie möglich sammelten.

Die Macht der Verbundenheit

In Verhandlungen haben wir es immer mit den tatsächlichen und möglichen Meinungsunterschieden mit einem anderen Menschen zu tun. Es ist in unserem Interesse, mit diesen Meinungsunterschieden auf eine Weise umzugehen, die ein Gefühl der Zufriedenheit erzeugt und so wenig Zeit und andere Ressourcen wie möglich vergeudet. Das erreichen wir am ehesten durch Zusammenarbeit. Wenn wir die Summe unserer Intelligenz und unseres Verstandes einsetzen, haben wir gute Chancen, ein für alle Seiten befriedigendes Resultat zu erzielen.

Zusammenarbeit hat viel mit Zusammengehörigkeit und einem

Gefühl der Verbundenheit zu tun. Verbundenheit ist ein Grundbedürfnis und beschreibt unseren Wunsch, mit einer Person verbunden zu sein oder einer Gruppe anzugehören. Es ist die emotionale Nähe zwischen »uns« und »den anderen«. Wenn wir uns einer Person oder Gruppe verbunden fühlen, erfahren wir die emotionale Distanz als gering – wir fühlen uns ihr nahe.

Wenn wir uns anderen verbunden fühlen, erleichtert das die Zusammenarbeit. Wir sehen uns nicht als Fremde, sondern als Teil einer Gruppe. Daher neigen wir dazu, uns um den anderen zu kümmern, seine Interessen zu wahren und sein Wohl im Auge zu behalten. Der Widerstand gegen neue Ideen ist geringer, und wir sind eher bereit, unsere Meinung zu ändern. Loyalität dem anderen gegenüber fördert Aufrichtigkeit, sie verpflichtet uns zur Suche nach einer Vereinbarung im beiderseitigen Interesse und macht es wahrscheinlicher, dass wir uns an die Vereinbarung halten.

Verbundenheit setzt Aufrichtigkeit voraus. Wir fühlen uns nur dann verbunden, wenn jemand ehrlich an unserem Wohlergehen interessiert ist, und nicht nur an unserem Geld. Hochstapler und Werbeanrufer, die uns am Telefon etwas aufschwatzen wollen, versuchen Verbundenheit herzustellen, um an unser Geld zu kommen. Doch sobald wir das Gefühl haben, dass es ihnen nicht um uns geht, legen wir vermutlich auf.

Allzu oft übersehen wir Möglichkeiten, Verbundenheit herzustellen

Trotz der großen Wirkung der Verbundenheit versäumen wir es oft, sie herzustellen. Manchmal übersehen wir die *strukturellen Gemeinsamkeiten*, die uns mit anderen verbinden – die Rollen, die uns zu Mitgliedern derselben Gruppe machen. Vielleicht sind Sie und Ihr Verhandlungspartner beide Münzsammler, was Ihnen ein Gefühl der Verbundenheit geben könnte. Aber wenn Sie diese Gemeinsamkeiten nicht entdecken, bleibt der emotionale Nutzen aus.

Manchmal übersehen wir auch die Möglichkeit, *neue* Rollen zu schaffen, die uns als Kollegen, Verhandlungspartner oder Problemlöser neue Gemeinsamkeiten geben. Genauso häufig wie wir die strukturellen Gemeinsamkeiten übersehen, versäumen wir es, unsere *persönliche Beziehung* zu stärken – die emotionalen Bande, die uns einem Menschen näher bringen. Geschwister, die in weit entfernten Regionen leben, können sich auseinanderleben und kaum noch miteinander kommunizieren. Und Fremde, die zufällig nebeneinander im Flugzeug sitzen, können einander innerhalb weniger Stunden persönliche Geschichten erzählen, die nicht einmal die besten Freunde kennen. In einer Verhandlung kann die Macht der persönlichen Verbundenheit den Gegensatz zwischen »uns« und »den anderen« überbrücken.

Sie können das Gefühl der Verbundenheit stärken. In diesem Kapitel stellen wir Ihnen Möglichkeiten dazu vor. Zunächst wollen wir Ihnen Wege aufzeigen, wie Sie Ihre strukturelle Beziehung zu anderen verbessern können. Danach machen wir Ihnen Vorschläge, wie Sie eine persönliche Beziehung herstellen können. Schließlich zeigen wir Ihnen, wie Sie sich davor schützen können, dass andere Sie durch das Gefühl der Verbundenheit manipulieren.

Betonen Sie Ihre strukturellen Gemeinsamkeiten

Wenn Sie und ein Verhandlungspartner eine strukturelle Gemeinsamkeit haben, gehören Sie beide zu derselben Gruppe. Sie können Geschwister sein, demselben Unternehmen angehören oder dieselbe Musik hören. Derselben Gruppe anzugehören, stellt oft automatisch ein Gefühl der Verbundenheit her.

Es gibt einige praktische Möglichkeiten, Ihre strukturellen Gemeinsamkeiten mit einem Verhandlungspartner zu stärken. Sie können bereits bestehende Gemeinsamkeiten entdecken oder als Kollegen neue herstellen.

Finden Sie Gemeinsamkeiten mit anderen

Wenn Sie eine strukturelle Gemeinsamkeit mit einem Verhandlungspartner finden, dann ist die Meinungsverschiedenheit über den Verhandlungsgegenstand plötzlich nicht mehr das einzige Bindeglied zwischen Ihnen. Andere Gemeinsamkeiten führen Sie zusammen, motivieren Sie zu gemeinsamer Arbeit und wirken als Sicherheitsnetz, wenn die Verhandlungen sensible Punkte berühren.

Suchen Sie daher schon vor Beginn der Verhandlungen nach möglichen Gemeinsamkeiten zwischen sich und Ihrem Verhandlungspartner. Sie können strukturelle Gemeinsamkeiten finden, indem Sie Kollegen befragen, die Ihren Verhandlungspartner kennen, indem Sie den Lebenslauf Ihres Gegenübers anfordern, oder Informationen im Internet suchen.

Wenn Sie Ihren Verhandlungspartner treffen, können Sie ein Gespräch über mögliche Gemeinsamkeiten beginnen, zum Beispiel:

■ Ihr Alter (»An Tagen wie heute ist die Pensionierung eine echte Verlockung.«)
■ Ihre Position (»Lässt Ihr Chef Sie auch das ganze Wochenende durcharbeiten, so wie unserer?«)
■ Ihre Familie (»Haben Sie Kinder? Wie bekommen Sie den Spagat zwischen Beruf und Familie hin?«)
■ Ihr Hintergrund (»Was für ein Zufall, dass wir beide aus der Rhön kommen!«)
■ Ihre religiöse Überzeugung (»Was essen Sie zu Ostern/im Ramadan?«)
■ gemeinsame Interessen wie Wandern, Musik oder Schach. (»Ich fahre auch gern in die Alpen zum Skilaufen. Vielleicht können wir in den kommenden Winterferien mit unseren Familien gemeinsam Urlaub machen.«)[*]

---

[*] Die Themen, die sich für ein Gespräch über mögliche Gemeinsamkeiten eignen, sind kulturspezifisch sehr unterschiedlich. Während es in den USA üblich sein kann, sich über die religiöse Überzeugung auszutauschen oder einen Urlaub mit

Sie können auch durch Ihre Rollen als Geschäftspartner, Kollegen, Klassenkameraden, Freunde, Bekannte, Absolventen derselben Hochschule und so weiter miteinander verbunden sein. Ein kurzes Gespräch über Ihre strukturellen Gemeinsamkeiten kann eine Verbindung zwischen Ihnen herstellen. (»Sie haben auch die Philipps-Universität in Marburg besucht? Wo haben Sie denn seinerzeit gewohnt?«)

Stärken Sie Ihre Gemeinsamkeiten als neue Kollegen

Nach dem jugoslawischen Bürgerkrieg in den 90er Jahren betrachteten viele der Abgeordneten des serbischen Parlaments alle Angehörigen der anderen Parteien als ihre Feinde. Das war besonders fatal, da sich die Regierungskoalition aus 17 Parteien zusammensetzte und vor jeder Entscheidung umfangreiche Verhandlungen nötig waren. Daniel Shapiro wurde eingeladen, um die Abgeordneten im sachbezogenen Verhandeln nach dem Harvard-Konzept zu schulen. Nachdem er negative Emotionen in allen Parteien beobachtet hatte, fragte er die Abgeordneten: »Was ist Ihrer Ansicht nach der beste Rat für eine Verhandlung?« Ein Abgeordneter brachte die problematische Dynamik in einem Satz auf den Punkt: »Wir müssen die anderen über den Tisch ziehen, ehe sie uns über den Tisch ziehen!«

Die Tatsache, dass zwei Menschen, ganz unabhängig von beruflichen und sonstigen Gemeinsamkeiten, sich als Verhandlungspartner begegnen, sorgt oft dafür, dass sie sich auf Punkte konzentrieren, in denen sie nicht übereinstimmen. Das kann eine politische Überzeugung oder etwas ganz anderes sein, doch es bestehen Unstimmigkeiten zwischen beiden. Jeder der beiden scheint fast automatisch davon auszugehen, dass sie als Verhandlungspartner Gegenspieler sind. Diese Grundannahme erklärt, warum so viele Verhandlungen scheitern.

Geschäftspartnern zu verbringen, sind beide Themen im deutschen Sprachraum eher ungewöhnlich für ein Gespräch zwischen Verhandlungspartnern.

Unabhängig davon, ob es Gemeinsamkeiten zwischen Ihnen und Ihrem Verhandlungspartner gibt, haben Sie verschiedene Möglichkeiten, eine kollegiale Beziehung herzustellen.

Behandeln Sie Ihren Verhandlungspartner von Anfang an als Kollegen

Lassen Sie sich nicht durch angebliche Regeln der Verhandlung oder Binsenweisheiten über das Verhalten von Verhandlungsführern davon abhalten, sich konstruktiv zu verhalten. Nutzen Sie einfache Möglichkeiten, um eine Beziehung zu Ihrem Verhandlungspartner herzustellen:

Sorgen Sie dafür, dass Sie sich in einer informellen Umgebung kennen lernen. Vor Beginn der wichtigen Verhandlungen zwischen der südafrikanischen Apartheidsregierung und dem Afrikanischen Nationalkongress (ANC) arrangierte Roelf Meyer, der Verhandlungsführer der Regierung, einen »zufälligen« Besuch im Landhaus eines Freundes, weil er wusste, dass Cyril Ramaphosa, der Chefunterhändler der Gegenseite, dort ein Angelwochenende verbrachte.

Stellen Sie sich möglichst formlos vor und schlagen Sie vor, sich mit Vornamen anzureden. »Hallo, ich bin Sam Johnson. Nennen Sie mich bitte Sam. Darf ich Sie mit Vornamen anreden?«[*]

---

[*] Bei den Grundbedürfnissen handelt es sich zwar um universelle menschliche Bedürfnisse. Die Art und Weise, wie Sie diese Grundbedürfnisse befriedigen, können sich jedoch von Kultur zu Kultur stark unterscheiden. In einer kollektivistischen Kultur könnte es beispielsweise als Beleidigung angesehen werden, wenn ein jüngerer oder untergeordneter einem älteren oder übergeordneten Kollegen die Verwendung des Vornamens oder das Du anbietet. In diesem Buch gehen wir nicht auf spezifische kulturelle Gegebenheiten ein, doch wir möchten Sie darauf hinweisen, dass Sie einige unserer Vorschläge an Ihre jeweilige Kultur anpassen sollten.

Setzen Sie sich wenn möglich nebeneinander. »Da wir zusammenarbeiten werden, lassen Sie uns doch zusammen an diesen Tisch setzen.«

Betonen Sie die Bedeutung der Interessen der anderen Seite. »Aus meiner Sicht muss eine Lösung sowohl Ihre als auch unsere Interessen befriedigen. Die Interessen unserer Seite kenne ich sehr gut, doch ich bin mir nicht sicher, ob ich ausreichend über Ihre Interessen informiert bin. Ich würde mich freuen, wenn Sie kurz die zentralen Wünsche und Vorstellungen Ihrer Seite darstellen könnten. Danach würde ich in zwei bis drei Minuten unsere zentralen Interessen referieren. Dies könnte uns helfen, die Punkte zu klären, die in einer Vereinbarung auf jeden Fall Berücksichtigung finden müssen.«

Betonen Sie, dass es sich um eine gemeinsame Aufgabe handelt. »Wir stehen vor einer großen Herausforderung, wenn wir eine Einigung finden sollen, mit der jeder unserer Chefs zufrieden ist. Lassen Sie uns damit beginnen, dass wir kurz Ihre und meine Interessen festhalten.«

Vermeiden Sie es, das Gespräch zu dominieren. »Ehe wir zum nächsten Punkt übergehen, möchte ich Sie bitten, uns zu sagen, wie Sie sich den weiteren Fortgang vorstellen.«

Begeben Sie sich in die Schuld Ihres Verhandlungspartners

Nach Ansicht von Benjamin Franklin ist eine Gefälligkeit eine ausgezeichnete Möglichkeit, ein Gefühl der Verbundenheit zwischen sich und einem anderen Menschen herzustellen. Er schlug jedoch vor, dass nicht Sie einem anderen Menschen einen Gefallen erweisen, sondern dass Sie ihm erlauben, Ihnen einen Gefallen zu tun. Leihen Sie sich ein Buch aus oder bitten Sie um einen kleinen Gefallen, der einfach zu erfüllen ist. Damit begeben Sie sich in die Schuld des anderen, und der andere fühlt sich großzügig und Ihnen verbunden.

Verabreden Sie gemeinsame Aktivitäten

Wenn Sie mit Ihrem Verhandlungspartner eine konstruktive Aufgabe angehen, können Sie kollegiale oder sogar freundschaftliche Bande stärken. Fragen Sie sich: Mit welcher gemeinsamen Aktivität könnte ich unsere Beziehung stärken? Politische Spannungen zwischen zwei Ländern können zum Beispiel durch den Aufbau gemeinsamer Programme zur Wirtschaftsförderung oder zum Schüleraustausch abgebaut werden.

In den allermeisten Verhandlungen können Sie die beteiligten Parteien zu einem Brainstorming einladen, um gemeinsam Vorschläge zu entwickeln, wie Sie mit Ihren Meinungsverschiedenheiten umgehen wollen. Sie können diese Runde in informeller Umgebung abhalten oder die Sitzordnung so gestalten, dass alle im Kreis um einen Tisch sitzen. Oder Sie könnten die Sitzung auflockern, indem Sie jeden der Teilnehmer bitten, eine Anekdote aus seiner oder ihrer Kindheit zu erzählen. Sie könnten Mitglieder beider Gruppen zu einem gemeinsamen Essen einladen, zusammen ein Bier trinken gehen oder eine Sportveranstaltung besuchen.

Achten Sie darauf, dass sich niemand ausgeschlossen fühlt

Strukturelle Gemeinsamkeiten sind schnell wieder zerstört, wenn Ihr Verhandlungspartner sich ausgeschlossen fühlt. Das Gefühl, von einer gemeinsamen Aktivität ausgeschlossen zu werden – sei es eine Sitzung, ein Gespräch bei einer Tasse Kaffee oder ein Fragebogen –, kann weitreichendere emotionale Folgen haben, als die meisten Menschen annehmen. In einem Seminar mit Daniel Shapiro beschrieb eine hochrangige Regierungsbeamtin die Bitterkeit und Verärgerung, die ein Kollege empfand, als er nicht zu einer wichtigen abteilungsinternen Sitzung eingeladen wurde. Er war davon ausgegangen, dass er eine Einladung bekommen würde und fühlte sich von den Organisatoren und der gesamten Abteilung abgelehnt. Um sich zu rächen, fand er einen Weg, der Unterabteilung, die für die Organisation der Sitzung verantwortlich gewesen war, Finanzmittel in Höhe von sieben Millionen US-Dollar vorzuenthalten. Es dauerte ganze sechs Monate, bis die Mittel schließlich zur Verfügung standen.

Jemanden nicht zu einer Sitzung einzuladen, scheint eine Kleinigkeit zu sein – doch für die ausgeschlossene Person ist es alles andere als das. Wenn Sie Ihr nächstes Meeting planen, ob ein Mittagessen mit Kollegen in der Cafeteria um die Ecke oder eine Sitzung mit wichtigen Verhandlungspartnern, fragen Sie sich, ob jemand sensibel reagieren könnte, wenn er oder sie nicht eingeladen wird. Nehmen Sie sich die Zeit zu überlegen, ob Sie diese Person nicht doch einladen möchten. Was bringt es Ihnen, wenn Sie die Person ausschließen? Was sind die möglichen negativen Folgen? Eine Minute des Nachdenkens erspart Ihnen Stunden der Reue. Selbst wenn Sie sich entscheiden, die betreffende Person nicht einzuladen, überlegen Sie, ob Sie ihr nicht kurz die Situation erklären sollten, damit sie es nicht von Dritten erfahren muss.

Schaffen Sie persönliche Nähe

Nachdem wir uns angesehen haben, wie Sie *strukturelle* Gemeinsamkeiten herstellen können, wenden wir uns nun dem zweiten Aspekt der Verbundenheit zu – den *persönlichen* Gemeinsamkeiten. Dabei handelt es sich um die zwischenmenschlichen Bande, die dafür sorgen, dass wir uns einander näher fühlen. Ohne diese Bande könnten eine oder beide Seiten die Aufrichtigkeit der anderen infrage stellen, oder, wie Roger Fisher sich erinnert, einen Kontakt völlig abbrechen:

Anfang der Neunziger wurde ich mit einigen anderen Kollegen nach Südafrika eingeladen, um mit dem Kabinett der Apartheidsregierung von Präsident DeKlerk in Pretoria und dem Afrikanischen Nationalkongress (ANC) in Johannesburg Workshops zur Verhandlungsführung zu veranstalten. Nach dem Abschluss unseres Workshops mit der Regierung erhielten wir die Nachricht, dass der ANC den für die darauffolgende Woche geplanten Workshop abgesagt hatte.

Meine Kollegen und ich fuhren nach Johannesburg und trafen uns mit Cyril Ramaphosa, dem Generalsekretär des ANC, und einigen seiner Kollegen. Nach unserem Gespräch wurde der Workshop erneut anberaumt und fand schließlich doch statt.

Am Tag nach dem Workshop lud uns Ramaphosa zum Abendessen ein. Zu diesem Zeitpunkt kannte ich ihn gut genug, um ihn fragen zu können: »Warum um alles in der Welt haben Sie unseren Workshop zuerst abgesagt?«

»Weil ich Sie nicht kannte«, antwortete er.

»Aber Sie wussten doch alles über mich«, erwiderte ich. »Wenn ich mich recht erinnere, haben Sie mir sogar nach Harvard geschrieben und wegen eines Fellowship am Centre of International Affairs angefragt.«

»Ich wusste alles über Sie«, entgegnete Ramaphosa. »Aber ich hatte nie Ihre Stimme gehört. Ich hatte nie Ihre Augen gesehen. Ich hatte Sie nie berührt.« Er machte eine Pause, lächelte und schüttelte leise den Kopf. »Ich wusste nicht, wer Sie sind.«

Für die meisten von uns ist ein Mensch mehr als eine Kurzbiografie oder ein Lebenslauf. Jemanden von der menschlichen Seite kennen zu lernen und auf der persönlichen Ebene eine Beziehung herzustellen, ist oft entscheidend, wenn Sie eine funktionierende Arbeitsbeziehung aufbauen wollen. Selbst in der einfachsten Verhandlung können persönliche Bande zwischen den beiden Verhandlungspartnern eine entscheidende Rolle spielen.

Stellen Sie eine persönliche Beziehung her

Der Grad der Verbundenheit, die wir für einen anderen Menschen empfinden, ist nicht konstant, sondern verändert sich, mal langsam, mal sehr schnell. Wenn wir uns nicht die Zeit nehmen, uns die persönliche Distanz zu einem Verhandlungspartner bewusst zu machen, dann bemerken wir nicht, ob wir uns von ihm entfernen oder uns annähern.

Ein Beispiel. Zwei Geschwister sind sich uneinig, ob ihre Mutter in ein Altersheim ziehen soll oder nicht. Ihre Meinungsverschiedenheit vergrößert die Distanz zwischen ihnen. Wenn sie ihre Situation nicht analysieren und sich fragen, wie sie ihre Beziehung zueinander wieder verbessern können, fehlt ihnen möglicherweise das Potenzial, sich gegenseitig zu unterstützen, wenn sich die Gesundheit der Mutter verschlechtert.

Die optimale emotionale Distanz zwischen zwei Verhandlungspartnern ist vergleichbar mit der Distanz zweier Igel, die sich in einer kalten Nacht aneinander wärmen wollen. Sie kuscheln sich aneinander, doch sie dürfen einander nicht zu nahe kommen, um sich nicht gegenseitig mit ihren Stacheln zu piksen. Unser emotionale Distanz drückt sich oft in unserem körperlichen Verhalten aus: Umarmungen und Küsse demonstrieren emotionale Nähe, ein kühles Nicken oder kurzes Händeschütteln zeigen größere emotionale Distanz. Wenn wir die körperlichen Zeichen zu deuten wissen, können wir daran oft den Grad der Verbundenheit mit einer anderen Person messen. Diese Zeichen helfen Ihnen auch zu erkennen, wann Sie Gefahr laufen, die persönliche Grenze des anderen zu überschreiten und ihm oder ihr zu nahe zu kommen.

Hier wollen wir Ihnen vier Strategien vorstellen, mit deren Hilfe Sie eine persönliche Beziehung zu einem anderen herstellen können.

1. Lernen Sie sich persönlich kennen, statt über Telefon, Computer oder E-Mail

Sie verringern persönliche Distanz eher, wenn Sie sich von Angesicht zu Angesicht sehen, als wenn Sie sich über E-Mail, Briefe oder Telefonkontakt kennen lernen. Wenn Sie einen Menschen persönlich kennen gelernt haben, ist es schwerer, ihn in eine Schublade zu stecken oder ihm Dinge zu unterstellen. Egal ob es um eine Verhandlung zwischen Israelis und Palästinensern, Mitarbeitern und Geschäftsführung, Mieter und Vermieter geht – eine Verhandlung, die von Angesicht zu Angesicht geführt wird, macht jede der Parteien menschlicher und eröffnet einen breiteren Hintergrund. Wenn Sie Menschen in Ihrem Büro kennen lernen, sollten Sie vermeiden, dass Ihr Schreibtisch zu einer Barriere wird. Der frühere US-Außenminister Dean Acheson ging immer um seinen Schreibtisch herum und setzte sich neben seine Besucher. Der Schreibtisch von Roger Fisher ist der Wand zugewandt, sodass er sich einfach umdrehen kann, wenn ein Besucher sein Büro betritt. Ohne Schreibtisch kann es leichter sein, eine persönliche Verbindung herzustellen.

Wenn Sie jemanden erst einmal von Angesicht zu Angesicht kennen gelernt haben, lässt sich das Gefühl der Verbundenheit weiter vertiefen, ohne dass jedes Mal ein persönliches Treffen nötig ist. Sie haben einen Eindruck von Ihrem Gegenüber als Menschen bekommen, und das macht es leichter, einen Tonfall am Telefon oder eine Formulierung in einem Brief zu deuten.

Doch wenn Probleme auftauchen, ist es oft effizienter, sie von Angesicht zu Angesicht durchzuarbeiten, statt in einem Hin und Her von E-Mails. Wenn Sie Probleme in einer persönlichen Begegnung besprechen, verringern Sie die Gefahr von Missverständnissen. Jeder von Ihnen ist in der Lage, Gefühle durch Körpersprache, Stimmlage, und den Inhalt einer Botschaft zu vermitteln. Während eines persönlichen Gesprächs kann jemand lauter oder leiser sprechen, um seine emotionale Beteiligung auszudrücken; eine E-Mail hat dagegen keinen Lautstärkeregler.

2. Sprechen Sie über Dinge, die Ihnen am Herzen liegen

Eine zweite Möglichkeit, eine persönliche Beziehung herzustellen, ist, über Dinge zu sprechen, die Ihnen persönlich wichtig sind. Wir alle kennen diese unverfänglichen Themen wie etwa den Straßenverkehr oder das Wetter, mit denen wir niemandem auf die Zehen treten und nichts von uns selbst preisgeben. Diese risikofreien Gespräche bieten jedoch kaum Gelegenheit, persönliche Nähe herzustellen.

Ein Gespräch über persönliche Themen zeigt mehr und macht verletzlicher, doch es gibt gleichzeitig die beste Möglichkeit, ein Gefühl der Verbundenheit herzustellen. Zu den Themen, die das Gefühl der Verbundenheit am ehesten stärken, gehören Familie, finanzielle Angelegenheiten, emotionale Reaktionen auf ein bestimmtes Thema, Selbstzweifel über die berufliche Laufbahn oder ethische Dilemmata.

In jedem dieser Fälle können Sie ein Gespräch eröffnen, indem Sie beispielsweise um Rat fragen: »Ich habe ein echtes Problem damit, dass meine Kollegen nie pünktlich zu einer Sitzung erscheinen. Haben Sie einen Vorschlag, was man dagegen machen könnte? Wie gehen Sie damit um?« Auch indem Sie das Gespräch auf Ihre Fehler, Schwächen oder schlechten Angewohnheiten lenken, können Sie die emotionale Distanz zu anderen verringern.

Wenn Sie um Vertraulichkeit bitten, werden Ihre Gespräche zur Steigerung der Verbundenheit weniger risikoreich. Ehe Sie einen Verhandlungspartner in einer familiären oder beruflichen Angelegenheit um Rat fragen, könnten Sie beispielsweise sagen: »Ich möchte Sie in einer persönlichen Angelegenheit um Rat fragen. Würde es Ihnen etwas ausmachen, mit niemandem darüber zu sprechen?« Oder Sie könnten nach einem persönlichen Gespräch bitten: »Ich wäre Ihnen dankbar, wenn dieses Gespräch unter uns bliebe.«

In Tabelle 6 finden Sie eine Liste von Themen, die geeignet sind, ein Gefühl größerer Verbundenheit herzustellen. Die Tabelle enthält auch eine Liste von Themen, mit denen Sie größere emotionale Distanz herstellen können, für den Fall, dass eine Unterhaltung intimer wird als Ihnen lieb ist, oder Sie das Gefühl haben, dass Ihre Grenze oder die Ihres Gesprächspartners überschritten wird.

Wenn ein Thema zu emotional wird, dann können Sie das ansprechen. Religiöse Führer können beispielsweise verfeindeten Parteien kommunizieren, dass die Wunden zu tief sind, um ein Gespräch zu beginnen, was nur natürlich und zu erwarten ist. Etwas Ähnliches passierte im September 2001 nach dem Attentat auf das World Trade Centre: Einige Psychologen ermutigten Menschen, die ihren Schock nicht artikulieren konnten, ihre Gefühle auszudrücken, und wenn sie einfach nur sagten: »Mir fehlen die Worte.« Eine solche Aussage stärkt das Gefühl der Verbundenheit, denn damit zeigen Sie Ihre Verwundbarkeit. Statt einfach zu schweigen, öffnen Sie sich und verleihen Ihren Gefühlen Ausdruck, auch wenn sich Ihr Erlebnis nicht klar in bestimmte emotionale Kategorien einordnen lässt.

Tabelle 6: Themen, mit denen Sie Distanz verringern oder wahren können

Themen, mit denen Sie Verbundenheit und Nähe herstellen	Unverbindliche Themen, mit denen Sie Ihre Distanz wahren
■ Familie	■ Wetter
■ Persönliche Anliegen und Pläne	■ Empfehlenswerte Restaurants
■ Kinder, Geschwister, Eltern	■ Straßenverkehr
■ Politische Ansichten	■ Lieblingssendungen im Fernsehen
■ Persönliche Erlebnisse und Einstellungen	■ Arbeit
■ Suche um Rat (zum Beispiel in Fragen der Kindererziehung oder in Partnerschaftsfragen)	■ Autos
	■ Schweigen
■ Unsicherheiten und Zweifel	

3. Gewähren Sie Freiräume, um einander näher zu kommen

Eine dritte Strategie, eine persönliche Beziehung aufzubauen, ist, Ihnen und Ihrem Verhandlungspartner ausreichende Freiräume zuzugestehen. Es muss keine Gefahr für das Gefühl der Verbundenheit darstellen, wenn Sie mehr Freiräume schaffen. Sie können Freiräume für sich beanspruchen und dabei freundlich bleiben. Ein mit Roger Fisher befreundetes schottisches Ehepaar begrüßte beispielsweise einmal seine Wochenendgäste mit einem herzlichen »Willkommen«, nur um dann fortzufahren: »Wir lesen gerade. Was möchtet Ihr tun?«

Um Verbundenheit herzustellen, ist es nicht nötig, Ihre intimsten Geheimnisse preiszugeben. Der Zweck einer engeren Beziehung zu Ihrem Verhandlungspartner besteht darin, sich von einer menschlichen Seite kennen zu lernen, es geht nicht unbedingt darum, sich anzufreunden oder gar familiäre Probleme miteinander zu lösen. Sie wollen einander ausreichend kennen lernen, um ein Vertrauensverhältnis herzustellen und gemeinsam effektiv mit den anstehenden Problemen umzugehen.

Wenn Sie das Gefühl haben, der andere kommt Ihnen unangenehm nahe, dann treten Sie einen Schritt zurück. Vielleicht sind Sie zu weit gegangen. Wir alle haben Momente, in denen wir uns mehr Distanz zwischen uns und anderen wünschen. Wir wollen Zeit für uns selbst, um uns zu entspannen, nachzudenken oder einfach allein zu sein. Wenn ein Gespräch zu schwer, zu intim, zu nah oder zu persönlich wird und sie sich nicht mehr wohl fühlen, können Sie das Thema wechseln oder eine Pause einlegen und etwas anderes tun.

Um Verbundenheit mit einem Menschen herzustellen, dem Sie nicht vollständig vertrauen, können Sie Ihre Themenpalette entsprechend einschränken. Stellen Sie sich einen Kollegen vor, der ein wunderbarer Mensch ist, der aber gern über Vorgänge im Büro tratscht. In diesem Fall ist es sinnvoll, Büroangelegenheiten auszuklammern, von denen Ihre Kollegen nichts wissen sollen. Das hindert Sie aber möglicherweise nicht daran, mit diesem Kollegen über familiäre Angelegenheiten zu sprechen, von denen Sie sicher sind, dass er sie für sich behält.

4. Halten Sie Kontakt

Schließlich können Sie eine persönliche Beziehung stärken, indem Sie sich regelmäßig bei der betreffenden Person melden, ganz egal, ob sie »auf Ihrer Seite« steht oder in einer anderen Organisation arbeitet. Verbundenheit ist nichts Statisches. Sie verändert sich im Laufe der Zeit. So wie die meisten persönlichen Beziehungen der Pflege bedürfen, benötigt auch die Verbundenheit regelmäßige Aufmerksamkeit. Sie können nicht Ihren Ehepartner vernachlässigen und erwarten, dass die Beziehung genauso stark bleibt wie in der Vergangenheit. Um ein Gefühl der Verbundenheit zu erhalten, ist persönliche Aufmerksamkeit entscheidend. Sie können beispielsweise regelmäßig Mitglieder aus Ihrem Team zum Essen einladen, sie fragen, wie es ihnen geht, oder sich nach ihren Kindern erkundigen.

Erleichtern Sie es anderen, eine persönliche Beziehung zu Ihnen herzustellen

Möglicherweise erkennen Sie durchaus die Vorteile, die es hat, eine Beziehung persönlicher zu gestalten, doch sie schrecken davor zurück. Wenn keine Vertrauensbasis vorhanden ist, könnten Sie die Befürchtung hegen, dass die andere Seite Sie über den Tisch ziehen will. Und selbst wenn Sie das nötige Vertrauen haben, könnten Ihre Kollegen oder Auftraggeber Sie dafür kritisieren.

Wir wollen Ihnen drei Möglichkeiten zeigen, die es Ihnen erleichtern, eine persönliche Beziehung herzustellen: Sie können private Treffen vereinbaren, die öffentliche Wahrnehmung eines

Konflikts verändern und Arbeitsgruppen einrichten, die sich mit spezifischen Teilaspekten befassen.

Roger Fisher verwendete einige dieser Taktiken in kontroversen Verhandlungen zwischen Arbeitgebern und Arbeitnehmern. Er arbeitete mit dem Personaldirektor eines großen US-Konzerns, der versuchte, seine Arbeitsbeziehung zum Chefunterhändler der Gewerkschaft zu verbessern. Die Gewerkschaft und der Konzern standen einander feindselig gegenüber. Verhandlungen über Löhne, Zusatzleistungen, Arbeitsplatzsicherung und eine Reihe anderer Themen zogen sich über Wochen und Monate hin. Jede der beiden Seiten war verärgert, frustriert und aufgebracht. Arbeitnehmer wie Arbeitgeber stellten sich breitbeinig auf, formulierten Forderungen und weigerten sich standhaft, auf Forderungen der anderen Seite einzugehen. Die Feindschaft schlug sich sogar in der Einrichtung des Konferenzraumes nieder, in dem Arbeitgeber und Arbeitnehmer sich zu ihren Verhandlungen trafen. Ein langer Tisch teilte den Raum in Hälften. Auf jeder Seite des Tisches standen etwa 25 Stühle und dahinter jeweils weitere 50 für einen Mitarbeiterstab. Die Verhandlungsführer saßen einander gegenüber wie in einer Schlachtaufstellung.

Roger Fisher überlegte sich, wie er die Beziehung zwischen beiden Gruppen verbessern konnte:

Mein erster Gedanke war, einen neuen Verhandlungsort zu suchen. Auf derselben Etage befand sich ein Konferenzraum mit einem großen runden Tisch, an dem die Verhandlungsführer nebeneinander Platz nehmen konnten. Ich nahm die Namensschildchen sämtlicher Teilnehmer und verteilte sie so um den Tisch, dass immer abwechselnd ein Gewerkschaftler neben einem Arbeitergebervertreter saß. Gewerkschaftsführer betraten den Raum, sahen ihr Namensschildchen neben dem eines Arbeitgebervertreters und waren verunsichert. Sie kamen auf mich zu und fragten: »Was soll das? Ist das ein Trick? Wir wollen neben unseren Leuten sitzen! Wenn wir nicht in den anderen Raum gehen, lassen wir die Sitzung platzen.« Das Vertrauensverhältnis war so zerrüttet, dass die beiden Gruppen schließlich an den langen Tisch zurückkehrten, wo sie wieder nichts erreichten.

Angesichts der Spannungen waren Gewerkschaft und Management an einer weiteren Vermittlung interessiert. Ich war der Ansicht, dass ein persönliches Gespräch von Angesicht zu Angesicht nötig war, um die Distanz zwischen den verfeindeten Seiten zu verringern. Ich lud den Personaldirektor und den Gewerkschaftsführer zu einem informellen Gespräch in mein Büro an der Harvard University ein, um gemeinsam zu überlegen, was man tun könnte, um den strukturellen Graben zwischen Arbeitgebern und Arbeitnehmern zu überwinden.

Sobald sich die beiden Männer gesetzt hatten, unterhielten sie sich freundlich und sogar herzlich. Ich holte meine Kamera aus dem Schreibtisch, um ihre lächelnden Gesichter festzuhalten und freute mich schon darauf, dieses Foto später zu verwenden, um die beiden an ihre persönliche Verbundenheit und Herzlichkeit zu erinnern.

Doch sobald sie die Kamera sahen, widersprachen beide heftig und waren entsetzt von der Vorstellung, dass ich sie fotografieren wollte. Beide waren besorgt, wie ihre jeweiligen Seiten ein solches Foto aufnehmen würden. Sowohl die Konzernleitung als auch die Gewerkschaftsmitglieder sahen diese beiden Männer als unnachgiebige Widersacher, die bereit waren, über jeden Punkt bis zum Äußersten miteinander zu ringen. Jeder befürchtete, ein Foto eines herzlichen Gesprächs in privater Atmosphäre würde ihm in den Augen seiner jeweiligen Auftraggeber irreparablen Schaden zufügen. Die Konzernleitung könnte angesichts eines solchen Fotos denken, ihr Vertreter stecke mit der Gewerkschaft unter einer Decke und sei nicht geeignet, den Konzern in einen leidenschaftlichen Kampf gegen »den Feind« zu führen. Und der Gewerkschaftsführer hatte Angst um seinen Ruf bei der Basis, die annehmen könnte, er unterwandere insgeheim ihre Positionen und bandele mit dem Management an.

Nach diesem Zwischenfall nahm das Gespräch zwischen beiden einen produktiven, wenn auch wenig ereignisreichen Verlauf. Ich regte ein gemeinsames Brainstorming darüber an, wie beide Gruppen ihre kontroversesten Streitfragen beilegen könnten. Die beiden entwickelten Vorschläge, mit denen die zugrunde liegenden Interessen jeder der beiden Gruppen zufriedengestellt werden konnten. In diesem Jahr blieb ein Streik aus.

Vereinbaren Sie private, inoffizielle Treffen

Roger Fisher erkannte, wie wichtig es war, eine persönliche Beziehung zwischen den Verhandlungspartnern herzustellen. Er versuchte, einen Kontext zu schaffen, der die Zusammenarbeit förderte. Sein Versuch, die Kontrahenten an einen runden Tisch zu holen, schlug fehl. Doch er blieb hartnäckig. Auf dem neutralen Boden seines Büros trafen sich die beiden Verhandlungsführer zu einem informellen Gespräch. In diesem Zusammenhang fiel es beiden leicht, sich freundschaftlich zu unterhalten und das weitere Vorgehen zu erörtern.

Verändern Sie die öffentliche Wahrnehmung der Verhandlung

Eine gute persönliche Beziehung reicht oft nicht aus, um eine Atmosphäre der Zusammenarbeit zwischen den Verhandlungspartnern zu schaffen. Obwohl der Vertreter der Gewerkschaft und der Konzernleitung sich in Fishers Büro überraschend gut verstanden, traten sie in der Öffentlichkeit weiterhin als Widersacher auf. Keiner der beiden Führer wollte das Risiko eingehen, seinen Auftraggebern zu zeigen, wie freundschaftlich er mit seinem vermeintlichen Feind umging, aus Angst, als Verräter der eigenen Seite wahrgenommen zu werden. Doch Fisher und die beiden Verhandlungsführer erkannten, dass eine gute Beziehung zwischen beiden Seiten es sowohl Arbeitgebern wie Arbeitnehmern erleichtern würde, mit den gegenwärtigen und zukünftigen Problemen umzugehen.

Manchmal tun politische und gesellschaftliche Führer gut daran, der Öffentlichkeit zu demonstrieren, dass sie in enger Zusammenarbeit an der Lösung eines gemeinsamen Problems arbeiten. Sie könnten sich beispielsweise fotografieren lassen, wie sie nebeneinander sitzen und eine Lösung erörtern. Oder Sie könnten gemeinsam einen Zeitungsartikel oder eine E-Mail-Botschaft verfassen, indem sie ihre Absicht darlegen, eine Streitfrage gemeinsam zu beantworten.

Richten Sie Arbeitsgruppen zu spezifischen Teilaspekten ein

Den Unterhändlern der Gewerkschaft und des Managements schien es wenig attraktiv, die öffentliche Wahrnehmung ihres Konflikts zu verändern, weil sie fürchteten, sie könnten ihre Auftraggeber vor den Kopf stoßen, wenn sie ihre persönliche Beziehung öffentlich machten. Unter solchen Umständen lassen sich Maßnahmen ergreifen, um die strukturellen Gegensätze zwischen den Gruppen abzubauen. Man könnte Arbeitsgruppen einrichten, die sich mit spezifischen Themen wie Zusatzleistungen, Löhnen, Arbeitsplatzsicherung und anderen strittigen Fragen beschäftigen. Jede Arbeitsgruppe könnte sich aus einer überschaubaren Anzahl von Vertretern der Arbeitgeber- wie der Arbeitnehmerseite zusammensetzen, die gemeinsam nach kreativen Lösungen für ihr jeweiliges Problemfeld suchen. Die Treffen würden in privatem Rahmen abgehalten, es käme noch nicht zu verbindlichen Zusagen. Ohne den Druck, verbindliche Vereinbarungen erarbeiten zu müssen, kann eine strukturelle Beziehung unter den Teilnehmern entstehen, die gemeinsam an der Lösung eines Problems arbeiten. Im Laufe der Zeit könnten diese Ausschüsse dazu beitragen, den strukturellen Graben zu überbrücken und Empfehlungen zu erarbeiten, die kollaborative Entscheidungsprozesse erleichtern.

Die Führer könnten außerdem ihren Verhandlungsprozess umbenennen. *Tarifstreitigkeiten* ist ein gängiger Name für den Prozess, in dem Arbeitgeber- und Arbeitnehmervertreter eine Lösung für ihre Meinungsverschiedenheiten suchen. Häufig steckt dahinter die Vorstellung eines antagonistischen Prozesses, in dem beide Parteien starre Positionen einnehmen und um Zugeständnisse feilschen: »Wir erhöhen den Lohn nicht, wenn ihr nicht bei der Streichung von Feiertagen Zugeständnisse macht.« Eine einfache Namensänderung in *sachbezogene Verhandlung* oder *gemeinsame Problemlösung* könnte unterstreichen, dass die Verhandlungen zwischen den beiden Seiten nicht antagonistisch verlaufen müssen.

Wie Sie sich vor Manipulation durch persönliche Nähe schützen

In diesem Kapitel haben wir Ihnen bislang dazu geraten, starke persönliche Beziehungen zu suchen. Doch je stärker die Beziehung zu jemandem ist, desto eher wird Ihnen Ihr Bauchgefühl dazu raten, einem Vorschlag dieser Person zuzustimmen. Das könnte Sie leicht verwundbar machen.

An klugen Entscheidungen ist Ihr Kopf genauso beteiligt wie Ihr Bauch. Beide können eine gute Quelle für neue Ideen sein. Und jeder der beiden kann ein guter Filter sein, um schlechte Ideen auszusortieren und nur die besten zu behalten. Ehe Sie definitive Zusagen machen, sollten Sie daher Ihren Verstand und Ihr Bauchgefühl zurate ziehen.

Überprüfen Sie einen Vorschlag mit kühlem Verstand

Starke persönliche Verbundenheit kann schlechten Entscheidungen Vorschub leisten. Durch Gruppenzwang könnten Sie sich gedrängt sehen, dem Wunsch eines Kollegen nachzukommen. Jugendliche nutzen diese Taktik, um Freunde zum Trinken oder Rauchen zu überreden. »Wir rauchen doch alle. Hier, probier eine.« Auf ähnliche Weise könnte ein Verhandlungspartner seine persönliche Verbundenheit mit Ihnen nutzen, um sie dazu zu bringen, einer Vereinbarung zuzustimmen:

Als langjähriger Freund und Kollege habe ich Sie nie um etwas gebeten. Doch jetzt bitte ich Sie um Ihre Zustimmung.

Sie fühlen sich emotional unter Druck. Und vielleicht ist der Vorschlag ja auch in Ordnung, vielleicht ist er sogar sehr gut für Sie. Doch ehe Sie sich auf persönliche Beziehungen und emotionale Verbundenheit verlassen, halten Sie inne. Überprüfen Sie den Vorschlag mit kühlem Verstand. Halten Sie für solche und ähnliche Situationen eine Formulierung bereit:

Ich möchte Ihnen keine Versprechungen machen. Aber da Sie mich darum bitten, werde ich den Vorschlag mit größtmöglicher Offenheit prüfen und Ihnen morgen früh eine Antwort geben.

Wenn Sie sich auf eine schlechte Entscheidung einlassen, kann das nicht nur für Sie negative Auswirkungen haben, sondern auch für die Gegenseite. Wenn Sie sich überreden lassen, ein Auto zu kaufen, das nicht den Bedürfnissen Ihrer Familie entspricht, werden Sie den Kauf bereuen, und Sie ärgern sich über sich selbst, weil Sie sich haben breitschlagen lassen. Doch aus Sicht des Händlers ist die Situation kaum besser. Wenn Sie Ihr Erlebnis weitererzählen, verliert er seinen Ruf und damit mögliche zukünftige Abschlüsse.

Ehe Sie einem Vorschlag zustimmen, überprüfen Sie ihn rational und mit kühlem Verstand. Wenn Sie vorhaben, ein neues Auto anzuschaffen, suchen Sie Informationen über Modelle, die Ihnen gefallen: Was sagen Test-Berichte über Sicherheit, Verbrauch, Haltbarkeit und Garantie? Was kosten die verschiedenen Modelle nach Auskunft des Internets? Was ist Ihre beste Alternative für eine Verhandlungslösung? An wen wenden Sie sich, wenn Sie mit diesem Händler nicht zu einem Abschluss kommen? Welchen Autotyp wollen Sie, und wie viel Geld wollen Sie dafür ausgeben? Was verlieren Sie, wenn Sie noch ein paar Wochen mit dem Kauf warten?

Hören Sie auch auf Ihr Bauchgefühl

Sie haben keinen Grund, jedem Menschen mit dem Sie es zu tun haben, zu misstrauen. Im Gegenteil, großes Misstrauen verringert

Ihre für den Verhandlungserfolg so wichtige Fähigkeit, mit anderen Menschen eine persönliche Beziehung aufzubauen. Trotzdem sollten Sie natürlich wachsam bleiben. Verlassen Sie sich in wichtigen Entscheidungen nicht nur auf Ihren Verstand, sondern auch auf Ihr Gefühl.

Woher ein Vorschlag auch kommen mag – ob von einem Freund, aus einer Zeitungsannonce oder aus einem Werbespot –, Ihr Bauchgefühl kann Ihnen bei einer Entscheidung wichtige Hinweise liefern. Egal ob es darum geht, ein neues Auto anzuschaffen, einen neuen Job anzunehmen, jemanden zu entlassen oder einen neuen Partner ins Unternehmen zu holen. Sie können eine Menge herausfinden, wenn Sie Ihre körperliche Reaktion beobachten, während Sie über eine wichtige Entscheidung nachdenken. Andere können mit ihrem Rat eine große Hilfe sein, doch Sie können ebenso viel erfahren, wenn Sie in sich selbst hineinhören. Entspannen Sie sich, nehmen Sie sich Zeit und überlegen Sie:

■ Was sagt mir mein Gefühl zu dieser Entscheidung? (Fühle ich mich besorgt? Zufrieden? Zuversichtlich? [Lange Pause]. Spüren Sie Ihr Gefühl.)
■ Wenn ich jetzt Nein sage, wie fühle ich mich dann morgen? (Erleichtert? Enttäuscht? Frustriert? [Lange Pause] Schließen Sie die Augen. Hören Sie auf Ihr Bauchgefühl.)
■ Wenn ich jetzt Ja sage, wie fühle ich mich dann morgen? (Fühlt sich die Entscheidung gut an? Warum?)

Die Unterscheidung zwischen Ihrer verstandes- und Ihrer gefühlsmäßigen Reaktion ist nützlich, auch wenn Sie keineswegs immer so eindeutig ist, wie die Begriffe es erscheinen lassen. Wenn Sie beispielsweise zu dem Schluss kommen, dass sich eine bestimmte Entscheidung nicht richtig anfühlt, befragen Sie dann tatsächlich nur Ihre emotionale Reaktion, oder nehmen Sie die mögliche Kritik eines Freundes oder Kollegen vorweg? Je näher Sie einem Menschen stehen, desto größer ist das Risiko, dass Ihre Gefühle hinsichtlich einer bestimmten Entscheidung (zum Beispiel über die

Kleidung, die Sie tragen) nicht Ihrer eigenen Intuition oder Ihrem Bauchgefühl entspringt, sondern dass Sie vorwegzunehmen versuchen, was diese andere Person fühlen könnte. Wenn Sie eine Entscheidung mit Ihrem Gefühl oder Ihrer Intuition überprüfen, um herauszufinden, wie sie sich für Sie anfühlen würde, sollten Sie darauf achten, nicht die angenommenen Gefühle eines anderen Menschen mit den eigenen zu verwechseln. Wenn Sie Kopf und Bauch befragen, schützen Sie sich vor Manipulation durch Nähe und verbessern die Qualität Ihrer Entscheidung.

Zusammenfassung

Mit größerer Verbundenheit wird die Zusammenarbeit einfacher und produktiver. Verbundenheit hat zwei Aspekte:

Strukturelle Beziehungen: Dies sind die Beziehungen, die Sie aufgrund der Zugehörigkeit zu derselben Gruppe mit einem anderen Menschen haben. Sie können strukturelle Beziehungen stärken, indem Sie bestehende Gemeinsamkeiten mit einem anderen Menschen suchen oder neue Gemeinsamkeiten herstellen.

Persönliche Beziehungen: Dies sind die persönlichen Bande, die Sie mit einem anderen Menschen verbinden. Indem Sie über persönliche Angelegenheiten sprechen, können Sie die persönliche Distanz verringern. Stellen Sie jedoch auch sicher, dass Sie anderen und sich selbst genügend Freiräume lassen.

5.

Respektieren Sie Autonomie

Vergrößern Sie Ihre Handlungsspielräume, und achten Sie die Autonomie anderer Menschen

Legen Sie dieses Buch weg! Sofort!

Auch wenn Sie dieses Buch vielleicht sowieso gerade weglegen wollten, haben Sie sicher etwas dagegen, wenn es Ihnen jemand vorschreibt. Und zu Recht. Indem wir es Ihnen eben vorschreiben wollten, haben wir Ihre Autonomie missachtet: Ihre Freiheit, Entscheidungen zu treffen und sie umzusetzen.

Jeder von uns hat das Bedürfnis nach einem angemessenen Grad der Autonomie. Wenn ein Polizist in diesem Moment auf Sie zukäme und Ihnen Handschellen anlegen würde, dann beeinträchtigen diese Handschellen den Gebrauch Ihrer Hände. Die Handschellen beschneiden Ihre Freiheit, auch wenn Sie gerade gar nichts mit Ihren Händen anfangen wollten.

Je größer die Autonomie, die wir selbst für uns beanspruchen, desto größer die Gefahr, dass wir damit die Autonomie anderer beeinträchtigen. Betrachten wir die Geschichte der Konzernanwältin Elizabeth, die nach Chicago flog, um dort einen – wie sie meinte – unkomplizierten Routinevertrag abzuschließen.

In Begleitung zweier Anwaltsassistenten kam ich im Flughafen von Chicago an, um mich dort mit John, dem Anwalt der Gegenseite, zu treffen. Dieser kam allein und schien überrascht und sogar verärgert, dass ich zwei Junganwälte mitgebracht hatte.

»Ich bin davon ausgegangen, dass wir beide uns allein zu einer Vorbesprechung treffen würden, um uns kennen zu lernen und unsere Verhandlung zu planen, und zwar auf Grundlage der Agenda, die ich Ihnen geschickt hatte. Wir haben schließlich eine lange Verhandlung vor uns.«

»Aber meine beiden Assistenten haben einen Vertragsentwurf erarbeitet«, erwiderte ich. »Ich wollte, dass sie bei der Diskussion dabei sind.«

»Vertragsentwurf!«, rief John aus. »Ist das nicht ein bisschen voreilig? Sie bringen Ihr Team mit und haben gleich einen Vertrag in der Tasche! Und das, ehe wir uns überhaupt kennen gelernt haben! Wie dem auch sei, meine Frau erwartet uns beide heute Abend zum Abendessen, und dann können wir uns ja unterhalten.«

»Abendessen? Tut mir Leid, davon wusste ich nichts. Ich habe bereits Pläne für heute Abend.«

»Dann rufe ich meine Frau an und sage ihr Bescheid, dass das Abendessen ausfällt«, antwortete John. »Lassen Sie uns beide aber jetzt in den Zweier-Konferenzraum gehen, den ich eine Etage höher reserviert habe. Später können wir immer noch überlegen, ob wir den Kreis erweitern und Ihre beiden Kollegen hinzuziehen.«

»Das klingt gut«, erwiderte ich.

»Klar«, entgegnete er. »Ich glaube auch nicht, dass wir so kurzfristig einen größeren Raum bekommen würden.«

Die beiden Anwälte begannen die Verhandlung offensichtlich auf dem falschen Fuß. Anscheinend hatte sich keiner der beiden darüber Gedanken gemacht, wer welche Entscheidungen treffen konnte, ohne den anderen mit einzubeziehen. Doch Emotionen können sich selbst an scheinbar trivialen logistischen Fragen entzünden. Der Grund ist gar nicht einmal, dass jemand eine *falsche* Entscheidung trifft, sondern der, dass jemand eine Entscheidung trifft, ohne den anderen zu konsultieren. Als Verhandlungsführer sollten Sie auf Ärger vorbereitet sein, wenn Ihr Verhandlungspartner auf eine Ihrer Entscheidungen, die ihn betrifft, mit folgenden Worten reagieren könnte:

- ■ »Dem habe ich nicht zugestimmt!«
- ■ »Ich wurde nicht konsultiert!«
- ■ »Darüber wurde ich nicht informiert!«

Wir fühlen uns schnell auf den Schlips getreten, wenn andere unsere Handlungsspielräume über ein unserer Ansicht nach angemessenes Maß hinaus beschneiden. Der andere könnte versuchen, Sie unter Druck zu setzen, sich seiner Forderung zu fügen: »Dies ist mein letztes Angebot: Sie können es annehmen oder es bleiben lassen.« Oder er könnte versuchen, Ihr Denken zu diktieren: »*Denken* Sie nicht einmal daran, diesen Vertrag zu kündigen.« Oder er könnte Ihnen bestimmte Emotionen verbieten wollen: »Seien Sie nicht traurig, dass Sie den Abschluss nicht bekommen haben. Finden Sie sich damit ab!«

Warum wir oft ungeschickt mit Autonomie umgehen

Wenn wir nicht auf Autonomie achten, kann das negative Emotionen bei uns und anderen auslösen. Diese Emotionen können schließlich sogar den Verhandlungserfolg gefährden. Dabei bestehen zwei Gefahren:

Wir beschneiden unsere eigene Autonomie

Im Alltag haben die meisten von uns die Freiheit, ihr Büro nach ihrem Geschmack einzurichten, sich auszusuchen, was sie zu Mittag essen wollen oder zu entscheiden, wann sie abends zu Bett gehen. Doch in Verhandlungen erkennen wir oft nicht, in welch vielfältiger Hinsicht wir unsere Autonomie einsetzen können. Vielleicht beschneiden wir unsere eigene Autonomie, weil wir das Gefühl haben, wir hätten nicht die Macht, Veränderungen zu bewirken oder andere zu beeinflussen. Wenn wir beispielsweise keine Entscheidungsbefugnis haben, welchen Einfluss haben wir dann auf eine Verhandlung? Aber wir werden sehen, dass es auch eine Stärke sein kann, *keine* Entscheidungsbefugnisse zu haben.

Wir beschneiden die Autonomie anderer Menschen

Wenn unsere Autonomie mit der Autonomie eines anderen in Konflikt gerät, können wir das Gefühl haben, ohne Landkarte durch ein Minenfeld zu laufen. Jeder falsche Schritt kann die gesamte Verhandlung sprengen. Wenn die andere Seite das Gefühl hat, dass wir ihre Autonomie verletzen, dann verliert sie schneller das Vertrauen, lehnt unsere Vorschläge ab, gleichgültig wie gut oder wie schlecht sie sind, und investiert nicht in die Umsetzung der »gemeinsamen« Vereinbarung.

Um positive Emotionen zu fördern, sollten Sie daher

■ Ihre Autonomie vergrößern und
■ vermeiden, die Autonomie des anderen zu verletzen.

Vergrößern Sie Ihre Handlungsspielräume

Die Macht der Autonomie besteht vor allem in unserer Fähigkeit, Einfluss auf Entscheidungen zu nehmen. Wir gehen oft fälschlicherweise davon aus, dass wir machtlos seien, wenn wir keine Entscheidungsbefugnis haben. Und wenn andere diese Befugnis nicht haben, dann sehen wir *sie* als machtlos an und geben uns nicht mit ihnen ab. Warum sollten wir mit dem Juniorpartner verhandeln, wenn er keinerlei Entscheidungen treffen darf? Wenn wir einen Klienten vertreten, warum sollten wir an einem Gespräch mit der anderen Seite teilnehmen, wenn wir nicht befugt sind, verbindliche Vereinbarungen zu verabreden? Wir haben Angst, dass die andere Seite uns und unsere Vorschläge als »schwach« abtun könnte.

Beschneiden Sie Ihre eigene Autonomie nicht unnötig. Sie haben viele Möglichkeiten, Einfluss auf eine Entscheidung zu nehmen, auch wenn Sie selbst keinerlei Entscheidungsbefugnis haben. Sie können Empfehlungen aussprechen, Handlungsoptionen entwickeln oder eine gemeinsame Brainstorming-Runde abhalten.

Sprechen Sie Empfehlungen aus

Niemand hindert Sie daran, jemandem eine Empfehlung zu geben. Wenn Sie nicht mit der Art und Weise zufrieden sind, wie Ihr Unternehmen mit einem bestimmten Problem umgeht, entwickeln Sie Alternativen. Legen Sie Ihrem kreativen Denken keine Beschränkungen auf und entwickeln Sie Problemlösungen. Denken Sie darüber nach:

■ Welches Problem möchte ich ansprechen?
■ Wen will ich beeinflussen?
■ Welche Empfehlung kann ich aussprechen?
■ Wie kann ich dafür sorgen, dass meine Empfehlung den Entscheider erreicht?

Entwickeln Sie Optionen, bevor Sie entscheiden

Ihre Fähigkeit, Einfluss auf eine Verhandlung zu nehmen, hängt nicht davon ab, ob Sie die Befugnis haben, verbindliche Entscheidungen zu treffen. Mithilfe eines Brainstormings können Sie verschiedene Entscheidungsoptionen entwickeln. Wenn Sie keine Entscheidungsbefugnis haben, ist das sogar eine ausgezeichnete Vorausetzung für ein solches Brainstorming, weil Sie sich frei äußern können, ohne befürchten zu müssen, dass Ihre Vorschläge als Zusage aufgefasst werden könnten. In einem solchen Brainstorming können Sie und Ihre Gesprächspartner den Rahmen der Konventionen verlassen. Die Tatsache, dass Sie nicht die Befugnis haben, verbindliche Entscheidungen zu treffen, gibt Ihnen größere Handlungsspielräume, frische Ideen und originelle Möglichkeiten zu erörtern. Sie gehen kein Risiko ein, dass Sie mit einer Ihrer Aussagen Ihre Autorität untergraben und müssen nicht befürchten, dass Sie sich oder Ihren Klienten auf eine schlechte Entscheidung festlegen.

Roger Fisher erinnert sich, wie er während eines Geiseldramas im Iran auf diese Weise seine Handlungsspielräume vergrößerte.

Im Herbst 1979 wurde die Botschaft der Vereinigten Staaten in Teheran besetzt. Diplomaten und Botschaftspersonal wurden viele Monate lang als Geiseln festgehalten. Im Frühjahr 1980 wollte US-Präsident Jimmy Carter die Geiseln mit einer Rettungsmission befreien, doch der Versuch schlug fehl.

Kurz darauf erhielt ich einen Anruf von Lloyd Cutler, dem Sicherheitsberater des Präsidenten. Er bat mich darum, mich an der Vermittlung zu beteiligen. Cutler machte von vornherein deutlich, dass ich keinerlei Befugnis hatte, verbindliche Entscheidungen zu treffen. Er selbst sei rund um die Uhr über die Telefonzentrale des Weißen Hauses für mich zu erreichen. Ihm war offenbar klar, dass ein Regierungsvertreter nicht frei mit den Iranern über Lösungsmöglichkeiten nachdenken konnte, weil jede Idee für die andere Seite so klingen musste, als handele es sich um einen Verhandlungsvorschlag, worauf die Iraner vermutlich mit dem Feilschen beginnen würden.

Als freier Hochschuldozent, der für eine kleine, gemeinnützige Nicht-Regierungsorganisation arbeitete, sah ich meinen Auftrag darin, ein Paket von Lösungen zu entwickeln, das ich beiden Seiten als Empfehlung vorlegen konnte.

Ein iranischer Student stellte für mich einen Kontakt mit Ayatollah Beheschti, dem Vorsitzenden der Islamischen Republikanischen Partei, her, der gut Englisch sprach. Beheschti hatte offenbar einiges über mich in Erfahrung gebracht und war überraschend herzlich. Unser Gespräch verlief ungefähr wie folgt:

Fisher: »Wo liegen die Interessen des Iran? Was wollen Sie?«
Beheschti: »Lassen Sie mich Ihnen sagen, was wir nicht wollen. Wir wollen nicht, dass die Gerichte in New York etwas mit unseren finanziellen Ansprüchen zu tun haben.«
Fisher: »Wer soll Ihrer Ansicht nach über Ihre finanziellen Ansprüche entscheiden? Iranische Gerichte?«
Beheschti (lachend): »Nein, das nicht. Wie wäre es mit einer Vermittlung in Den Haag?«

Fisher: »Glauben Sie, dass der Iran eine Vermittlung akzeptiert?«

Beheschti: »Ich kann Ihnen hier und jetzt zusagen, dass der Iran einer Vermittlung in Den Haag zustimmen wird. Können Sie mir dasselbe für die Vereinigten Staaten zusagen?«

Fisher: »Wie ich Ihnen bereits gesagt habe, habe ich keinerlei Befugnis, im Namen der USA irgendwelche Zusagen zu machen. Wenn wir zu einem Lösungsvorschlag kommen, werde ich ihn dem Weißen Haus vorlegen. Was möchte der Iran darüber hinaus?«

Beheschti zählte eine Reihe von strittigen Fragen auf, die US-Diplomaten kaum ohne die übliche Rhetorik hätten diskutieren können. Im Gespräch mit mir wurden dagegen die tatsächlichen Interessen hinter den vordergründigen Positionen deutlich.

Beheschti: »Die Sanktionen müssen aufgehoben werden.«

Fisher: »Autsch. Nennen Sie mir einige gute Argumente, mit denen ich der US-Regierung eine Aufhebung der Sanktionen empfehlen kann.«

Beheschti: »Wir sind genug bestraft worden.«

Fisher: »Das kann nur US-Präsident Carter entscheiden, aber es gibt keine eindeutigen Kriterien dafür, wann eine Bestrafung ›ausreichend‹ ist. Ich benötige mehr Argumente.«

Beheschti: »Eine Fortsetzung der Sanktionen riskiert eine Destabilisierung der gesamten Region.«

Fisher: »Erklären Sie mir das bitte. Warum ist das so?«

Beheschti: »Verstehen Sie nicht? Versteht Ihre Regierung das nicht?«

Fisher: »Ich weiß nicht, was die Vereinigten Staaten verstehen, aber ich verstehe es nicht. Warum bergen die Sanktionen eine Gefahr der Destabilisierung der Region?«

Beheschti: »Um Waren gegen die Sanktionen zu importieren oder zu exportieren, müssen Beamte auf beiden Seiten der Grenze bestochen werden. Je länger die Bestechung andauert, desto mehr verlieren wir und unsere Nachbarstaaten die Kontrolle über die Grenzgebiete.«

Fisher: »Das ist ein gutes Argument. Nennen Sie mir weitere.«

Beheschti: »Lassen Sie mich überlegen. Natürlich. Wenn die Vereinigten Staaten die Sanktionen nicht aufheben, nachdem die Geiseln freigekommen sind, dann werden sie so schnell keinen besseren Grund finden.«

Fisher: »Das hört sich sehr gut an. Das werde ich sicherlich im Weißen Haus erwähnen.«

Indem er klarmachte, dass er zwar Zugang zum Weißen Haus hatte, dass er aber keinerlei Befugnis hatte, im Namen der US-Regierung verbindliche Vereinbarungen zu treffen, vergrößerte Fisher seinen Handlungsspielraum, um Interessen auszuloten und ein Lösungspaket zusammenzustellen. Er konnte frei sprechen, ohne Angst haben zu müssen, dass seine Aussagen als politische Zusagen missverstanden werden konnten, oder dass man aus seinen Worten hätte schließen können, zu welchen Zugeständnissen die US-Regierung unter Umständen bereit wäre. Seine inoffizielle Rolle erleichterte es ihm, den Kern einer möglichen Einigung zu erarbeiten, was schwerer gewesen wäre, wenn er die Befugnisse gehabt hätte, eine verbindliche Entscheidung zu treffen. Gleichzeitig erlaubte diese inoffizielle Rolle es Beheschti, mit ihm zu sprechen, ohne Zusagen auf Regierungsebene machen zu müssen.

In fast jeder Verhandlung kann es sinnvoll sein, den Prozess der Entwicklung von Entscheidungsmöglichkeiten vom Entscheidungsprozess abzukoppeln. Wenn Kate und Steve ein neues Auto für ihn kaufen, könnte er beispielsweise zuerst verschiedene Modelle begutachten und diejenigen, die in die engere Wahl kommen, Probe fahren. Steve weiß jedoch, dass ein Händler ihn unter Druck setzen könnte, ein Auto zu kaufen. Vielleicht will der Händler seine Kreditwürdigkeit prüfen, ihm ein Angebot machen oder herausfinden, wie viel Steve auszugeben bereit ist. Doch Steve ist so klug, von vornherein mit dem Verkaufspersonal zu klären, dass er die Entscheidung nur zusammen mit seiner Frau trifft. Er vergrößert seine Autonomie, sich in Ruhe Autos anzusehen, und der Autokauf wird zu einem stressfreien, angenehmen Erlebnis.

Als Nächstes gehen Steve und Kate von der Erkundungs- zur Entscheidungsphase über. Steve berichtet Kate, welche Modelle ihm besonders gefallen haben. Er sucht im Internet nach dem Einkaufspreis ab Werk, während sie sich bei verschiedenen Händlern

nach Verkaufspreisen erkundigt. Sie wägen die Stärken und Schwächen jedes Modells gegeneinander ab und lassen den Eindruck,
den Steve von jedem Autohändler hatte, mit einfließen – schließlich ist auch eine gute Beziehung zum Händler wichtig, für den
Fall, dass es Probleme mit dem Wagen gibt.

Dann gehen Sie zum nächstgelegenen Händler, der das ge-
wünschte Modell zu einem möglichst günstigen Preis anbietet.
Hier lassen sich Kate und Steve beraten, welche Extras sie mit und
ohne Aufpreis bekommen können und verhandeln über Endpreis
und Lieferfristen. Wenn sie mit dem Händler übereinkommen, machen sie von ihrer Autonomie Gebrauch, eine verbindliche Zusage
zu treffen – und kaufen den Wagen.

Halten Sie eine gemeinsame Brainstorming-Runde ab

Eine dritte Möglichkeit, Ihre Autonomie zu vergrößern, ist eine
gemeinsame Brainstorming-Runde. In dieser Runde können Sie
und Ihr Gegenüber gemeinsam unverbindlich Möglichkeiten erkunden, verschiedene Optionen weiterentwickeln und schließlich
eine Auswahl treffen. Unabhängig davon, ob Sie in geschäftlichen
oder Regierungsangelegenheiten verhandeln, können Sie den fünf
Schritten in Tabelle 7 folgen, wenn Sie eine gemeinsame Brainstorming-Runde ausprobieren wollen.

Selbst bei emotionsgeladenen Konflikten wie bei einer Scheidung kann eine Brainstorming-Runde sehr hilfreich sein. Für ein
Ehepaar mit Kindern sind mit einer Scheidung vermutlich schwierige Fragen verbunden, und die Emotionen gehen hoch. Das beste
Beispiel ist die Auseinandersetzung um das Sorgerecht für die Kinder im Rahmen einer einvernehmlichen Trennung. Fragen wie Be-
suchsregelungen, Hausordnungen, Krankenversicherung, Reli-
gion oder Wahl des Schultyps sorgen für zusätzlichen Zündstoff.
Vermutlich kommt es zu einem Konflikt der Autonomien beider
Partner.

Tabelle 7: Fünf Schritte für ein gemeinsames Brainstorming

1. Entscheiden Sie, wer teilnehmen soll

- Wählen Sie sechs bis zwölf Personen mit Sachkenntnis und unterschiedlichen Ansichten aus.
- Beziehen Sie jemanden mit Zugang zu einem Entscheider ein.
- Laden Sie die Teilnehmer als »Privatpersonen«, nicht als Repräsentanten ein.
- Wenn die Themen emotionsgeladen sind, erwägen Sie, einen Vermittler hinzuziehen.

2. Erkunden Sie die Interessenlage

- Die Teilnehmer jeder »Seite« stellen zusammen, was ihrem besten Verständnis nach die Interessen der anderen Seite sind.
- Jede Seite teilt ihre Liste den anderen mit und bittet um Feedback und Korrektur.

3. Entwickeln Sie unverbindliche Handlungsoptionen

- Machen Sie klar: »Nichts, was wir hier und jetzt sagen, hat verbindlichen Charakter.«
- Jeder Teilnehmer entwickelt Vorstellungen, wie wichtige Interessen jeder der beteiligten Seiten befriedigt werden können.
- Ermutigen Sie »verrückte« Ideen. (Sie regen oft bessere Ideen an.)
- Halten Sie alle Ideen auf einer Tafel oder einem Flipchart fest, damit alle sie sehen können.

4. Entwickeln Sie Optionen weiter

- Jeder Teilnehmer benennt Gedanken, die seiner Ansicht nach am besten geeignet sind, die Interessen jeder der beteiligten Seiten zu befriedigen.
- Die Gruppe stellt eine kürzere Liste von Optionen zusammen, die eine weitere Betrachtung verdienen.
- Die Gruppe baut diese Gedanken zu operativen Möglichkeiten aus.
- Sie vereinfacht jeden Gedanken solange, bis jeder ihn mit einem einfachen »Ja« beantworten kann.

5. Entscheiden Sie, was Sie mit Ihren Ideen tun

- Benennen Sie Entscheider, denen Sie Ihre Optionen empfehlen wollen.
- Finden Sie Freiwillige, die diese Ideen an den Entscheider kommunizieren.
- Wenn einige der Teilnehmer selbst Entscheider sind, bitten Sie sie um Rat: »Gibt es etwas, was wir tun können, um dem Entscheider die Zustimmung zu erleichtern?«

Die grundlegende Frage – welcher der beiden Elternteile die Autonomie hat, Entscheidungen für das Kind zu treffen – führt oft zu emotionalen Auseinandersetzungen. Ob die Scheidungsregelungen für Eltern und Kinder akzeptabel sind, hängt sehr stark davon ab, wie viel Zeit die Eltern damit verbringen, gemeinsam über Lösungsmöglichkeiten nachzudenken, vielleicht unter Hinzuziehung eines Vermittlers oder Mediators.

Natürlich kann einer der Partner dem komplexen gemeinsamen Brainstorming aus dem Weg gehen und eine Lösung vor Gericht erstreiten wollen. Ein viel beschäftiger Richter nutzt dann möglicherweise seine Autonomie und kommt in ein paar Minuten zu einem Urteilsspruch, oft zum finanziellen und emotionalen Nachteil aller Beteiligten, außer dem der Anwälte. Die geschiedenen Partner und ihre Kinder können nun einige Jahre damit zubringen, sich über Dinge zu streiten, die mit einem gemeinsamen Brainstorming klüger und billiger entschieden worden wären.

In anderen Situationen haben Mitglieder einer Organisation oder Gruppe möglicherweise nur sehr wenige Entscheidungsbefugnisse, oder sie haben die wenigen, die sie hatten, an der Tür abgegeben. Während eines gemeinsamen Brainstormings könnten die Teilnehmer sich Wege überlegen, wie sie ihre Empfehlungen an einen bestimmten Entscheider kommunizieren könnten. Die Teilnehmer könnten etwa gemeinsam oder allein ein Protokoll verfassen oder dem Entscheider ihre Vorschläge mündlich kommunizieren.

Warnung: Zu viel Autonomie kann überfordern

Manchmal besteht unser Problem nicht darin, dass wir zu wenig Autonomie haben, sondern dass wir im Gegenteil von zu vielen Handlungsmöglichkeiten und Entscheidungen überfordert werden. Viktor Kremenyuk, ein sowjetischer Verhandlungsexperte, traf sich einmal mit Roger Fisher in einem Restaurant in Cambridge zum

Essen. Die Kellnerin reichte dem sowjetischen Kollegen eine lange und komplizierte Speisekarte:

»Kann ich Ihre Bestellung aufnehmen?«
»Haben Sie ein Tagesgericht? Gut, das nehme ich.«
»Wie möchten Sie das Fleisch? Rot, rosé oder durchgebraten?«
»Rosé bitte.«

Kremenyuk dachte, dass damit alle Fragen beantwortet waren und wandte sich wieder seinem Gesprächspartner Fisher zu. Doch die Kellnerin fuhr fort:

»Wie möchten Sie Ihre Kartoffeln? Ofenkartoffeln, Kartoffelbrei oder Pommes Frites?«
»Ofenkartoffeln, bitte. Danke.« Wieder wollte er das Gespräch mit Fisher fortsetzen.
»Möchten Sie Salat dazu?«
»Ja, danke.«
»Welchen Salat möchten Sie? Caesar Salad, Cobb Salad oder Haussalat?«
»Haussalat bitte, danke.«
»Und welches Dressing möchten Sie dazu?
»Nehmen Sie irgendwas.«
»Essig und Öl? Remoulade? Gorgonzola?«
»Was immer Sie mir vorschlagen, danke!«
»Was Sie mögen.«
»Gut. Gorgonzola. Also, wo waren wir stehen geblieben, Roger?«

Nachdem die Kellnerin gegangen war, rief Kremenyuk aus: »Ich habe einen Tagessatz und zahle selbst für das Essen. Selbst meine Freunde würden mich nicht dazu zwingen, so hart für mein Essen zu arbeiten. Wenn ich in Moskau das Tagesgericht bestelle, dann bekomme ich das Tagesgericht!«

Wie bei allen Grundbedürfnissen wollen wir auch im Falle der Autonomie ein angemessenes Maß. Mehr Autonomie ist nicht immer besser, denn die Vielzahl der Entscheidungen kann uns hoffnungslos überfordern.

Respektieren Sie die Autonomie anderer Menschen

Wenn wir tatsächlich Entscheidungsbefugnis haben, versäumen wir es allzu häufig, diejenigen Menschen in den Entscheidungsprozess mit einzubeziehen, die von unserer Entscheidung betroffen sind. Doch indem wir andere ausschließen, laufen wir Gefahr, ihre Autonomie zu missachten und sie zu verärgern.

Verhandlungsführer sind sich häufig gar nicht bewusst, welche emotionalen Auswirkungen ihre einseitigen Entscheidungen haben können. Wir wären vermutlich mehr als nur verdutzt, wenn unser Verhandlungspartner einfach verkünden würde: »Unser nächstes Treffen findet am Donnerstag um 10 Uhr in meinem Büro statt.« Eine Aussage wie diese zeigt, dass es ihm nur um das Ergebnis einer Verhandlung geht und er den Prozess, an dessen Ende dieses Ergebnis zustande kommt, völlig außer Acht lässt. Es kann ja durchaus sein, dass sein Büro der beste Treffpunkt für die weiteren Verhandlungen ist. Möglicherweise fühlt er sich in seinem Büro selbstsicherer und offener, und für uns bedeutet es, dass wir gehen können, wann wir wollen. Was die einseitige Entscheidung so ärgerlich macht, ist weniger ihr Inhalt, als die Art und Weise, wie sie zustande kam. Wurden wir in den Prozess einbezogen oder ausgeschlossen? Die Antwort auf diese Frage hat großen Einfluss darauf, wie wir einer Entscheidung gegenüberstehen, und vor allem, wie wir die Zusammenarbeit mit der betreffenden Person beurteilen.

Versetzen Sie sich in die Situation von Roger Fisher und seiner Frau Carrie, die gemeinsam zur Geburtstagsfeier eines seiner Freunde fuhren. Auf der Fahrt hielten sie bei einem Floristen, um Blumen für die Gastgeber zu kaufen. Sie suchten zwei verhältnismäßig teure Pflanzen aus. Die Verkäuferin wies sie darauf hin, dass jeder Kunde bei einem Kauf im Wert von mehr als 25 US-Dollar ein Dutzend Rosen umsonst dazu bekäme. Fisher fragte die Verkäuferin, ob sie die beiden Pflanzen auch einzeln berechnen könne, sodass er auf diese Weise zwei Dutzend Rosen bekam. Die

Verkäuferin bejahte und Fisher bekam zwei Rosensträuße umsonst.

Während Fisher noch bezahlte, trug seine Frau schon die Blumen zum Auto. Auf der Straße traf sie zufällig zwei gute Freunde, die ihr halfen, die Blumen zu tragen. Als Fisher zu ihnen stieß und der Freundin anbot, ihr den Strauß Rosen abzunehmen, den sie in der Hand hielt, erfuhr er, dass seine Frau ihr ein Dutzend »seiner« Rosen geschenkt hatte. Er lächelte, sagte »Schön!«, aber innerlich ärgerte er sich.

Auf der Autobahn überlegte Fisher, warum ihn die Entscheidung seiner Frau so wütend machte. Es war eine schöne Geste gewesen, der Freundin einen Blumenstrauß zu schenken. Wenn seine Frau ihn gefragt hätte, dann hätte er sicherlich gedacht, dass es eine wunderbare Idee war. Doch sie hatte ihn eben nicht gefragt. Aus seiner Sicht waren die beiden Rosensträuße allein seinem Verhandlungsgeschick zu verdanken und gehörten deshalb ihm. Seine Frau hatte einseitig entschieden, einen davon zu verschenken, ohne zu bedenken, dass er möglicherweise eigene Pläne damit hatte.

Fisher kam zu dem Schluss, dass er deshalb verärgert war, weil seine Frau seine Autonomie verletzt hatte. Seiner Ansicht nach war es seine Entscheidung, was mit den Rosen passieren sollte – zumindest wollte er aber befragt werden. Nachdem er verstanden hatte, woher sein Ärger rührte, löste sich dieser in Luft auf.

Wenn Menschen wegen eines derart unbedeutenden Zwischenfalls die Fassung verlieren können, dann ist es nur zu verständlich, dass sich Verhandlungsführer über jede noch so kleine Entscheidung ärgern können, die ein anderer einseitig getroffen hat. Dabei kann es zum Beispiel um den Treffpunkt gehen, um die Anfangszeit eines Meetings, um die Art der Pausenhäppchen oder um das Ende des Verhandlungstages. Negative Emotionen haben weniger mit dem Inhalt der Entscheidungen zu tun als mit der Tatsache, dass einer der Verhandlungspartner eine einseitige Entscheidung trifft.

Nehmen Sie Rücksprache, bevor Sie entscheiden

Wir raten Ihnen, stets darauf zu achten, ob Sie mit Ihrem Verhalten möglicherweise die Autonomie der anderen Seite verletzen könnten. Sie können dies einfach vermeiden, indem Sie jede Entscheidung besprechen. Fishers Ehefrau hätte beispielsweise einen Moment damit warten können, die Rosen zu verschenken. In dem Moment, in dem Roger zum Auto kam, hätte sie ihn diskret beiseite nehmen und fragen können: »Was hältst du davon, Liz ein Dutzend Rosen zu schenken?«

Wenn Sie sich vor einer Entscheidung besprechen, dann hat das drei entscheidende Vorteile. Der andere fühlt sich in den Entscheidungsprozess einbezogen. Sie können durch die Unterredung mehr in Erfahrung bringen. Und Sie behalten sich trotzdem ein Veto-Recht vor. Eine Entscheidung zu besprechen bedeutet nicht, dem anderen das Recht zu geben, die Entscheidung zu treffen, sondern seinen Standpunkt darzustellen.

Jede Entscheidung zu besprechen, kann allerdings auch seine Nachteile haben. Nach dem Vorfall mit den Rosen verabredeten Roger Fisher und seine Frau, sich nun vor jeder Entscheidung zu besprechen. Einige Tage später sagte sie zu ihm: »Weißt du, was der Nachteil dieser Besprecherei ist? Wir bekommen nichts mehr geregelt!«

Sie hatte Recht. Es muss ein Gleichgewicht bestehen, sodass weder zu viele Entscheidungen einseitig getroffen noch endlose Beratungen geführt werden. Einige ehemalige Studenten des Harvard Negotation Project haben daher das Motto leicht abgewandelt: *Erwägen Sie,* jede Entscheidung zu besprechen.

Ermöglichen Sie den Input von »unsichtbaren« Interessengruppen

Es kommt selten vor, dass sämtliche Interessengruppen bei einer Verhandlung anwesend sind. Millionen von Menschen werden von einem Wirtschaftsabkommen betroffen, das zwei politische Führer aushandeln. Tausende Betriebe übernehmen die Ergebnisse einer Tarifverhandlung zwischen einem Dutzend Gewerkschaftsführern und Arbeitgebervertretern. Und eine achtköpfige Familie fährt an einen Urlaubsort, den die Eltern ausgesucht haben.

Es kann großen Ärger geben, wenn wir die Autonomie dieser unsichtbaren Interessengruppen nicht respektieren. Wenn sie nicht mit einer Entscheidung einverstanden sind, dann könnten diese Interessengruppen schlecht von unserer Organisation reden, den geringen Beitrag, den sie zur Umsetzung leisten können, verweigern oder die Umsetzung sogar sabotieren. Konsumenten könnten die Produkte eines Herstellers boykottieren, der seine Waren unter extrem schlechten Arbeitsbedingungen in der »Dritten Welt« produziert. Arbeitnehmer könnten in ihrer Motivation nachlassen, wenn sie nicht die erwartete Lohnerhöhung erhalten. Kinder könnten einen Urlaub zur Qual machen, wenn sie nicht an der Wahl des Urlaubsortes beteiligt sind.

Auch wenn eine Entscheidung keine unmittelbaren Auswirkungen auf die Position eines Menschen hat, kann sie ihn mittelbar in vielerlei Hinsicht betreffen. Ein leitender Angestellter könnte verärgert monieren: »Ich habe gerade die Hypothek auf mein Haus aufgestockt. Wenn das Unternehmen bankrottgeht, dann verliere ich meinen Job. Warum hat die Unternehmensleitung uns nicht rechtzeitig informiert? Und was soll ich heute den Mitarbeitern in meiner Abteilung sagen, die sich um ihre Arbeitsplätze Sorgen machen?« Die Sorgen und der Ärger einer ausreichenden Anzahl von Mitarbeitern können dazu führen, dass die gesamte Belegschaft unmotiviert ist und das Unternehmen vielleicht sogar scheitert.

Daher ist es hilfreich, die Autonomie dieser unsichtbaren Interessengruppen zu respektieren. Es ist unmöglich, mit Tausenden Wählern oder Mitarbeitern einzeln zu verhandeln. Es kann sogar schwierig sein, mit Kindern über den Ferienort zu verhandeln. Doch vielleicht haben Sie die Möglichkeit, sie zu befragen. Auf jeden Fall können Sie sie über die zur Wahl stehenden Optionen informieren.

Befragen Sie Interessengruppen

Bitten Sie Interessengruppen um Input zu anstehenden Entscheidungen. Sie könnten sie auffordern, E-Mails an eine eigens für diesen Anlass eingerichtete Adresse zu schicken, ihre Empfehlungen in einen Briefkasten einzuwerfen oder ihre Vorschläge telefonisch unter einer speziellen Nummer abzugeben. Sie könnten auch ein Beratungsgremium bilden, das sich aus Vertretern der unterschiedlichen Interessengruppen zusammensetzt. Nehmen wir beispielsweise an, der Vorstandsvorsitzende einer landesweiten Kaufhauskette verhandelt mit den Filialleitern über neue Richtlinien für die Mitarbeiter. Ehe er zu einer Entscheidung kommt, könnte er in jeder Filiale ein Beratungsgremium aus Kassierern, Sortimentern, Marketing- und Abteilungsleitern zusammenstellen lassen. Der Vorstandsvorsitzende fordert die Mitglieder dieses Ausschusses auf, in zentralen Diskussionspunkten den Input ihrer Kollegen zu erbitten und ihre Erkenntnisse im Beratungsgremium vorzustellen. Der Vorstandsvorsitzende erhält dann eine Zusammenfassung der Empfehlungen.

Egal wie das System aussieht, es ist unwahrscheinlich, dass alle Betroffenen sich an der Meinungsfindung beteiligen. Doch sie können eine Atmosphäre schaffen, die die Beteiligung am Entscheidungsprozess fördert. Die Betroffenen haben das Gefühl, zumindest eine Stimme zu haben, auch wenn sie die Entscheidung am Ende nicht selbst treffen.

Informieren Sie Interessengruppen

Sie respektieren die Autonomie von Interessengruppen, wenn Sie sie wann immer möglich über Entscheidungen in Kenntnis setzen. Informieren Sie auch über anstehende Entscheidungen. Sollte dies nicht möglich sein, informieren Sie sie so bald wie möglich nach einer Entscheidungsfindung.

Die Kaufhauskette könnte beispielsweise gezwungen sein, ihre Richtlinien für Mitarbeiter zu ändern, um neue gesetzliche Bestimmungen umzusetzen. Obwohl der Vorstandsvorsitzende sich klugerweise mit Anwälten und führenden Managern bespricht, könnte ihm nicht genug Zeit bleiben, ein Beratungsgremium einzusetzen oder seine Mitarbeiter zu befragen. In diesem Falle könnte der Vorstandsvorsitzende Maßnahmen beschließen und die Mitarbeiter unverzüglich über die Neuerungen und deren Gründe informieren.

Wenn wir andere befragen, können wir unsere Entscheidungen so treffen, dass deren Interessen befriedigt werden. Und schon die bloße Information kann Regierungen, Unternehmen oder Eltern vor den Gefahren schützen, die ihnen drohen, wenn sie die Autonomie der Interessengruppen missachten.

Ein Beispiel: Auswirkungen eines Firmenzusammenschlusses auf Mitarbeiter

Das Top-Management übersieht häufig, welche Auswirkungen ein Firmenzusammenschluss auf die Autonomie der Mitarbeiter hat. So auch im folgenden Fallbeispiel.

Die beiden Aufsichtsratsvorsitzenden trafen sich, ließen sich von den wirtschaftlichen Vorteilen einer Fusion überzeugen und beschlossen, sie unverzüglich umzusetzen. Gemeinsam entschieden sie sich für einen neuen Aufsichtsratsvorsitzenden und den neuen Vorstandschef sowie deren Gehälter, sie legten fest, wie viel ein Unternehmen dem anderen für die Übernahme der Aktien zu bezahlen hatte und wie das neue Unternehmen heißen sollte. Dann wurde der Zusammenschluss vor der Presse verkündet. Die Fusion erwies sich als völliger Reinfall, so wie viele andere Firmenzusammenschüsse.

Obwohl die Aufsichtsratsvorsitzenden die wirtschaftlichen Vorteile sehr richtig eingeschätzt hatten, hatten sie es versäumt, die emotionale Seite des Zusammenschlusses zu berücksichtigen. Natürlich hatten sie die Autonomie, dieser Frage nachzugehen, Möglichkeiten sie zu erörtern und Maßnahmen einzuleiten. Doch sie nutzten ihre Autonomie ungeschickt.

Wenn die Aufsichtsratsvorsitzenden sich möglichst breit informiert hätten, dann hätten sie viel über jedes der beiden Unternehmen lernen können. Autonomie war in beiden Konzernen auf allen Ebenen ein wichtiges Thema. Die Hierarchie und die Gehaltsstruktur der beiden Unternehmen passten nicht zusammen. Die Kulturen unterschieden sich extrem hinsichtlich Umgangsformen, Dress-Code, Ansprechbarkeit und Anrede. Diese Themen sorgten unter den Mitarbeitern für viele Fragen. Es wäre ein Leichtes gewesen, Mitarbeiter aus beiden Unternehmen dazu zu befragen und möglichst viele Kollegen beim Umgang mit diesen Unterschieden mit einzubeziehen. Doch Autonomie und Emotionen wurden schlicht ignoriert. Der Ärger vieler Mitarbeiter führte schließlich zum Scheitern des Zusammenschlusses.

Nutzen Sie das Schubladen-System als Leitschnur für Ihre Entscheidungsprozesse

Oft sind wir unterschiedlicher Ansicht darüber, wie viel Autonomie jeder haben sollte, eine Entscheidung zu beeinflussen oder zu treffen. Die Autonomie eines Vorgesetzten, Ehe-, Geschäfts- oder Verhandlungspartners lässt sich schützen, indem Sie jede anstehende Entscheidung in eine von drei »Schubladen« einordnen. Diese drei Schubladen heißen Information, Rücksprache oder Verhandlung, kurz I-R-V.

Vor einigen Jahren wurde ein Partner einer kleinen Beratungsfirma aus Cambridge gebeten, die Rolle des leitenden Geschäftsführers zu übernehmen. Das Unternehmen hatte ein Dutzend Partner und ein weiteres Dutzend Angestellte. Angesichts der großen Zahl der Partner stellte sich schon bald die Frage, welche Autonomie der Geschäftsführer besaß, um Entscheidungen zu treffen. Mit welchen Richtlinien sollte das Unternehmen seine Entscheidungsbefugnisse festschreiben?

Einige Wochen lang notierte sich der Geschäftsführer jede der anstehenden Entscheidungen und lud dann die übrigen Partner zu einer Sitzung ein. Er stellte ihnen die Liste der Entscheidungen vor, die er als Geschäftsführer zu treffen hatte, und die Partner hielten einen, zwei oder drei Finger hoch, um anzuzeigen, in welche Schublade eine Entscheidung ihrer Ansicht nach gehörte. Die Partner waren überrascht, wie einmütig sie sich in ihrer Beurteilung waren.

Schublade 1: Informieren

In diese Schublade gehörten kleinere Entscheidungen, die der Geschäftsführer allein treffen konnte und über die er den Rest des Unternehmens einfach informierte. Dabei ging es beispielsweise um die Anschaffung von Büromöbeln oder die Einstellung von neuem Büropersonal.

Schublade 2: Entscheidung nach Rücksprache

In diese zweite Schublade gehörten wichtige Fragen, in denen der Geschäftsführer zwar letztlich die Entscheidungsbefugnis hatte, allerdings nur nach Rücksprache mit anderen Partnern. Mit wem er Rücksprache hielt, war seine Sache, es wurde jedoch erwartet, dass er sich mit denjenigen Partnern kurzschloss, die zu der anstehenden Frage eine Meinung hatten. Es konnte zum Beispiel darum gehen, ob das Unternehmen einen potenziell problematischen Kunden wie einen Zigarettenhersteller annehmen würde. Nach der Entscheidung sollten die übrigen Partner umgehend informiert werden.

Schublade 3: Verhandeln einer gemeinsamen Vereinbarung

In die dritte Schublade gehörten die wichtigen Entscheidungen, in denen der Geschäftsführer mit den übrigen Partnern verhandeln musste, um eine Zustimmung der Mehrheit zu bekommen. Alle Partner wollten an großen Entscheidungen beteiligt werden, zum Beispiel wenn es darum ging, neue Partner aufzunehmen oder mit dem Büro in ein neues Gebäude umzuziehen.

Diese drei Schubladen können auch für Verhandlungen zwischen Betriebsrat und Unternehmensleitung sehr hilfreich sein, oder immer dann, wenn Menschen über einen längeren Zeitraum zusammenarbeiten und viele Routineentscheidungen zu treffen haben. Er verhindert, dass Menschen, die eng zusammenarbeiten, einander auf die Zehen treten oder sich in endlosen Entscheidungsprozessen verzetteln.

Selbst in Unternehmen mit nur zwei gleichberechtigten Partnern oder in einer Paarbeziehung kann das Schubladen-System helfen, etwa bei der Haushaltsplanung oder der Freizeitgestaltung. Daniel Shapiro erinnert sich:

Ich wollte meine Frau überraschen und zur Feier unseres Hochzeitstages zum Essen in ein französisches Restaurant einladen. Der Tag kam, doch als ich Mia meinen Plan eröffnete, hatte sie schon eine Überraschung für mich: Sie hatte mit einigen Freundinnen einen Frauenabend geplant und mir nichts davon gesagt. Wir waren beide enttäuscht, als sich die Pläne für einen romantischen Abend in Luft auflösten.

Wir sprachen darüber, wie wir derartige Missgeschicke in Zukunft vermeiden konnten und entschieden uns für das Schubladen-System, um zentrale Fragen beantworten zu können:

Schublade 1: An welchen Wochentagen kann jeder eigene Pläne machen?
Schublade 2: An welchen Wochentagen sollten wir erst Rücksprache mit dem Partner halten?
Schublade 3: An welchen Wochentagen sollten wir gemeinsam Pläne machen?

Wir entschieden uns, dass tagsüber an den Wochentagen jeder frei planen konnte. Über die Abendplanung sollte jeder mit dem anderen Rücksprache halten. Und die Wochenendgestaltung sollte gemeinsam besprochen werden.

Das Schubladen-System kann auch in finanziellen Angelegenheiten weiterhelfen. Wenn einer der Ehepartner nach Ansicht des anderen viel oder zu viel Geld ausgibt, dann löst das mit großer Wahrscheinlichkeit Emotionen aus – und zwar keine positiven. Es kann vieles vereinfachen, wenn Sie Geldfragen auf Schubladen aufteilen. (»Keiner von uns beiden sollte eine Anschaffung über 100 Euro tätigen, ohne mit dem anderen vorher Rücksprache zu halten.«) Mit einem gemeinsamen Brainstorming vor größeren Anschaffungen können Sie viele Probleme aus dem Weg räumen. Die einfachste Regel, um die Autonomie des anderen zu respektieren, ist vermutlich die: Erwägen Sie, jede Entscheidung zu besprechen.

Flughafen Chicago, zweiter Teil: Was tun, wenn die Autonomie gefährdet ist

Kehren wir zurück zur Konzernanwältin Elizabeth, deren Geschichte wir zu Beginn des Kapitels vorgestellt haben und die nach Chicago geflogen war, um, wie sie meinte, Routineverhandlungen zu führen. Sie und ihr Verhandlungspartner John gerieten in eine Auseinandersetzung um Autonomie, was vom ersten Moment an für Spannungen zwischen beiden sorgte. Welchen Rat könnten wir ihr geben, um effektiver mit Autonomie umzugehen?

Vor Ort

Elizabeth tut ihr Bestes, um in dieser unerwartet spannungsgeladenen Situation ein gutes Arbeitsverhältnis zu John herzustellen.

Statt zu schmollen, sich zurückziehen oder ihn als unkooperativ zu beschimpfen, hört sie ihm zu. Sie lässt ihn wissen, dass sie die beiden Anwaltsassistenten einbeziehen will und dass sie schon andere Pläne für den Abend gemacht hat. Trotzdem gerät die Situation immer mehr außer Kontrolle. Ein Wort gibt das andere, Missverständnisse und Misstrauen nehmen zu.

In einem ersten Schritt könnte Elizabeth ihre Autonomie nutzen, um sich selbst ein wenig zu bremsen. Bevor sie noch etwas sagt oder tut, könnte sie eine kurze Pause machen und tief Luft holen. Sie könnte sich für einen Moment entschuldigen und auf Toilette gehen, wo sie ein paar Minuten überlegen könnte, wie sie die Verhandlungen wieder in Gang bekommen kann.

Mithilfe einer Checkliste der Grundbedürfnisse wird schnell deutlich, dass Elizabeth Johns Autonomie verletzt hat. Sie hatte ihn mit ihren beiden Assistenten, ihren Plänen für den Abend und ihrem Vorentwurf überrumpelt. Keine ihrer Entscheidungen war »falsch«, doch Elizabeth scheint Entscheidungen getroffen zu haben, von denen John annahm, dass sie zumindest zum Teil seine Autonomie betreffen.

Elizabeth könnte sich überlegen, sich für ihren Teil der Konfusion zu entschuldigen. Sie könnte John wissen lassen, dass sie in bester Absicht gehandelt hat, und dass sie die emotionalen Auswirkungen ihres Übergriffs in seine Autonomiesphäre erkennt:

Ich möchte mich für die Missverständnisse entschuldigen, die ich mit meinen Handlungen verursacht habe. Ich dachte, ich würde uns damit weiterhelfen. Trotzdem hätte ich Ihnen natürlich mitteilen sollen, dass ich meine Assistenten mitbringe und dass ich schon einen Vertragsentwurf vorbereitet habe.

Um die Verhandlungen wieder in Gang zu bringen, könnte Elizabeth fragen: »Was schlagen Sie vor, wie wollen wir den Rest des Tages nutzen?«

Sie sollte ihm aufmerksam zuhören, seine Vorschläge anerkennen und ihm ihre Wertschätzung kommunizieren. Sollte er keine

Vorschläge machen, könnte sie eine Tagesordnung vorschlagen, die seine und ihre Autonomie wahrt:

> Ich habe nicht vor, heute eine Vereinbarung zu unterzeichnen. Es ist mir wichtiger, gemeinsam mögliche Optionen zu erörtern, die Ihre und meine Interessen zufriedenstellen. Was würden Sie davon halten, meinen Vertragsentwurf zu lesen und Themen zu markieren, bei denen Sie Gesprächsbedarf sehen? Wir können ganz nach Ihren Wünschen Vertragspunkte weglassen oder aufnehmen. Im weiteren Verlauf des Gesprächs könnten wir meine und Ihre Assistenten dazubitten. Am frühen Nachmittag entscheiden wir dann, wie wir weiter vorgehen. Was halten Sie davon?

Sie vergrößert Johns Autonomie, indem sie ihn ermuntert, ganz nach seinen Wünschen Vertragspunkte hinzuzufügen oder zu streichen. Statt den Entwurf als endgültig anzusehen, soll er ihn als Diskussionsgrundlage für eine Einigung betrachten. Johns Autonomie vergrößert sich außerdem durch ihren Vorschlag, seine Assistenten hinzuziehen. Und indem sie ihn am Ende fragt, was er davon hält, deutet sie an, dass es ihr darum geht, ihre Vorgehensweise von nun an gemeinsam zu besprechen.

Im Rückblick

Damit kommen wir zu der sehr viel einfacheren Frage: Was hätte Elizabeth rückblickend anders machen können, um von Anfang ihrer Verhandlungen an positive Emotionen zu erzeugen?

Sie hätte einen großen Teil der Verstimmung vermeiden können, wenn sie vor ihrem Abflug nach Chicago mit John Rücksprache über die beiden Assistenten und ihren Vertragsentwurf gehalten hätte. Einige Tage vor ihrem Flug hätte sie John anrufen können:

> Wie Sie wissen, werde ich nur einen Tag in Chicago sein. Daher möchte ich sicherstellen, dass unser Gespräch so effizient wie möglich verläuft.
> Da vermutlich weder Sie noch ich vorhaben, uns bei unserer ersten Be-

gegnung auf eine Vereinbarung festzulegen, dachte ich, dass ein Vertragsentwurf uns helfen könnte, uns auf einige wichtige Fragen zu konzentrieren. Ich könnte zwei meiner Assistenten bitten, einen solchen Entwurf anzufertigen und Ihnen zukommen zu lassen. Oder wäre es Ihnen lieber, wenn Sie einen Entwurf vorbereiten und uns zuschicken? In jedem Fall wäre es eine gute Vorbereitung, um besser zu sehen, welche Themen wir besprechen wollen.

Haben Sie für unsere Verhandlungen einige Ihrer Assistenten hinzugezogen? Wäre es sinnvoll, einen oder zwei Assistenten zu unserer Besprechung mitzubringen?

Was unsere Zeitplanung angeht, würde ich davon ausgehen, dass wir vermutlich den ganzen Tag benötigen. Ich werde um 9.30 Uhr am Flughafen sein und stehe Ihnen so lange zur Verfügung, wie Sie es für sinnvoll halten. Abends würde ich allerdings gern einige Freunde zum Essen treffen. Wie stellen Sie sich die Planung vor?

Indem sie John bittet, einen Vertragsentwurf vorzubereiten, schafft sie Vertrauen. Es hat wenig Grund anzunehmen, dass Elizabeth einen Entwurf anfertigt, weil sie eine Einigung in ihrem Sinne erzwingen will. Unabhängig davon, wer den Entwurf anfertigt, ist klar, dass beide Seiten beteiligt sein werden.

Bleibt die Frage der Assistenten. John fühlte sich verständlicherweise überrumpelt, als sie in Begleitung ihrer zwei Assistenten erschien. Er erwartet sie allein am Flughafen und muss feststellen, dass sie eine kleine Entourage mitgebracht hat. Vermutlich fühlte er sich unterlegen, vielleicht manipuliert, so als wollte sie ihn durch zahlenmäßige Überlegenheit einschüchtern. Natürlich hatte Elizabeth das Recht, ihre Assistenten mitzubringen. Und es kann durchaus sein, dass sie ihr in der Verhandlung mit Rat und Tat zur Seite stehen können. Doch sie hätte John in jedem Fall vor dem Meeting darüber informieren müssen, dass sie nicht allein kommt. Auf diese Weise wahrt Elizabeth ihre Autonomie, ihre Leute mitzubringen, und sie respektiert Johns Autonomie, indem sie ihn auf die Anwesenheit ihres Teams vorbereitet. Er hat nun im Gegenzug die Möglichkeit, seinerseits einen oder zwei Assistenten mitzubringen.

Auch wenn sich John durch die zahlenmäßige Überlegenheit nicht einschüchtern lässt, geht es für ihn auch um ganz praktische Überlegungen. Wenn er Elizabeth in einem Sportwagen abholt, ist vermutlich kein Platz für zwei Assistenten. Tischreservierungen im Restaurant müssen geändert werden, um Platz für zwei weitere Personen zu haben. Alles was er vorbereitet hat, um den Tag so angenehm und produktiv wie möglich zu gestalten, muss nun umgestellt werden. Hätte Elizabeth ihn im Vorfeld rechtzeitig informiert, hätte sie sich eine Menge emotionalen Ärger sparen und nützliche positive Emotionen mobilisieren können.

Zusammenfassung

Jeder von uns wünscht sich ein angemessenes Maß an Autonomie. Wenn jemand absichtlich oder unabsichtlich unsere Autonomie verletzt, reagieren wir in der Regel mit negativen Emotionen. Wenn unsere Autonomie dagegen respektiert wird, neigen wir zu Engagement. Übernehmen Sie in Ihren Verhandlungen die Initiative:

Vergrößern Sie Ihre Autonomie. Auch wenn Sie keine Entscheidungsbefugnis haben, können sie immer Empfehlungen aussprechen oder eine gemeinsame Erörterung von Handlungsoptionen vorschlagen. Ein gemeinsames Brainstorming ist ein praktischer Prozess, um Optionen zu entwickeln, mit denen die Interessen aller Beteiligten Berücksichtigung finden.

Respektieren Sie die Autonomie anderer. Sie können vor einer Entscheidung Rücksprache halten, ob mit einem Kollegen oder mit unsichtbaren Interessengruppen. Um Entscheidungsbefugnisse zu klären, können Sie mit Kollegen ein Schubladen-System einführen: Was können Sie allein entscheiden? In welchen Fragen müssen Sie Rücksprache halten? Wann müssen Sie verhandeln? Indem Sie das Grundbedürfnis nach Autonomie respektieren, können Sie bei sich und anderen Menschen positive Emotionen fördern.

6

Erkennen Sie Status an

Respektieren Sie den Rang einer Person, wo immer dies angebracht ist

Ein Mann in mittlerem Alter wurde in ein Krankenhaus eingeliefert. Er klagte über Schmerzen in der Brust. Der Arzt kam zu dem Schluss, dass das Herzinfarktrisiko eher gering war und wies ihn zur Beobachtung in eine normale Pflegestation ein. Eine Krankenschwester überwachte in der Nacht das EKG.

Am nächsten Morgen kam ein junger Arzt zur Visite, warf einen kurzen Blick auf die Krankenakte des Mannes und stellte ihm einige Fragen. Die Schwester erklärte dem Arzt: »Gegen Mitternacht habe ich einige ungewöhnliche Herzrhythmen bemerkt. Vielleicht sollten Sie ihn besser auf die Intensivstation verlegen.«

»Der Patient sagt, er fühle sich heute Morgen schon sehr viel besser«, erwiderte der Arzt. »Es gibt keinen Grund, ihn wegen einiger ungewöhnlicher Herzrhythmen auf die Intensivstation zu verlegen.«

»Aber Herr Doktor, es braucht Zeit, bis ...«

»Wie viele Patienten mit Herzproblemen haben *Sie* denn schon behandelt?«, blaffte der Arzt. »Ich habe den Patienten untersucht, eine Diagnose gemacht und einen Behandlungsplan erstellt. Lassen Sie uns jetzt bitte die Formulare ausfüllen.«

Die Schwester schwieg. Sie fühlte sich lächerlich, weil sie nutzlose Informationen weitergegeben hatte und war verärgert, weil der Arzt ihren Vorschlag beiseite gewischt hatte. Als der Arzt schon im Gehen war, erinnerte sie sich, dass der Patient in der Nacht über Schmerzen in der Brust geklagt hatte, die bis in den Arm strahlten, doch sie hielt es für sinnlos, dies dem Arzt gegenüber zu erwähnen. Er hatte seine Diagnose schließlich schon gestellt.

Der Arzt blieb bei seiner Einschätzung, und die Schwester gab die zusätzlichen Informationen nicht weiter. Einige Stunden später erlitt der Patient einen schweren Herzinfarkt. Die Intensivärzte benötigten zehn Minuten, um auf die Pflegestation zu kommen. Der Patient überlebte den Infarkt, doch er war auf lebenserhaltende Maßnahmen angewiesen.

Wie konnte diese kurze Unterredung derart drastische Konsequenzen nach sich ziehen? Das Grundbedürfnis nach *Status* hat sehr viel damit zu tun. Status bezieht sich auf unser Ansehen im Verhältnis zum Ansehen anderer. Wird unser Status nicht ausreichend gewürdigt, fühlen wir uns häufig verlegen, beschämt oder frustriert und wir handeln unklug. In unserer Geschichte hielt die Krankenschwester wichtige Informationen zurück und der Arzt versäumte es, sie zu fragen, ob sie weitere Beobachtungen gemacht hatte. Die Folge: Der Patient erlag beinahe einem schweren Herzinfarkt.

Status kann Ansehen und Einfluss vergrößern

Es ist kein Wunder, dass sich Menschen Status wünschen. Die Geschichte aus dem Krankhaus verdeutlicht, dass Status sehr positive Folgen haben kann. Status steigert unser Selbstwertgefühl und die Anerkennung, die andere uns entgegenbringen. Jeder möchte das Gefühl haben, »jemand« zu sein: Jemand an dem man nicht vorbei kommt, dessen Stimme man hören muss und den man kennen sollte. Egal ob wir unseren Status aufgrund von Ausbildung, Erfolgen, Herkunft, Beruf oder Position in der Unternehmenshierarchie erlangen, wir genießen es, wenn er von anderen und uns selbst gewürdigt wird.

Status verleiht unseren Worten und Taten Gewicht. Wir können ihn einsetzen, um auf andere einzuwirken. Ein Mitarbeiter setzt sich vermutlich eher am Wochenende an den Schreibtisch, wenn es sich um eine persönliche Bitte des Vorstandsvorsitzenden handelt, als wenn er von seinem unmittelbaren Vorgesetzten dazu aufgefordert wird.

Statusrangeleien sind überflüssig

Verhandlungsführer meinen oft, sie müssten ihrem Gegenüber beweisen, dass sie einen höheren Status haben als er, als wäre Status eine eindimensionale Angelegenheit. Wenn der Status des einen hoch ist, dann muss der des anderen niedrig sein, so die Logik. Möglicherweise fühlen Sie sich einem Kollegen an Bedeutung, Rang oder Beliebtheit überlegen. Doch dieser Kollege sieht dies möglicherweise völlig anders und ist seinerseits der Ansicht, dass er Ihnen überlegen ist.

So mancher Verhandlungsführer greift gern in die Trickkiste, um sich einen höheren Status zu verschaffen. Wenn er Sie zu einem Gespräch in sein Büro einlädt, dann lässt er Sie möglicherweise zehn Minuten im Vorzimmer warten, während er mit einem anderen »wichtigen« Kunden spricht. Dann bittet er Sie in sein Büro und lässt sie auf einem kleinen Stuhl Platz nehmen, von dem aus Sie zu ihm aufschauen dürfen.

Statusrangeleien sind meist Auslöser von negativen Emotionen. Wer sich herabgesetzt fühlt, reagiert verärgert und verhält sich weniger kooperativ. Wenn Sie jemanden als minderwertig behandeln, verringern Sie damit seine Fähigkeit, kreativ zu denken und im Team zu arbeiten.

Dieses Kapitel bietet Ihnen eine Alternative zu Statusrangeleien. Der erste Abschnitt zeigt Ihnen, wie Sie den *Sozialstatus* Ihres Gegenübers erkennen und ihn so zuvorkommend behandeln können, wie dieser es erwartet. Der zweite Abschnitt erklärt, warum jeder der Verhandlungspartner, unabhängig vom Sozialstatus, auf bestimmten Gebieten einen *Spezialstatus* hat, der aus seinem Wissen oder seiner Erfahrung herrührt. Sie können sich auf diese Spezialgebiete beziehen, um das Selbstwertgefühl Ihres Gesprächspartners und seine Achtung für Sie zu steigern. Im dritten Abschnitt zeigen wir Ihnen schließlich, wie Sie Ihren eigenen Status steigern können – und wie andere versuchen können, ihn herabzusetzen.

Sozialstatus: Behandeln Sie jeden Ihrer Verhandlungspartner mit Respekt

Unter Sozialstatus versteht man zumeist den Bekanntheitsgrad und die gesellschaftliche Bedeutung eines Menschen. Dieses Maß gilt innerhalb klar definierter geografischer Regionen, zum Beispiel innerhalb eines Unternehmens, eines Mietshauses, einer Stadt, eines Landes oder der gesamten Welt. Der abgehobene Sozialstatus eines Rockstars kann den gesamten Globus umspannen, doch der hohe Sozialstatus eines Polizeichefs kann schon an der Stadtgrenze enden.

Auf globaler Ebene »sagt« uns die Gesellschaft, wer wichtig ist und wer nicht. Auf den obersten Sprossen der Leiter stehen die VIPs: Royals, Staatsoberhäupter, Premierminister, Filmstars, Millionäre oder Menschen, die sich durch besondere Leistungen hervorgetan haben. Am unteren Ende stehen die Abgestempelten: Arme, Arbeitslose oder Obdachlose. Die Mehrheit der Bevölkerung befindet sich irgendwo dazwischen.

Angehörige von Unternehmen behandeln einander unterschiedlich, je nachdem auf welcher Stufe der Hierarchie sie stehen. Es kommt vor, dass Angestellte eines Unternehmens ihren Vorstandsvorsitzenden behandeln wie einen Hollywoodstar, während die Mitarbeiter auf der untersten Hierarchieebene um grundlegende Anerkennung und Würde kämpfen müssen.

Selbst in Verhandlungen zwischen zwei Menschen spielt der Sozialstatus eine große Rolle. Verhandlungspartner versuchen herauszufinden, wie sie im Vergleich zu ihrem Gegenüber stehen und bemühen sich oft, ihren eigenen Sozialstatus aufzuwerten. Sie erwähnen beispielsweise die Universität, an der sie studiert haben, ein wichtiges gesellschaftliches Ereignis, an dem sie in der vorhergehenden Woche teilgenommen haben oder eine wichtige Beförderung. Sie können versuchen, sich hinsichtlich ihres Sozialstatus gegenseitig zu übertrumpfen, oder sie können das Thema als unwichtig einstufen und vernachlässigen.

Achten Sie auf Sozialstatus

Im Laufe einer Verhandlung geben Menschen oft Hinweise, wie sie ihren Sozialstatus einschätzen, um zu signalisieren, wie sie behandelt werden möchten. Menschen mit hohem Sozialstatus, wie etwa der Vorsitzende einer Organisation oder ein Botschafter, erwarten möglicherweise, dass sie mit besonderem Respekt behandelt werden. Das trifft nicht immer zu, doch es hilft, wenn Sie auf derartige Signale achten. Wenn Sie sich ein wenig vorbereiten und aufmerksam zuhören, können Sie viel darüber herausfinden, wie Ihr Gegenüber seinen eigenen Sozialstatus einschätzt.

Hören Sie genau hin, wenn Ihr Gesprächspartner sich selbst beschreibt. Erwähnt er, dass er an einer angesehenen Universität promoviert hat? Berichtet er von den bedeutenden Persönlichkeiten, mit denen er vergangene Woche zu Abend gegessen hat? Betont er seine Führungsposition in einem großen Unternehmen?

Sprache bietet oft die besten Hinweise darauf, wie jemand sich und andere einschätzt. Achten Sie darauf, welchen Grad der Förmlichkeit Ihr Gegenüber wünscht, um sich anerkannt und wohl zu fühlen. Die einen wollen mit Vornamen angesprochen werden, andere bestehen dagegen auf ihrem Titel wie Doktor, General oder Gräfin.

In fast allen Kulturen können wir mithilfe ganz bestimmter Wörter unsere Wahrnehmung vom Sozialstatus einer Person zum Ausdruck bringen. Im Deutschen signalisiert der Unterschied zwischen »Sie« und »du« sowie die Verwendung des Vornamens verschiedene Grade von Förmlichkeit oder Vertraulichkeit. In manchen Kulturen gilt es als Beleidigung, wenn ein Verhandlungsführer einen höherstehenden Gesprächspartner mit Vornamen anredet. Daher empfiehlt es sich, lieber mit einer förmlicheren Anrede zu beginnen und abzuwarten, dass Ihr Gegenüber Ihnen anbietet, weniger förmlich zu sein.

Wenn Sie ein informelleres Klima herstellen wollen, können Sie sich mit Vornamen vorstellen und Ihren Gesprächspartner fragen, wie er angesprochen werden möchte.* Professoren erwarten oft, dass ihre Studenten sie mit ihrem akademischen Titel und Nachnamen anreden. Ein Student berichtet uns, wie sehr er sich freute, als sein Doktorvater eines Tages zu ihm sagte: »Nennen Sie mich bitte nicht Professor Smith. Ich bin John.« Mit diesem Wechsel von einer förmlichen zu einer vertraulichen Anrede machte er deutlich, dass sich auch das Verhältnis der beiden verändert hatte. In den Augen des Professors hatte der Student durch seine Leistungen und die gute Zusammenarbeit einen höheren Status erlangt.

Ist Ihr Sozialstatus höher als der Ihres Gegenübers, hat dieser ein großes Interesse daran, seinen Status indirekt durch die Zusammenarbeit mit Ihnen aufzuwerten. Dieser Wunsch nach einem persönlichen Kontakt zu Ihnen fördert sein emotionales Engagement und seinen Wunsch, die Verhandlung zum Erfolg zu führen, um auf diese Weise eine dauerhaftere persönliche Beziehung zu Ihnen herzustellen.

Ihr Sozialstatus hängt oft von den Werten innerhalb Ihres Teams, Ihrer Organisation oder Ihrer Gruppe ab. In einem Internet-Start-up genießt Erfahrung einen geringeren Status als Jugendlichkeit. In

---

* Im angloamerikanischen Sprachraum ist es durchaus üblich, sich innerhalb eines Unternehmens oder auch zwischen Geschäftspartnern mit dem Vornamen anzusprechen, während im deutschsprachigen Raum meist Wert auf eine gewisse Distanz gelegt wird, die sich auch in der formellen Ansprache ausdrückt. Bitte bedenken Sie solche kulturspezifischen Unterschiede und versuchen Sie herauszufinden, welches der richtige Ton für Ihren Verhandlungspartner ist.

diesem sich rasch verändernden Umfeld ist ein 60-jähriger Manager mit jahrzehntelanger Konzernerfahrung weniger angesehen als ein 23-jähriger Hochschulabsolvent, der vor Kreativität nur so sprüht und auf dem neuesten Stand der Computertechnologie ist.

Seien Sie zu allen höflich

Wenn wir an Status denken, dann meinen wir üblicherweise in erster Linie Sozialstatus. Ist unser Gegenüber ein VIP, behandeln wir ihn automatisch höflich und zuvorkommend. Um den Nutzen der positiven Emotionen zu maximieren, empfehlen wir Ihnen jedoch, jeden Ihrer Verhandlungspartner höflich und zuvorkommend zu behandeln, unabhängig von seinem Sozialstatus. Jeder Verhandlungspartner hat einen hohen Sozialstatus, denn er ist ein Mensch und verdient als solcher Würde und Respekt.

Ein bisschen Höflichkeit kann große Wirkung zeigen. Während Daniel Shapiro einen US-Konzern beriet, beobachtete er, dass die Sekretärin des Vorstandsvorsitzenden von zwei oder drei Mitarbeitern sehr herablassend behandelt wurde. Sie schnitten die Frau, behandelten sie respektlos und luden sie nicht zu Kollegenpartys zu sich nach Hause ein. Einige Jahre später heiratete diese Sekretärin ihren Chef. Plötzlich kamen alle zu Partys zu ihr nach Hause. Jetzt, da sie einen privilegierten Zugang zum Entscheider des Unternehmens hatte, wollten plötzlich alle »ihre besten Freunde« sein. Es dürfte kaum jemanden überraschen, dass sie sich vor allem an die Kollegen erinnerte, die sie schon immer höflich behandelt hatten.

Höflichkeit bedeutet mehr als »bitte« und »danke« zu sagen. Zu Höflichkeit gehört aufrichtiger Respekt für den Menschen, mit dem Sie es zu tun haben. Die frühere Chefsekretärin berichtete Daniel Shapiro, dass sich zwar viele ihrer Kollegen jetzt höflich und zuvorkommend verhielten, dass sie aber sehr gut unterscheiden konnte, wer sie tatsächlich respektierte, und wer sie nur für seine Zwecke einspannen wollte.

Spezialstatus: Würdigen Sie das Ansehen eines Menschen, wann immer es angebracht ist

Ihr relatives Ansehen hat nicht nur mit der Wahrnehmung der Gesellschaft als Ganzes zu tun, sondern auch damit, wie Sie innerhalb eines klar definierten Sachgebietes wahrgenommen werden beziehungsweise wie Sie sich selbst wahrnehmen. Unabhängig von Ihrem Sozialstatus genießen Sie möglicherweise aufgrund Ihrer Kompetenz, Erfahrung oder Ausbildung auf einem Spezialgebiet großes Ansehen. Dieses fachbezogene Ansehen nennen wir *Spezialstatus*. Das können Ihre besonderen Fähigkeiten als Kraftfahrzeugmechaniker, Hobbyschreiner oder Netzwerker sein. Vielleicht beherrschen Sie ein Musikinstrument, schreiben überzeugend oder sind für Ihr kluges Urteil in ethischen Fragen bekannt. Es gibt eine Vielzahl von verhandlungsrelevanten Gebieten, auf denen Sie besondere Kompetenzen haben können.

Glücklicherweise gibt es Hunderte verschiedener Felder, auf denen Ihr Status gemessen werden kann. Jeder hat auf irgendeinem Gebiet einen verhältnismäßig hohen Status – und auf anderen einen verhältnismäßig niedrigen. Ein arbeitsloser Schreiner weiß vermutlich eine Menge darüber, was ein gutes Haus ausmacht. Ein guter Arzt hat dagegen vielleicht keine Ahnung, wie man Leistungen mit der Krankenkasse abrechnet. Es gibt eine schier unendliche Vielzahl von Spezialgebieten, auf denen ein Mensch Spezialstatus erlangen kann. Jeder von uns hat mindestens ein Spezialgebiet, auf dem er andere übertrifft. Umgekehrt hat unser Verhandlungspartner vermutlich genauso seine Spezialgebiete, auf denen er sich besonders hervortut.

Achten Sie auf Spezialstatus

Je besser Sie verstehen, wie ein anderer seinen eigenen Status wahrnimmt, umso besser sind Sie in der Lage, positive Emotionen in ihm zu wecken. Sie verstehen, wie er sich selbst wahrnimmt und was er an sich selbst für unverwechselbar und wichtig hält. Sein Spezialgebiet könnte eines der folgenden sein:

- Computerkenntisse
- Geschäftserfahrung
- technische Kenntnisse
- Denken in großen Zusammenhängen
- Netzwerken
- soziale Kompetenz
- Lebenserfahrung
- berufliche Fähigkeiten
- Sportlichkeit

Ein erkennbar hoher Sozialstatus, der zum Beispiel in Ruhm, Reichtum oder Mode zum Ausdruck kommt, sorgt häufig dafür, dass andere, weniger glamouröse Spezialgebiete in den Hintergrund gedrängt werden, obwohl sie für eine Verhandlung wichtig sein können. Da es eine unbegrenzte Vielzahl von Gebieten gibt, auf denen andere einen hohen Status haben können, ist es hilfreich, sich zwei Fragen zu stellen, um diese Spezialgebiete ausfindig zu machen.

Ist einer von Ihnen Experte auf unserem Sachgebiet?

Sachgebiete sind der Gegenstand Ihrer Verhandlung. Dabei ist es gleichgültig, ob es in Ihrer Verhandlung um den Kauf eines Neuwagens, den Erwerb eines Grundstücks oder eine Gehaltserhöhung geht. Machen Sie sich vor jeder Verhandlung mit dem anstehenden Thema vertraut, suchen Sie Informationen im Internet, fragen Sie Freunde, oder rufen Sie bei Geschäften an, die ähnliche Artikel verkaufen. Suchen Sie Rat, worauf Sie in der bevorstehenden Verhandlung achten sollten.

Die Sachkenntnis der einen Seite kann ein Vorteil für beide sein. Stellen Sie sich beispielsweise vor, Sie wollen Ihrem Nachbarn einen gebrauchten Computer abkaufen. Indem Sie ihm Fragen über das Gerät stellen, können Sie eine Menge in Erfahrung bringen. Er erzählt Ihnen beispielsweise, dass er zehn Jahre lang als Computerprogrammierer gearbeitet hat. Damit macht er deutlich, dass er einen besonderen Status als Computerexperte hat. Sie fragen nach der Speicherkapazität und Geschwindigkeit des Modells und lassen sich aufklären, ob die Software, die Sie verwenden wollen, auf dem fraglichen Gerät läuft. Mit Ihrem Interesse belohnen Sie sein Bedürfnis nach Anerkennung seines Spezialstatus und lösen positive Emotionen aus. Er ist in der befriedigenden Position, mehr zu wissen als Sie und Ihnen beiden helfen zu können, ein gemeinsames Verständnis über den Verhandlungsgegenstand herzustellen.

Wenn Sie allerdings darauf vertrauen, dass der Verkäufer sie umfassend informiert, laufen Sie Gefahr, über den Tisch gezogen zu werden. Daher ist es immer ratsam, sich gut vorzubereiten. Vor dem Abschluss des Kaufs sollten Sie sich auf jeden Fall weiter informieren. Sie könnten beispielsweise einen unabhängigen Experten befragen, wie etwa den Netzwerkadministrator in Ihrem Unternehmen. Weil Sie sich mit dem Verkäufer unterhalten haben, wissen Sie aber mehr über das Thema und über ihn als zuvor. Und Sie haben eine positive Beziehung hergestellt, weil Sie sich mit ihm über ein Thema unterhalten haben, auf dem er sich besonders gut auskennt.

Ist einer von Ihnen Verhandlungsexperte?

Ein wichtiges Thema jeder Verhandlung ist die Frage, wie die Diskussion selbst strukturiert werden soll. Eine effektive Verhandlung bietet beispielsweise ausreichend Raum für ein ausführliches Gespräch über die Interessen beider Seiten und für ein Brainstorming über verschiedene Möglichkeiten, ehe verbindliche Zusagen besprochen werden. Je mehr Sie über Verhandlungsführung wissen, desto höher ist ihr Spezialstatus als Verhandlungsexperte. Wenn einer von Ihnen besondere Kompetenz auf dem Gebiet der Verhandlungstechnik mitbringt, dann erörtern Sie Möglichkeiten, wie Sie die Verhandlung strukturieren können. Fragen Sie die andere Seite um Rat. (In Kapitel 9 finden Sie Vorschläge für den Aufbau eines guten Verhandlungsablaufs.)

Wir wollen Ihnen keinesfalls den allgemeinen Rat geben, anderen Menschen blind zu vertrauen. Wenn Sie anderen vertrauen, müssen Sie das Risiko von Fall zu Fall einschätzen. Wenn Sie jedoch unsicher sind, inwieweit Sie anderen vertrauen sollen, denken Sie daran, dass übermäßiges Misstrauen genauso seinen Preis hat wie übermäßiges Vertrauen.

Erkennen Sie den Status eines anderen Menschen an und wahren Sie Ihren

Die Tatsache, dass es viele Spezialgebiete gibt, auf denen jemand einen besonderen Status erlangen kann, erleichtert Ihnen die Sache. Statt mit Ihrem Verhandlungspartner darüber streiten zu müssen, wer von Ihnen beiden die Rolle des Alpha-Tiers übernimmt, kann jeder von Ihnen beiden einen besonderen Status auf einem Spezialgebiet haben. Mit ein bisschen Kreativität machen Sie Gebiete ausfindig, auf denen Sie mehr Kompetenz mitbringen als der andere, und umgekehrt.

Stellen Sie sich folgendes Beispiel vor: Die Fakultät der Wirtschaftswissenschaft einer angesehenen Privatuniversität wollte die Forschungsarbeit ihrer Professoren durch Meinungsartikel, Vortragsreihen und Interviews an eine breitere Öffentlichkeit tragen. Deshalb stellte die Fakultät einen Redakteur namens George ein, der dem bekanntesten der Professoren dabei helfen sollte, Meinungsartikel für Tageszeitungen zu verfassen. Dieser Professor stand in dem Ruf, genauso genial wie arrogant zu sein. George stand vor einer großen Herausforderung: Wie erkenne ich den Status des Professors an, ohne mich selbst klein zu machen? George hatte keine Lust, tagaus tagein mit jemandem zusammenzuarbeiten, der auf ihn herabsah.

Nachdem er ein wenig nachgedacht hatte, kam er auf die Lösung. Bei seiner ersten Begegnung mit dem Professor erklärte er:

> Es ist mir eine große Freude, mit Ihnen zusammenzuarbeiten. Ich habe das Gefühl, jeder von uns hat etwas, das er zu unserer guten Zusammenarbeit beitragen kann. Meiner Ansicht nach sind Sie auf Ihrem Sachgebiet unschlagbar. Und meine Kompetenz besteht darin, dass ich ein gutes Gespür dafür habe, was der Durchschnittsleser eines Meinungsartikels versteht.

Auf diese Weise erkannte George die Kompetenz des Professors auf dem Gebiet der Wirtschaftswissenschaften an und unterstrich seine eigene Kompetenz im Verfassen von Meinungsartikeln. Er wendete seine mangelnde Erfahrung auf dem Gebiet der Wirtschaft zu einem Vorteil, ohne dabei den Status des Professors anzutasten. Die beiden arbeiteten effektiv zusammen, da keiner dem anderen beweisen musste, dass er mehr über Wirtschaftszusammenhänge wusste oder bessere Artikel verfasste als der andere.

Jemanden um Rat zu fragen, kann ebenfalls eine ausgezeichnete Möglichkeit sein, den Status einer anderen Person anzuerkennen, ohne das eigene Licht unter den Scheffel zu stellen. Daniel Shapiro erinnert sich, dass diese Taktik selbst in ungewöhnlichen Situationen sehr wirkungsvoll kann:

> Nach einem Verhandlungsseminar in Pittsburgh ging ich abends in eine Kneipe in der Nähe des Hotels, um noch einen Happen zu essen und den Tag Revue passieren zu lassen. Eine Kellnerin sagte mir, dass kein Tisch mehr frei wäre, aber ich könne an der Theke Platz nehmen. Ich setzte mich also auf einen freien Barhocker und begann, mir einige Notizen zu machen.
>
> Plötzlich hörte ich eine laute Stimme zu meiner Linken: »Was glaubt dieser Typ, wer er ist?«
>
> Ich ignorierte den Kommentar und schrieb weiter. Das konnte unmöglich mir gelten. Ich kannte hier niemanden und verhielt mich völlig unauf-

fällig. Neugierde und ein ungutes Gefühl bewogen mich schließlich doch, aufzusehen. Zwei breitschultrige Männer starrten mich an. Der Mann auf dem Barhocker zu meiner Linken verfolgte die Situation mit unverhohlenem Interesse. Er schien den anderen anzustacheln, einen bärtigen Hünen mit einem zornigen roten Gesicht.

Von allein bereinigte sich diese Situation offensichtlich nicht. Als sich unsere Blicke trafen, trat der Bärtige einen Schritt auf mich zu und fragte: »Ist dir klar, dass du mit der Gefahr spielst?«

Ich machte eine Pause und erwiderte dann: »Ja.« Er hatte zweifelsohne Recht. Wenn ich »Nein« gesagt hätte, dann hätte ich damit nur seinen Status als »harter Bursche« in Frage gestellt. Und da seine Freunde uns zusahen, hätte er es sich auf keinen Fall leisten können, sein Gesicht zu verlieren.

Der Bärtige starrte mich weiter an, als wollte er mir gleich eine Ohrfeige verpassen. Mir ratterten tausend Dinge durch den Kopf, wie ich mit dieser Situation umgehen könnte. Ich musste die Lage irgendwie entschärfen – bloß wie?

Meine Gedanken überschlugen sich. Sollte ich einfach gehen? Nein, denn dann würde er mir wahrscheinlich nachlaufen. Sollte ich den Mann hinter der Theke um Hilfe bitten? Aber der war gerade nicht in der Nähe. Sollte ich die Polizei rufen? Ich hatte keine Ahnung, wo ein Telefon war. Sollte ich ihm einfach sagen, er solle mich in Ruhe lassen? Das würde ihn vermutlich kaum beeindrucken.

Ich wusste nicht weiter. Ich wollte, dass er seinen Freunden beweisen konnte, was für ein Kerl er war, ohne dass er mich dazu schlagen musste. Wenn ich ihm »klein« vorkam, dann könnte er mich als leichtes Opfer sehen. Wie konnte ich seinen Status anerkennen, ohne meinen aufzugeben?

Plötzlich fiel mir etwas ein. Ich konnte ihn auf einem Gebiet um Rat fragen, auf dem er großes Ansehen genoss. Also fragte ich ihn: »Was würden Sie einem Mann raten, wie man am besten mit Gefahr umgeht?«

Der Ärger verschwand aus seinem Gesicht und machte einem Ausdruck des Stolzes Platz. Er war nun in der Situation, mir einen Rat erteilen zu können, wie ich am besten mit ihm umgehen sollte. Er stand einen Moment da und schwieg. Ich rührte mich nicht. Ohne ein weiteres Wort hob er stolz den Kopf, sah durch mich hindurch als befände er sich im Besitz von Informationen, zu denen nur er Zugang hatte und setzte sich wieder auf seinen Barhocker zwei Stühle weiter. Er schenkte mir keinerlei Beachtung mehr und wandte sich wieder seinen Freunden zu.

In diesem Fall war Daniel Shapiro sehr daran gelegen, den Sozialstatus des bärtigen Hünen anzuerkennen. Er wusste, dass bei einer Gegendrohung für den Bärtigen mehr auf dem Spiel stehen würde, weil seine Freunde dem Gespräch interessiert zusahen. Also fragte er sich: »Wie kann ich ihn anerkennen, ohne mich klein zu machen?« Instinktiv erkannte er, dass es zwischen ihnen beiden um das »Spiel mit der Gefahr« ging. Indem er den Bärtigen um Rat fragte, wie er am besten mit der Gefahr umgehen solle, ermöglichte er diesem, die Rolle des Aggressors aufzugeben und in die relativ angesehene Rolle eines Ratgebers zu schlüpfen. Plötzlich erfuhr der Mann Anerkennung als Experte auf seinem Spezialgebiet: dem Umgang mit Gefahr.

Seien Sie stolz auf Ihre Spezialgebiete

Egal wie alt oder wie erfahren wir sind, wir erleben immer wieder Momente, in denen wir uns an andere wenden, um unser schwächelndes Selbstwertgefühl wieder aufzupäppeln. Vor einigen Jahren kam Roger Fishers Sekretärin mit einem Stapel von Briefen in sein Büro, von denen jeder einzelne irgendetwas kritisierte, das er getan oder geschrieben hatte. Er fragte seine Sekretärin: »Findet denn niemand ein gutes Haar an meiner Arbeit?«

»Natürlich«, antwortete sie. »Die meisten Briefe, die hier ankommen, sind Fanpost, die ich beantworte und ablege. Ich gebe nur die Briefe weiter, in denen es um Probleme geht.«

Fisher bat sie, in Zukunft anders vorzugehen: »Bitte bringen Sie *mir* die Fanpost und machen *Sie* mir Vorschläge, wie ich die Problemfälle beantworten soll.«

Lob erzeugt mehr positive Emotionen als Kritik. Fisher kann zwar Stunden damit zubringen, die Briefe seiner Kritiker zu beantworten, doch mit der neuen Vorgehensweise verhindert er, dass er von Negativem überflutet wird.

Zeigen Sie sich selbst Ihre Wertschätzung für Ihre Spezialgebiete. Seien Sie selbstbewusst hinsichtlich dessen, was Sie zu einer Verhandlung beizutragen haben, von Ihrer beruflichen Kompetenz bis hin zu Ihren persönlichen Qualitäten. Geben Sie sich in schwierigen Situationen selbst Auftrieb, indem sie an Freunde oder Verwandte denken, die Sie zu schätzen wissen. Tragen Sie in Ihrem Geldbeutel das Bild eines Menschen, der sie unterstützt, oder hängen Sie sich sein Foto in Ihr Büro. Wenn Ihr Status nicht anerkannt wird, stellen Sie sich vor, wie ein Mensch, der Ihnen viel bedeutet, Sie für Ihre analytischen Fähigkeiten, Ihre Geduld oder Ihren Sinn für Humor lobt. Erinnern Sie sich daran, dass Sie durch jede Interaktion an Status gewinnen können, wenn Sie aus der Erfahrung lernen.

Freuen Sie sich nach einer schweren Verhandlung an Ihrer Leistung und lassen Sie noch einmal Revue passieren, was Sie aus der Erfahrung gelernt haben. Seien Sie stolz auf den Status, den Sie durch Ihren Wissenszuwachs auf den betreffenden Sachgebieten gewonnen haben, und auf den Sozialstatus, den Sie möglicherweise dazugewonnen haben. Genießen Sie das, was Sie getan haben und tanken Sie Energie in Aktivitäten, die Ihnen Spaß machen und Ihren Status bestätigen: Treiben Sie beispielsweise mit Kollegen Sport oder kochen Sie mit Freunden.

Beachten Sie die Grenzen des Status

Wenn jemand einen höheren Status hat als Sie, dann sollten Sie seinen Ansichten, wo immer angebracht, größeres Gewicht beimessen. Gleichzeitig sollten Sie aber unbedingt darauf achten, sich nicht beeinflussen zu lassen, wenn diese Person ihre Grenzen überschreitet.

Messen Sie Ansichten größeres Gewicht bei, wo immer dies angebracht ist

Würdigen Sie den Spezialstatus einer Person und messen Sie ihren Aussagen größeres Gewicht bei, wo immer es verhandlungsrelevant und sinnvoll ist. Stellen Sie sich vor, was passiert, wenn Sie Zahnschmerzen haben. Sie erzählen einem guten Freund davon, und der meint, die Schmerzen gingen vermutlich bald wieder vorbei. Doch Ihr Nachbar, ein bekannter und angesehener Zahnarzt, rät Ihnen dringend, den Zahn sofort ziehen zu lassen. Sie wären gut beraten, der Aussage des Zahnarztes besonderes Gewicht beizumessen, denn schließlich handelt es sich um sein Spezialgebiet.

Egal auf welcher Hierarchiestufe jemand steht, hat er vermutlich Spezialgebiete, auf denen seinen Ansichten besonderes Gewicht beizumessen ist. Ein Beispiel sind die Verhandlungen zwischen der US-Lehrergewerkschaft und den Schulverwaltungen vor einigen Jahren, in denen beide Gruppen gemeinsam eine Regelung zur Beurteilung der Lehrkräfte erarbeiten sollten. Dabei ging es unter anderem um die Frage, in welchen zeitlichen Abständen Lehrer beurteilt werden sollten, sowie darum, ob das Abschneiden der Schüler bei landesweiten Standardtests in die Bewertung einfließen, oder ob der Schuldirektor die Beurteilung vornehmen sollte.

Vor Verhandlungsbeginn führte Daniel Shapiro mit beiden Seiten Coachings durch. Zunächst sah jede der beiden Delegationen die jeweils andere als Hindernis auf dem Weg zur Umsetzung der eigenen Ziele. Doch allmählich stellten sie fest, dass jede Seite ihre Spezialgebiete hatte. Die Lehrer hatten sich besonders intensiv mit den Vor- und Nachteilen der Befragung von Eltern, Schülern und Kollegen sowie der Bewertung auf Grundlage der Standardtests befasst. Die Vertreter der Schulverwaltungen wussten dagegen besonders gut über gesetzliche Anforderungen und regionale Unterschiede Bescheid. Statt darüber zu streiten, welche der beiden Seiten die besseren Voraussetzungen mitbrachte, eine Regelung zu entwerfen, erkannte jede der beiden Seiten die Kompetenz der anderen an. Zusammen entwickelten sie einen Entwurf, in den die Spezialkenntnisse beider Seiten einflossen. Weil der Status des jeweils anderen Anerkennung fand, überwogen positive Emotionen und es wuchs die Motivation zur Zusammenarbeit.

Es kann jedoch vorkommen, dass Ihr Gesprächspartner etwas sagt oder tut, mit dem er Ihren Status in unangemessener Weise missachtet. In einer solchen Situation ist es wichtig, dass der andere Ihre Spezialgebiete anerkennt, damit Sie sich nicht klein und machtlos fühlen. Um dies zu erreichen, haben Sie beispielsweise die Möglichkeit, Ihre Rolle klarzustellen.

Versetzen Sie sich in die Situation einer Junganwältin, die an einer Sitzung mit den Geschäftsführern einer anderen Anwaltskanzlei teilnahm. Sie traf einige Minuten vor dem verabredeten Zeitpunkt im Besprechungszimmer ein, wo einer der Geschäftsführer der anderen Kanzlei bereits an einem Tisch saß und seine Notizen durchging. Ohne aufzublicken, sagte er: »Fräulein, seien Sie doch bitte so freundlich und bringen mir einen Kaffee von dort drüben? Schwarz bitte, ohne Milch und Zucker.«

Die Anwältin errötete. Tausend Fragen schossen ihr durch den Kopf: ›Soll ich ihm einfach sagen, dass ich keine Sekretärin bin? Soll ich ihn daran erinnern, dass es heutzutage viele Anwältinnen gibt? Soll ich ihm seinen Kaffee bringen und abwarten, dass er später selbst auf seinen Fehler kommt?‹ Für den Fall dass er sich tatsächlich einfach geirrt hatte, wollte sie ihn nicht in Verlegenheit bringen, sie wollte aber auch nicht wie ein kleines Mädchen dastehen, mit dem man machen kann, was man will. Also antwortete sie:

Es tut mir leid, dass ich mich nicht vorgestellt habe. [*Sie beweist ihre Freundlichkeit, indem sie annimmt, dass ihr Gesprächspartner sie mit einer Sekretärin verwechselt hat.*] Ich bin Sarah Jones, Anwältin von Smyth, Wilcox and Adams. [*Sie stellt ihre Rolle klar.*] Da wir beide schon vor dem verabredeten Zeitpunkt da sind, könnten wir vielleicht schon über das Thema sprechen, mit dem wir uns heute Morgen befassen wollen. [*Sie de-*

monstriert ihre Professionalität innerhalb dieser Rolle.] Wenn Sie nichts dagegen haben, bringe ich uns beiden einen Kaffee. Bedienen Sie sich bitte bei den Croissants! Und könnten Sie mir bitte auch eins mitbringen? [*Sie macht klar, dass sie Kollegen sind und auf gleicher Augenhöhe zusammenarbeiten werden.*]

Wenn Sozial- und Spezialstatus ein emotionales Reizthema werden, dann ist es nie eine gute Idee, sich selbst mehr Status zu geben, indem Sie den anderen klein machen. Klären Sie Ihre Rolle und verhalten Sie sich professionell. Statt Statusrangeleien anzufangen, respektieren Sie den Status des anderen und kommunizieren Sie den Ihren.

Vorsicht vor der Überschätzung des Status!

Die Gefahr ist ständig gegeben, dass eine Person mit hohem Sozial- oder Spezialstatus auf einem bestimmten Gebiet unangemessen viel Gewicht in einer Frage bekommt, in der dieser Status keinerlei Rolle spielt. In diesem Fall sprechen wir von einem Übermaß an Status, und vor dem sollten Sie sich unbedingt hüten. Hochachtung ist nur da angebracht, wo sie auch verdient ist.

Berühmte Menschen wie etwa Filmstars missbrauchen ihren Sozialstatus oft, um ihre Meinungen zu allen möglichen Themen – von der Todesstrafe bis hin zu Salatsoßen – unters Volk zu bringen. Natürlich kann ein Schauspieler oder ein Salonlöwe auch Experte auf verschiedenen Spezialgebieten sein, doch seien Sie vorsichtig. Ein Schauspieler, der sich einen weißen Kittel anzieht und ein Stethoskop um den Hals hängt, um im Fernsehen ein Medikament anzupreisen, mag vielleicht aussehen wie ein Arzt, aber er ist keiner. Egal wie gut der Schauspieler ist, seine Ansichten sollten nicht mit denen eines Arztes verwechselt werden, dessen jahrelange Ausbildung und Erfahrung ihm einen hohen Spezialstatus verschafft haben.

Auch wenn Verhandlungsführer mit hohem Sozialstatus oft eine Sonderbehandlung erwarten, bedeutet das nicht, dass ihre Ansichten zu einem bestimmten Verhandlungsgegenstand automatisch besonderes Gewicht verdienen. Eine Frau mit hohem Sozialstatus findet möglicherweise großen Gefallen an einem Diamantencollier von Cartier oder einem Grundstück am Meer. Sie könnte erwarten, dass sie aufgrund ihres hohen Sozialstatus das Collier oder das Grundstück zu dem Preis bekommt, den *sie* für angemessen hält. Doch kein vernünftiger Verkäufer wird den angemessenen, handelsüblichen Preis senken, nur um jemandem mit hohem Sozialstatus einen Gefallen zu tun. Es mag ja durchaus sein, dass ihr hoher Sozialstatus eine besondere Behandlung verdient. Doch dieser Sozialstatus bedeutet nicht, dass ihre Ansichten zum Verkaufspreis eines Colliers oder eines Grundstücks besonderes Gewicht bekommen sollten.

Status-Übersprung ist in vielen Verhandlungen ein ernst zu nehmendes Problem. Versetzen Sie sich beispielsweise in die Situation von Melissa, die auf der Suche nach einem Haus ist. Sie findet eines, das ihr gefällt, und ihr Immobilienmakler übt Druck auf sie aus, noch am selben Tag den Kaufvertrag zu unterschreiben. »Wenn Sie nicht schnell zuschlagen, ist es morgen weg«, erklärt er ihr. Sie macht sich dagegen Sorgen, dass sie keinen günstigen Kredit finden könnte und möchte sich nicht auf den Kauf einlassen, ohne vorher die finanzielle Lage zu klären.

Der Makler versichert ihr, die Zinsen seien so günstig wie nie. Doch Melissa fragt sich: ›Ist er ehrlich, oder ist er nur auf die fünfprozentige Kommission aus, die er beim Verkauf bekommt?‹ Der Makler mag eine Menge über Häuser wissen, aber er ist kein Kreditexperte. Die junge Frau ist gut beraten, sich vor Status-Übersprung in Acht zu nehmen.

Um sich vor diesem Status-Übersprung zu schützen, sollten Sie zunächst die Spezialgebiete anerkennen, auf denen ihr Gegenüber tatsächlich einen besonderen Status besitzt. Er wird Ihnen mit größerer Wahrscheinlichkeit zuhören, wenn sie seinen Spezialstatus würdigen. Doch bleiben Sie aufrichtig. Falsche Schmeicheleien erreichen wenig und wirken oft wie ein Bumerang. Melissa könnte dem Makler beispielsweise zu verstehen geben, dass sie seine Kompetenz bei der Suche nach einem geeigneten Haus zu schätzen weiß.

Überlegen Sie, ob es sinnvoll sein könnte, eine weitere Meinung einzuholen. Es ist keine Beleidigung, in wichtigen Dingen grundsätzlich zwei Meinungen zu hören, egal ob die ursprüngliche Empfehlung von Ihrem Chef, Ihrem Anwalt, Ihrem Arzt oder Ihrem Ehepartner kommt. Melissa könnte beispielsweise sagen: »Ich habe es mir zur Angewohnheit gemacht, grundsätzlich eine zweite Meinung einzuholen. Könnten Sie mir zwei oder drei Vermögensberater oder Banken empfehlen, bei denen ich mich nach den Konditionen für einen Kredit erkundigen kann?«

Eine weitere Möglichkeit, sich vor dem Status-Übersprung zu schützen wäre, die betreffende Person über Kosten und Nutzen der verschiedenen Optionen zu befragen. Die meisten Ärzte erkennen zum Beispiel, dass eine Entscheidung letztlich immer beim Patienten liegt, doch viele versäumen es, die Vor- und Nachteile der unterschiedlichen Möglichkeiten darzustellen.

Stellen Sie sich vor, ein Mitglied Ihrer Familie fragt einen Arzt, wie er mit einer möglicherweise bösartigen Geschwulst in seinem Hals umgehen soll. Der Arzt antwortet: »Ich würde Ihnen empfehlen, die Geschwulst operativ entfernen zu lassen. Aber die Entscheidung liegt bei Ihnen. Was wollen Sie tun?«

Lassen Sie sich nicht aus falschem Respekt vor dem Status des Arztes davon abhalten, Ihre Möglichkeiten auszuloten. Statt sich an seine Empfehlung zu halten, könnte Ihr Verwandter den Arzt fragen, ob es Alternativen gibt und wie diese aussehen. Ließe sich eine Operation beispielsweise um ein halbes Jahr verschieben? Gibt es eine andere Behandlungsmethode? Könnte ein anderes Medikament helfen? Egal ob es sich um Ihre Gesundheit oder um den Kauf einer Immobilie handelt, in einer Verhandlung geht es darum, Ihre Interessen zufriedenzustellen.

Schließlich sollten Sie nie vergessen, dass Sie in *einer* Frage immer höheren Status haben als jeder andere: Sie sind der weltbeste Experte, wenn es um Ihre Gefühle, Ihre Interessen, Ihre Bedürfnisse und Ihre persönliche Situation geht. Dieser unverbrüchliche Status kann Sie oft vor einem Status-Übersprung schützen – wenn Sie ihn sich selbst zugestehen. Ein Autohändler könnte versuchen, Druck auf Sie auszuüben, ein bestimmtes Modell zu kaufen, indem er sagt:»Viele meiner Kunden sind Familien. Die meisten kommen wieder und erzählen mir, wie gut ihnen dieses Modell gefällt. Ich würde Ihnen raten, es heute zu kaufen, ehe es teurer wird.«

Darauf könnten Sie antworten:»Vielen Dank. Ich werde darüber nachdenken. Ich wäre Ihnen aber dankbar, wenn Sie mir weitere Alternativen zeigen könnten, die meinen Interessen entsprechen. Ich möchte vor allem ein sicheres Auto, das genug Platz für unsere Campingausrüstung bietet und günstig im Verbrauch ist. Welche Modelle haben Sie sonst noch im Angebot?«

Indem Sie den Spezialstatus Ihres Verhandlungspartners anerkennen, helfen Sie ihm, sich nicht mehr als Gegenspieler zu begreifen, der auf einen Abschluss drängt. Stattdessen kann er die Rolle des anerkannten Experten übernehmen, der Ihnen hilft, zu einer Entscheidung zu kommen, die Ihren Interessen entspricht, für die wiederum Sie der Experte sind.

Denken Sie daran: Status kann sich verbessern oder verschlechtern

Viele Menschen nehmen an, Status sei in Stein gemeißelt. Diese Vorstellung rührt möglicherweise noch aus der Zeit des Adels und des blauen Blutes her: In die Oberschicht wird man hineingeboren. Doch in den allerwenigsten Fällen steht der Status eines Menschen schon bei seiner Geburt fest. Anerkennung erarbeitet man sich, sie wird einem nicht in die Wiege gelegt. Sie haben es in der Hand, Ihren Status durch Leistung und Einsatz zu verbessern.

Durch Weiterbildung können Sie Ihren Status in den Sachfragen einer Verhandlung verbessern. Ehe Sie mit Ihrem Vorgesetzten über seine Erwartungen sprechen, die Sie für unfair halten, könnten Sie sich beispielsweise mit einem Vertreter der Personalabteilung zusammensetzen, um mehr über die Personalrichtlinien des Unternehmens zu erfahren. Sie können im Internet nach Verträgen, Rechtsprechung, Autotests und jedem anderen Thema suchen, das dazu beiträgt, Ihren Spezialstatus in einer Verhandlung zu verbessern. Wenn Ihr Sozialstatus durch schlechte Angewohnheiten oder einen Mangel an kommunikativen Fähigkeiten leidet, können Sie einen Kurs besuchen oder mit einem Coach arbeiten, um Ihre Emotionen besser in den Griff zu bekommen, selbstbewusster aufzutreten oder sich im aktiven Zuhören zu schulen.

Status ist kein Schicksal. Ihr Verhalten spielt eine ganz wichtige Rolle. Als Roger Fisher sein Jurastudium aufnahm, war James Landis Leiter der Juristischen Fakultät an der Harvard University. Mit Hunderten anderer Studenten belegte Fisher im ersten Jahr bei ihm ein Seminar zum Thema Verträge. Für Fisher war und ist James Landis der beste Juraprofessor der Harvard University. Später versäumte es Landis jedoch leichtfertig einige Jahre in Folge, seine Einkommensteuererklärung abzugeben. Er kam vor Gericht, wurde zu einer Gefängnisstrafe verurteilt und aus der Anwaltskammer ausgeschlossen. Im Guten wie im Schlechten ist unser Status nicht vorherbestimmt, sondern hängt davon ab, was wir tun oder lassen.

Wieder im Krankenhaus

Kehren wir zurück zu der Geschichte aus dem Krankenhaus, mit der wir dieses Kapitel eingeleitet haben. Das Verhältnis zwischen Arzt und Krankenschwester war angespannt und in der Folge erlitt der Patient einen schweren Herzinfarkt. Was lief hier falsch, und was könnten wir der Krankenschwester, dem Arzt und der Klinikleitung raten?

An die Adresse der Krankenschwester

Das Gespräch begann positiv. Die Krankenschwester teilte dem Arzt mit, was sie in der Nacht zuvor beobachtet hatte. Doch nachdem der Arzt ihre Kompetenz infrage gestellt hatte (»Wie viele Patienten mit Herzproblemen haben *Sie* denn schon behandelt?«), ordnete sie sich seiner Einschätzung der Situation unter. Weil sie verärgert war und sich nutzlos fühlte, beschloss sie, dem Arzt keine weiteren Informationen mehr zu geben.

Obwohl die Krankenhauskultur dem Arzt einen höheren Sozialstatus einräumt, übersah die Krankenschwester, dass sie auf einigen Gebieten einen höheren Spezialstatus besaß als der Arzt. Statt sich ihm blind unterzuordnen, hätte sie sich rasch ihren Spezialstatus ins Gedächtnis rufen können. Sie war beispielsweise seit über 20 Jahren in diesem Krankenhaus tätig, weshalb sie sich besondere Kompetenzen im Erkennen von Symptomen erworben hatte. Außerdem hatte sie viel Zeit mit diesem Patienten verbracht, sein EKG beobachtet und seine Krankenakte genau studiert, was ihr besondere Kompetenz in der Beurteilung der psychischen und physischen Verfassung dieses speziellen Patienten gab. Sie hätte erkennen können, dass ihr Status auf diesen Spezialgebieten ein besonderer und vor allem für die Bedürfnisse dieses Patienten ein sehr wichtiger war. Sie verfügte über Informationen, die sie hätte weitergeben können und müssen. Sie hätte sich nicht durch den Sozialstatus des Arztes einschüchtern lassen dürfen, sondern hätte sagen können: »Ehe Sie zu einer Diagnose kommen, habe ich wichtige Informationen, die wir nicht übersehen dürfen.«

Um ihren Ärger in den Griff zu bekommen, hätte sie versuchen können, sich in die Lage des Arztes zu versetzen. Vermutlich setzte er seinen hohen Sozialstatus ein, um seine Unsicherheit zu kaschieren, die er als junger Arzt und Neuling auf der Station empfand. Hätte sie sich das bewusst gemacht, hätte sie verhindert, dass er sie mit seiner Unsicherheit ansteckte. Statt sich über ihn zu ärgern, hätte sie Mitgefühl für seine Unsicherheit empfinden können.

An die Adresse des Arztes

Der Job eines Arztes ist kein leichter. Er soll an zehn Stellen gleichzeitig sein und Patienten und Pflegepersonal erwarten umsichtige Entscheidungen. Da der Arzt neu ist, möchte er vermutlich möglichst kompetent wirken. Die Tatsache, dass er halb so alt ist wie viele der Ärzte und Krankenschwestern auf seiner Station macht es ihm nicht gerade leicht.

Der Arzt untersuchte den Patienten kurz und blätterte in seiner Krankenakte. Danach kam er zu dem Schluss, dass der Zustand des Patienten keine besonderen Maßnahmen erforderlich machte. Er ärgerte sich, als die Krankenschwester ihm riet, den Patienten auf die Intensivstation zu verlegen. Vermutlich fühlte er sich durch ihre Bemerkung bevormundet, so als wolle die Krankenschwester ihm beweisen, dass sie in der Frage kompetenter sei als er.

Doch er irrte sich, als er annahm, sein Sozialstatus mache ihn allwissend. Es handelte sich um einen klassischen Fall von Status-Übersprung. Statt anzuerkennen, dass die Krankenschwester in Fragen der Gesundheit dieses Patienten einen hohen Spezialstatus hatte, verhielt er sich, als sei er ihr in jeder Hinsicht überlegen. Er hörte ihr nicht zu und stellte ihr keine Fragen. Und er nahm fälschlicherweise an, er verfüge über alle relevanten Fakten über den Zustand des Patienten. Natürlich hatte er auch eine Menge zu tun. Doch wenn er sich 30 Sekunden Zeit genommen hätte, um der Krankenschwester zuzuhören, hätte der Herzinfarkt des Patienten vermieden werden können.

In Zukunft sollte dieser Arzt so klug sein anzuerkennen, dass seine Aufgabe darin besteht, mit dem Pflegepersonal zusammenzuarbeiten. Die Krankenschwestern wollen ihm nicht seinen Status streitig machen, sondern sind Kollegen im Dienste des Patienten. Statt eine Krankenschwester als Hilfskraft zu betrachten, sollte er erkennen, dass sie in vielen Bereichen einen hohen Spezialstatus innehat. Es besteht kein Grund, sie klein zu machen. Im Gegenteil, indem er ihre Sichtweise anerkennt, kann er ein gutes Verhältnis herstellen, die Kommunikation optimieren und die Behandlung der Patienten verbessern.

An die Adresse der Klinikleitung

Möglicherweise ist die Sozialhierarchie in der Krankenhauskultur derart verwurzelt, dass ein Eingreifen nötig wird. Eine kleine Arbeitsgruppe, die sich aus Angehörigen der Verwaltung, der Ärzteschaft und des Pflegepersonals zusammensetzt, könnte neue Richtlinien erarbeiten und umsetzen, die den Patienten in den Mittelpunkt stellen. Diese neuen Richtlinien könnten sämtliche Angestellten daran erinnern, dass sie ein gemeinsames Interesse haben: die Verbesserung des Dienstes am Patienten. Wenn alle zusammenarbeiten und jeder den Spezialstatus der anderen anerkennt, kann das Krankenhauspersonal als Ganzes mehr erreichen, als wenn sich einzelne Gruppen in Statusrangeleien verzetteln.

Zusammenfassung

Sie müssen nicht um Medaillen und Lorbeeren wetteifern, um zu beweisen, dass Sie ein guter Verhandlungsführer und ein wertvoller Mensch sind. Auch wenn Ihr Sozialstatus nicht an den eines Filmstars oder eines Vorstandsvorsitzenden heranreicht, haben Sie auf vielen Gebieten einen Spezialstatus, in dem sie diese übertreffen. Vielleicht brauchen Sie ein wenig Zeit, um Ihre Stärken zu erkennen, doch Sie haben sie. Jeder hat sie. Mit ein wenig Vorbereitung erkennen Sie Ihre Spezialgebiete und können sich auf diesen verbessern oder neue entwickeln. So können Sie selbstbewusst in Ihre Verhandlungen gehen.

Da jeder Mensch andere Spezialgebiete hat, müssen Sie nicht mit anderen um Status wetteifern. Erkennen Sie den Status anderer Menschen an, wo es wichtig und richtig ist, und empfinden Sie

Stolz für Ihre eigenen Kompetenzen und Leistungen. Es ist viel Selbstbewusstsein nötig, diese Anerkennung von anderen einzufordern. Doch es ist genauso viel Selbstbewusstsein nötig, mit sich selbst zufrieden zu sein und den Wert Ihres eigenen Beitrags zu einer Verhandlung anzuerkennen. Wenn Sie Ihren eigenen Status anerkennen, müssen Sie sich keine Sorgen darum machen, was andere über Sie denken könnten. Umgekehrt können Sie den Status anderer anerkennen, ohne etwas dabei zu verlieren. Wenn Sie andere mit dem angemessenen Respekt behandeln, dann begegnen diese meist auch Ihnen mit Respekt.

7

Wählen Sie eine befriedigende Rolle

Und füllen Sie diese Rolle so aus, wie es Ihnen entspricht

Wir alle wünschen uns Rollen, die wir als persönlich befriedigend empfinden. Niemand möchte sein Leben damit zubringen, falsche Rollen zu spielen oder vorzugeben, jemand zu sein, der er nicht ist. In einer Verhandlung kann eine unbefriedigende Rolle zu Verstimmungen, Ärger und Enttäuschungen führen.

So ging es Ryan, der Daniel Shapiro um Rat fragte, wie er sich im bevorstehenden Mitarbeitergespräch mit seinem Chef verhalten sollte. Er berichtete, das Mitarbeitergespräch des vorhergehenden Jahres sei schlecht verlaufen:

Ich kam zum Mitarbeitergespräch in das Büro meines Chefs. Ich war nervös. Mein Jahresbonus hängt vom Verlauf dieses Gesprächs ab, und ich kann schlecht mit allzu viel negativem Feedback umgehen.

»Setzen Sie sich«, sagte mein Chef. Er zeigte auf einen Stuhl vor seinem Schreibtisch.

Ich versuchte einzuschätzen, ob mein Chef gut oder schlecht gelaunt war. Das würde mir schon im Voraus verraten, ob das Gespräch einfach oder schmerzhaft verlaufen würde. Er blickte ernst drein. Das war wenig aussichtsreich.

Mein Chef erklärte: »In diesem Gespräch geht es um die Bewertung Ihrer Leistungen. Ganz allgemein war Ihre Leistung in den vergangenen zwölf Monaten zufriedenstellend. Einige Bereiche sind verbesserungsbedürftig, aber fangen wir mit den guten Nachrichten an ...«

Er zählte einige Dinge auf, die im vergangenen Jahr seiner Ansicht nach gut gelaufen waren, aber ehrlich gesagt hörte ich gar nicht zu. Ich machte mir Sorgen über die Bereiche, die er für »verbesserungswürdig« hielt. Schließlich sagte er, nun käme er zum Thema Verbesserungen. Ich setzte mich auf. Die Stimmung wurde angespannt.

»Als Erstes brauchen Sie eine bessere Nachbereitung und Umsetzung. Im vergangenen Monat haben Sie vergessen, den Bericht für unseren wichtigsten Kunden zu verfassen. Wir haben Glück, dass er nicht abgesprungen ist.«

»Aber der Bericht lag doch gar nicht in meiner Verantwortung«, erwiderte ich. »Und ich habe mindestens zehn Berichte geschrieben, die lange vor dem Abgabetermin fertig waren.«

»Okay«, antwortete er. »Aber das ist das, was ich gesehen habe.«

Ich saß wie angewurzelt. Mein Herz pochte mir im Hals. Ich versuchte ruhig zu bleiben und nicht mit meinem Chef zu diskutieren. Ich wollte ihm nicht zeigen, wie dünn mein Nervenkostüm war, doch gleichzeitig wollte ich sicherstellen, dass er den richtigen Eindruck von mir bekam.

»Ein weiteres Problem ist Ihre Erreichbarkeit«, fuhr er fort. »Ich weiß, dass Sie Familie haben. Aber es gibt viel zu tun. Unsere Kunden wollen betreut sein. Wenn Sie die Kinder von der Schule abholen, dann nehmen Sie doch Ihr Handy mit.«

»Ich tue mein Bestes, erreichbar zu sein. Aber ich kann nicht 24 Stunden am Tag Gewehr bei Fuß stehen.«

»Okay. Ich sage Ihnen nur, was ich beobachtet habe.«

Mein Chef fuhr fort, mir meine Versäumnisse aufzuzählen, und ich tat mein Bestes, seine Kritik nicht persönlich zu nehmen. Doch es hatte keinen Zweck. Ich widersprach vielen seiner Kritikpunkte, allerdings ohne Erfolg. Nach einer halben Stunde verließ ich das Büro, emotional erschöpft, verärgert und mit dem Gefühl, dass es mit dem Bonus wohl nichts werden würde.

Wie Ryan in seinem Mitarbeitergespräch erfahren musste, sind unsere Rollen nicht immer so befriedigend, wie sie es sein könnten. Ryan fühlte sich als Opfer der Beurteilung seines Chefs und sah sich in der undankbaren Rolle, sich für sein Verhalten rechtfertigen zu müssen. Das positive Feedback nahm er nur am Rande wahr. Es ist kein Wunder, dass das Gespräch unbefriedigend verlief. Ryan bekam so gut wie keine konstruktive Kritik, er verlor seine Arbeitsmotivation und sein Chef bestätigte seine eigene Rolle nicht als Mentor, sondern als Diktator.

Das muss nicht so sein. In diesem Kapitel erfahren Sie, wie Sie Ihre Rolle so gestalten können, dass Sie und andere sich wohl fühlen. Wir beginnen mit einer Beschreibung des Grundbedürfnisses nach einer befriedigenden Rolle. Dann zeigen wir Ihnen Möglichkeiten, wie Sie Ihre *konventionelle Rolle* – beispielsweise als Manager, Psychologe oder nichtberufstätiger Elternteil – befriedigender gestalten können. Schließlich geben wir Ihnen Tipps, wie Sie Ihre *temporären Rollen* – beispielsweise als Problemlöser, Zuhörer oder Vermittler – befriedigender gestalten können.

Eine befriedigende Rolle erfüllt drei entscheidende Anforderungen

Wir übernehmen fortwährend Rollen. Doch selten sind diese Rollen so befriedigend, wie sie es sein könnten. Ob Zuhause oder am Arbeitsplatz, eine Rolle kann Ihnen sinnlos, inhaltsleer oder verlogen erscheinen. Um unsere Rollen befriedigender zu gestalten, müssen wir zunächst verstehen, dass eine befriedigende Rolle drei zentrale Anforderungen erfüllt:

Eine befriedigende Rolle erfüllt einen klaren Zweck. Eine befriedigende Rolle einzunehmen, ist keine sinnlose Übung. Sie hat einen klaren Zweck, ob wir damit die Gesellschaft verbessern wollen oder uns bei einem Spaziergang entspannen wollen. Ein klarer Zweck bietet Ihnen einen umfassenden Rahmen für Ihr Verhalten.

Eine befriedigende Rolle wird als persönlich sinnvoll empfunden. Nur Sie können mit Gewissheit sagen, was Sie als persönlich sinnvoll empfinden. Oft erleben Sie eine Rolle als befriedigend, weil Sie etwas tun, das Ihnen sinnvoll erscheint. Die Rolle als Vater oder Mutter kann befriedigend sein, weil sie Ihren Wunsch erfüllt, ein Kind zu erziehen. Oder wenn Sie Spaß am Lösen von Problemen haben, könnten Sie eine Arbeit als Ingenieur als befriedigend empfinden. Eine sinnvolle Rolle erlaubt es Ihnen, Ihre Fähigkeiten, Interessen, Werte und Glaubenssätze in Ihren Tätigkeiten einzusetzen.

Sinn hat nicht nur mit Ihren Tätigkeiten zu tun, sondern auch damit, wie Sie eine bestimmte Situation wahrnehmen. Sie können eine Rolle als befriedigend empfinden, weil Sie einer Situation einen bestimmten Sinn geben. Ein Näher in einer Kleiderfabrik kann seine Arbeit hassen, seine Rolle aber trotzdem als sinnvoll erleben, da sie ihm erlaubt, seine Familie zu ernähren.

Eine befriedigende Rolle ist keine Maske. Wenn wir von »Rollen« sprechen, dann könnte das so klingen, als wären wir alle Schauspieler, die nur vorgeben, jemand zu sein. Doch unser Grundbedürfnis nach einer befriedigenden Rolle hat nichts mit Schauspielerei zu tun. Wir wünschen uns Rollen, mit denen wir zum Ausdruck bringen, wer wir wirklich sind. In diesem Leben – dem Leben, das Sie wirklich leben, und nicht nur vorgeben zu leben – haben Sie das Bedürfnis nach einer befriedigenden Rolle.

In gewissen Sinne stehen Sie natürlich auf der Bühne. Sie nehmen eine Rolle ein und Sie spielen sich selbst in dieser Rolle. Doch diese Rolle ist alles andere als Schauspielerei. Es ist eine Rolle fürs Leben. Das sind wirklich Sie selbst in der Rolle als Sie selbst, nicht in der Rolle eines anderen.

Wir Autoren spielen viele Rollen: Wir sind Professoren, Ehemänner, Buchautoren, Kollegen, Hausbesitzer und Verhandlungsführer. In jeder dieser Rollen spielen wir uns selbst, wir sind keine Figuren in einem Theaterstück. Wir versuchen beide, unsere Rollen so zu gestalten, dass wir niemand sind, für den wir uns schämen müssen, sondern jemand, auf den wir stolz sein können. Wir wollen nicht auf unsere Schauspielerei stolz sein, sondern auf das, was wir tun und getan haben. Wir wollen unsere Rollen befriedigend gestalten.

Gestalten Sie Ihre konventionellen Rollen befriedigender

Konventionelle Rollen sind allgemein anerkannte Rollen, die wir in einem Unternehmen oder einer Gesellschaft spielen. Sie können die Rolle eines »Vorstands« in einem Unternehmen oder eines »Elternteils« in einer Familie spielen. In Tabelle 8 finden Sie einige Beispiele für konventionelle Rollen.

Tabelle 8: Konventionelle Rollen

■ Angestellte/-r	■ Großeltern	■ Reisekaufmann/-frau
■ Anwalt/Anwältin	■ Immobilienmakler/-in	■ Schauspieler/-in
■ Arzt/Ärztin	■ Kind	■ Student/-in
■ Autor/-in	■ Kunde/-in	■ Techniker/-in
■ Bruder/Schwester	■ Lastwagenfahrer/-in	■ Verkäufer/-in
■ Eltern	■ Manager/-in	■ Wissenschaftler/-in
■ Finanzbuchhalter	■ Politiker/-in	

Werden Sie sich Ihrer konventionellen Rollen bewusst

Sie können unnötige Konflikte vermeiden, wenn Sie sich der Rollen bewusst werden, die Ihr Verhalten bestimmen. Es kann vorkommen, dass zwei Ihrer Rollen im Widerspruch zueinander stehen. Zum Beispiel kann Ihre Rolle als Mutter eines Neugeborenen mit der Rolle der »Vorzeigemanagerin« am Arbeitsplatz in Konflikt geraten.

In anderen Fällen kann es zu Auseinandersetzungen darüber kommen, wer welche Rolle spielen soll. Oder Sie vertreten in einer Verhandlung die Interessen eines Klienten, einer Gewerkschaft oder einer anderen Einrichtung, während Sie gleichzeitig Ihre eigenen Interessen haben. Ein Bewusstsein für Ihre Rollen ist der erste Schritt im Umgang mit Rollenkonflikten.

Nehmen wir die Situation von Eileen, einer Führungskraft in einem Unternehmen, dessen Fabrikationsanlagen für die Verschmutzung des Trinkwassers verantwortlich sind. Sie überlegt sich: ›Was für ein Mensch *bin ich*? Bin ich ein schlechter Mensch, weil ich für ein Unternehmen arbeite, das die Umwelt verschmutzt?‹ Sie hat Schuldgefühle, weil sie in einer Branche arbeitet, die gegen ihre Vorstellungen von Umweltschutz verstößt und sie schämt sich, dass sie ihren eigenen moralischen Ansprüchen nicht gerecht wird.

Wenn Eileen sich dieses Konflikts zwischen ihren Rollen als Führungskraft und Umweltschützerin nicht bewusst wird, läuft sie Gefahr, sich – scheinbar grundlos – über Mitarbeiter, Kollegen und Vorgesetzte zu ärgern. Anders gesagt, sie wird ihre inneren Widersprüche nach außen tragen, ohne genau benennen zu können, zu welchem Zweck.

Wird sie sich des Konflikts dagegen bewusst, kann sie sorgfältig überlegen, was sie tun will. Sie könnte zum Beispiel mit Kollegen und Vorgesetzten Möglichkeiten erörtern, wie der Ausstoß von schädlichen Abfallprodukten reduziert werden kann. Sie könnte das Unternehmen verlassen. Oder sie könnte zu dem Schluss kommen, dass das Unternehmen die gesetzlich vorgeschriebenen Richtwerte einhält und es deshalb keinen Konflikt zwischen ihren beiden Rollen gibt. Wie auch immer sie sich entscheidet, sie klärt die beiden Rollen, die ihren inneren Konflikt verursachen. In der Folge kann sie aktiv werden, um ihre Rollen befriedigender zu gestalten.

Füllen Sie Ihre Rolle mit befriedigenden Tätigkeiten

Sie können beinahe jede Rolle so gestalten, dass Sie sie als befriedigender empfinden. Dazu sollten Sie Ihre Stellenbezeichnung einmal beiseite lassen und sich die Tätigkeiten ansehen, die mit Ihrer Rolle verbunden sind.

Zu jeder Rolle gehören eine Stellenbezeichnung und bestimmte Tätigkeiten

Eine Stellenbezeichnung ist eine Ein-Wort-Beschreibung dessen, was Sie im Allgemeinen tun. So wie Menschen Vor- und Nachnamen haben, um sich zu identifizieren, haben Rollen ebenfalls oft eine Bezeichnung, mit der sie sich von anderen unterscheiden, wie etwa »Versicherungsanwalt« oder »Kinderpsychologe«.

Doch eine Rolle ist weit mehr als eine Berufsbezeichnung. Zu jeder Rolle gehören verschiedene Tätigkeiten, die von uns erwartet werden. Ein Unternehmen könnte eine neue Managementposition wie folgt mit einer Stellenbezeichnung und einer Beschreibung der damit verbundenen Aufgabengebiete ausschreiben:

Gesucht: Leiter des operativen Geschäfts. [das ist die Stellenbezeichnung] Sie sind dem Aufsichtsrat direkt unterstellt. In Ihren Verantwortungsbereich fallen die Durchführung der Unternehmenspolitik sowie die Kontrolle der Direktoren der verschiedenen Abteilungen.

Keine Liste könnte umfassend darüber Auskunft geben, welche Tätigkeiten dieser Leiter der Betriebsabteilung im Einzelnen übernimmt. Wenn wir im Rahmen unseres Jobs – ob als Manager, Klempner oder Lehrer – Verhandlungen führen, dann gibt es meist keine Liste, die unsere Tätigkeiten genau definieren würde. Es gibt üblicherweise keine festen Richtlinien dafür, wie wir mit Kollegen, Chefs oder Geschäftspartnern in anderen Unternehmen verhandeln sollten. Das eröffnet Ihnen eine Vielzahl von Möglichkeiten.

Erweitern Sie Ihre Rolle um sinnvolle Tätigkeiten

Unabhängig von Ihrer Stellenbezeichnung haben Sie viele Freiräume, die zu dieser Rolle gehörenden Tätigkeiten zu gestalten. Sie haben die Wahl, ob Sie lieber sprechen oder lieber zuhören wollen, ob Sie Konfrontation oder Kooperation suchen, und ob Sie andere unhöflich oder zuvorkommend behandeln. Sie haben die Freiheit, gemeinsam mit Ihren Verhandlungspartnern Interessen auszuloten; unverbindlich über Optionen nachzudenken, die in beiderseitigem Interesse sind; und Ihren Verhandlungspartner um Rat zu fragen oder selbst Ratschläge zu erteilen. Sie können Ihre Vorstellungen äußern, wie Ihrer Ansicht nach eine Tagesordnung aussehen sollte. Die Grenzen Ihrer Rolle bestimmen Sie zu einem großen Teil selbst.

Versetzen Sie sich in die Lage zweier Kellnerinnen, die in einem Restaurant in Cambridge arbeiten. Beide wollten einen Roman schreiben, und beide sahen ihren Kellnerinnen-Job als eine zeitlich begrenzte Möglichkeit, sich über Wasser zu halten, bis sie ihren ersten Roman veröffentlichten.

Die erste Kellnerin empfand ihre Arbeit als schwer, körperlich anstrengend und langweilig. Während der Pause zwischen dem Mittag- und dem Abendessen ging sie nach Hause und versuchte zu schreiben. Aber es fiel ihr schwer, und sie nickte häufig ein. Jeden Morgen vor der Arbeit setzte sie sich an den Computer und versuchte, ein paar Zeilen zu schreiben. Es fiel ihr schwer, ihre Romanfiguren plausibel zu gestalten und ihre Geschichten mit realistischen Handlungen zu füllen.

Die zweite Kellnerin empfand ihre Arbeit ebenfalls als schwer und körperlich anstrengend, aber nicht als langweilig. Für sie war jeder ihrer Gäste eine potenzielle Figur in ihrem aktuellen oder in einem späteren Roman. Sie trug immer zwei Schreibblöcke in ihrer Schürze: einen, auf dem sie die Bestellungen notierte, und einen zweiten, auf den sie Notizen über die Gäste kritzelte, wann immer sie Zeit dazu fand. Sie notierte körperliche Eigenheiten und Gesprächsfetzen, die sie aufgeschnappt hatte und manchmal stellte sie sich vor, was die Gäste wohl dachten oder was sie tun mochten, wenn sie das Restaurant verließen.

Es fiel ihr sehr viel leichter, ihren Romanfiguren Leben einzuhauchen, wenn sie sie beobachtete, als wenn sie versuchte, sie sich zu Hause an ihrem Schreibtisch vorzustellen. Während der Pause zwischen Mittag- und Abendessen stellte sie ihre Notizen zusammen und erweiterte sie. Wenn Sie sich am Morgen vor der Arbeit an ihren Computer setzte, ließ sie sich von den Menschen, Gesprächen und Gedanken inspirieren, die sie in den vorhergehenden Tagen und Wochen gesammelt hatte. Während ihr Manuskript Gestalt annahm, wuchs auch ihr Ruf als aufmerksame und beliebte Kellnerin. Sie zeigte ein aufrichtiges Interesse an den Gästen, die sie bediente, und sah in jedem einen Menschen mit einem faszinierenden Leben.

Ihre Stellenbezeichnung lautete »Kellnerin«. Doch sie erweiterte ihre Arbeit um Tätigkeiten, die sie als befriedigend empfand. Sie sammelte Informationen darüber, wie die Menschen aussahen, worüber sie sprachen, und was sie möglicherweise dachten und fühlten – alles Dinge, die sie für ihren Roman gebrauchen konnte. Sie empfand die Verbindung beider Rollen nicht als anstrengend, sondern als anregend.

So wie diese Kellnerin Tätigkeiten wählte, um ihre Rolle befriedigender zu gestalten, haben auch Sie als Verhandlungsführer die Möglichkeit, Tätigkeiten zu wählen, die Ihre Aufgabe befriedigender machen. Die Freude daran, mehr über andere, über Verhandlungstechnik und über sich selbst zu erfahren, kann Teil Ihrer Rolle sein.

Definieren Sie die Tätigkeiten innerhalb Ihrer Rolle neu

Wenn Sie feststellen, dass Sie Ihre Rolle nicht als befriedigend empfinden, könnten Sie sich überlegen, inwieweit dies mit den anderen

Grundbedürfnissen zusammenhängt. Sie könnten Ihre Rolle als unbefriedigend empfinden, weil Sie sich beispielsweise ausgeschlossen fühlen, weil Ihre Ansichten nicht gewürdigt werden, weil Ihre Autonomie nicht respektiert wird oder weil jemand Ihren Status nicht anerkennt.

Statt eine unbefriedigende Rolle stillschweigend zu erdulden, können Sie Ihre Rolle so gestalten, dass Ihre Grundbedürfnisse befriedigt werden. Tabelle 9 zeigt Ihnen, wie Sie Ihre Rolle in vier Schritten umgestalten können. Daniel Shapiro erinnert sich, wie diese vier Schritte dazu beitrugen, einen unnötigen Konflikt zwischen dem Direktor und der Assistenzdirektorin einer regionalen Jugendbildungsorganisation abzubauen.

Paul, der Direktor, rief mich an und bat um eine Beratung. Er und Sarah, die Assistenzdirektorin, waren für die programmatische Ausrichtung der Organisation und für die Umsetzung des Programms verantwortlich. Die Organisation war in den vorangegangenen Jahren rasch gewachsen, doch das Arbeitsverhältnis der beiden hatte sich inzwischen so weit verschlechtert, dass ihr Hauptgeldgeber damit drohte, sämtliche Mittel zu streichen, wenn die beiden ihre Probleme nicht in den Griff bekamen.

Der Konflikt hatte Auswirkungen auf die Qualität der gesamten Organisation. Obwohl ihre Büros Tür an Tür lagen, sprachen die beiden nur während der wöchentlichen Dienstbesprechungen jeden Freitagmorgen miteinander. Mitarbeiter begannen, sich auf die eine oder andere Seite zu schlagen, wodurch die Kommunikation in der gesamten Organisation in Mitleidenschaft gezogen wurde. Die beiden Direktoren sprachen immer seltener mit ihren Mitarbeitern und versäumten es, Material rechtzeitig weiterzugeben. Im Laufe der Zeit kostete der Zwist Tausende Dollar und verlorene Arbeitsstunden.

Im Verlaufe der Einzelgespräche mit jedem der beiden Direktoren wurde deutlich, dass der Konflikt weniger aus Differenzen über die programmatische Ausrichtung herrührte, sondern aus der Unzufriedenheit beider mit der Gestaltung der Rollen. Paul und Sarah beschuldigten sich gegenseitig, ihren »eigentlichen Aufgaben« nicht nachzukommen. Als ich nachhakte, worin denn genau die »eigentlichen Aufgaben« des anderen bestünden, hatte keiner der beiden eine klare Antwort. Und als ich sie bat, ihre eigenen Verantwortungsbereiche in der wachsenden Organisation zu beschreiben, waren ihre Antworten ähnlich schwammig. Jetzt, da das Programm rasch wuchs, empfand keiner der beiden seine Rolle als befriedigend. Beide fühlten sich erschlagen von sinnlosen Organisationsaufgaben.

Ich leitete einen Prozess an, um den beiden zu helfen, Ihre Rollen befriedigender zu gestalten. Ich traf mich zu Einzelgesprächen mit Sarah und Paul und ließ beide den in Tabelle 9 beschriebenen Prozess nachvollziehen. So verlief das Gespräch mit Sarah:

Benennen Sie Ihre gegenwärtige Rolle. Ich nahm ein Blatt Papier, legte es Sarah vor und bat Sie, Ihre gegenwärtige Stellenbezeichnung zu notieren. Sie schrieb: »Assistenzdirektorin der Bildungsinitiative«.

Erstellen Sie eine Liste Ihrer Tätigkeiten im Rahmen dieser Rolle. Unter ihrer Stellenbezeichnung listete sie ihre gegenwärtigen Aufgaben auf, zum Beispiel: »Mitgestaltung der programmatischen Ausrichtung«, »Kommunikation mit Programmkoordinatoren« und »Entwicklung von Lehrplänen«.

Benennen Sie Tätigkeiten, die Sie neu hinzunehmen, modifizieren oder streichen können, um Ihre Rolle befriedigender zu gestalten. Ich nannte ihr drei Grundbedürfnisse, erklärte ihr kurz deren Bedeutung und schlug vor, dass wir Aufgaben benannten, die diese Grundbedürfnisse besser befriedigten. Innerhalb weniger Minuten hatten wir eine Reihe guter Vorschläge gesammelt. Sie könnte Weiterbildungskurse für Mitarbeiter organisieren, was ihr Statusbedürfnis befriedigte und gleichzeitig zur Qualität des Programms beitragen würde. Sie könnte Kontakt zu verschiedenen Angestellten der mittleren Führungsebene halten, um ihr Bedürfnis nach Verbundenheit zu befriedigen und die Kommunikation zu verbessern. Und sie könnte sich alle zwei Wochen mit Paul zu einem informellen Mittagessen treffen, um einander Anerkennung zu zeigen und die Verbundenheit zu stärken.

Keine dieser neuen Tätigkeiten erforderte viel zusätzlichen Einsatz und keine verletzte die Autonomie von Paul. Nicht nur das, die neuen Tätigkeiten nutzten der Organisation.

Nachdem ich mit Paul dasselbe Gespräch geführt hatte, war es an den beiden, sich zusammensetzen. Paul und Sarah diskutierten die Vorschläge für neue Tätigkeiten. Dabei war von Anfang an klar, dass es sich zunächst nur um unverbindliche Vorschläge handelte, nicht schon um Zusagen. Die Diskussion verlief sehr produktiv, da schon eine Menge Ideen auf dem Tisch waren. Innerhalb einer Stunde einigten sich die beiden auf ihre modifizierten Rollen. Sie verabredeten außerdem in zwei Wochen ein weiteres Gespräch, um sich darüber auszutauschen, was funktionierte und wie sie ihre Rollen weiter umgestalten konnten.

Funktionierte diese Umgestaltung? Paul erklärte: »Der gesamte Prozess nahm fünf Stunden in Anspruch. Unser schlechtes Konfliktmanagement kostete die Organisation dagegen Hunderte Stunden. Was ich am meisten bedaure, ist die Tatsache, dass wir dieses Gespräch nicht schon ein Jahr früher geführt haben, als unser Projekt noch nicht so weit fortgeschritten war.«

Derselbe Prozess kann Ihnen in einer Vielzahl von Situationen helfen, Ihre Rolle befriedigender zu gestalten. Wenn Sie feststellen, dass Sie oft mit Kollegen, Vorgesetzten oder Mitarbeitern streiten, ziehen Sie die Möglichkeit in Betracht, ein Gespräch zur Klärung der Rollen und der damit verbundenen Tätigkeiten zu führen.

Wenn es zu Reibungen mit einem Verhandlungspartner kommt, können Sie den Prozess *aus Sicht Ihres Gegenübers* durchspielen, um zu erkennen, was Sie dazu beitragen können, seine Rolle befriedigender zu gestalten. Notieren Sie die Aktivitäten, die Ihr Verhandlungspartner Ihrer Ansicht nach erwartet. Was unterlässt er, was er Ihrer Meinung nach tun könnte? Welche zusätzlichen Aufgaben könnte er übernehmen, um seine Rolle befriedigender zu gestalten? Sprechen Sie mit ihm über Ihre Vorstellungen. Behandeln Sie diese Vorstellungen als unverbindliche Vorschläge, nicht als Kritik oder Forderung.

Tabelle 9: Vier Schritte zur Umgestaltung Ihrer konventionellen Rolle

1. Benennen Sie Ihre gegenwärtige Rolle

2. Erstellen Sie eine Liste Ihrer Tätigkeiten im Rahmen dieser Rolle.

3. Benennen Sie Tätigkeiten, mit der Sie die diese Rolle befriedigender gestalten können.
   - Sind es neue Tätigkeiten?
   - Können Sie bestehende Tätigkeiten zu diesem Zweck modifizieren?

4. Erwägen Sie, wenig befriedigende Tätigkeiten abzugeben.
   - Sollte diese Tätigkeiten jemand anderes übernehmen?
   - Muss sie niemand übernehmen?

Erkennen Sie die konventionellen Rollen anderer Menschen an

Eine befriedigende Rolle kann in unserem Leben große Bedeutung einnehmen. Wir identifizieren uns mit der Rolle und allem, was sie mit sich bringt: Status, Macht oder Verbundenheit. Der Verlust dieser Rolle kann sich anfühlen, als würden wir einen Teil von uns selbst verlieren. Wir nehmen oft viel auf uns, um einen solchen Verlust zu vermeiden.

Nehmen wir das Beispiel von John Moore, einem Unternehmer, dem eine Kette von Radiosendern gehörte. Er wollte einen weiteren Sender dazukaufen und trat dazu mit den beiden Eigentümern, einem Investor und dem Manager in Verhandlung. Der Investor, dem der Sender zu zwei Dritteln gehörte, stimmte dem Verkauf seines Anteils zu und forderte einen in Moores Augen angemessenen Preis. Doch der Manager verlangte für seinen Anteil von einem Drittel weit mehr als der Investor für seinen Anteil von zwei Dritteln.

Bei einem Essen erzählte Moore seinem Freund Roger Fisher von dieser Geschichte.

Fisher: »Warum verlangt der Manager so viel Geld?«

Moore: »Keine Ahnung. Er ist einfach gierig. Wissen Sie, wie man mir Gier umgehen kann?«

Fisher: »Ist er verheiratet? Hat er Kinder?«

Moore: »Was hat das damit zu tun? Ja, er ist verheiratet. In seinem Büro steht ein Foto von seiner Frau und seinen zwei Jungs – etwa siebte, achte Klasse – in Fußballtrikots.«

Fisher: »Was macht seine Frau?«

Moore: »Woher soll ich das wissen? Obwohl, warten Sie mal. Sie ist im Elternbeirat. Als ich einmal im Sender war, hat sie angerufen. Sie war in einer Sitzung, und er musste nach Hause, sich um die Kinder kümmern.«

Fisher: »Gibt es noch andere Sender im Ort?«

Moore: »Nein.«

Fisher: »Wie viel hat er mit dem Sender zu tun?«

Moore: »Er hat ihn praktisch von null aufgebaut und zum besten auf dem Markt gemacht.«

Fisher: »Vielleicht wollen sie nicht umziehen. Seine Frau ist im Elternbeirat, die Kinder sind in der Schule, und ich würde tippen, sie wollen nicht umziehen. Dazu kommt, dass er wahrscheinlich keine Lust hat, sich nach einem anderen Radiosender und einem neuen Investoren umzusehen. Warum müssen Sie den Manager rauskaufen?«

Moore: »Nach den Regelungen der Staatlichen Kommunikationsbehörde muss ich mindestens drei Viertel eines Senders besitzen, um meine Sender zusammenzulegen und Verlustabschreibungen zu ermöglichen. Die zwei Drittel des Investors reichen nicht aus.«

Fisher: »Warum erklären Sie das dem Manager nicht? Bieten Sie ihm einen guten Preis für das fehlende Bisschen zwischen dem Drittel, das er hat und dem Viertel, das er behalten kann. Bieten Sie ihm einen Vertrag an, den Sender ein paar Jahre als Manager weiterzuführen.«

Moore: »Das geht nicht. Der Mann ist einfach zu gierig.«

Fisher: »Sie kennen ihn, ich nicht. Vielleicht haben Sie recht. Aber vielleicht versuchen Sie es trotzdem mal, ihm anzubieten, dass Sie ihm jetzt einen kleinen Teil ausbezahlen und er mit einem Viertel beteiligt bleibt.«

Etwa zehn Tage später rief Moore bei Fisher an: »Sie werden nicht glauben, was passiert ist! Er war begeistert von Ihrem Vorschlag!«

Fisher dachte nicht nur an den finanziellen Aspekt, sondern auch an den persönlichen Aspekt aus Sicht des Managers. Er versuchte herauszufinden, wie sich die Situation aus Sicht des Managers darstellen könnte. Er erkannte, dass es dem Manager weniger um Geld ging, sondern vor allem um befriedigende Rollen.

Wenn der Manager den Sender verkauft hätte, wären vermutlich viele seiner Rollen weniger befriedigend gewesen. Wäre er dann noch immer *ein guter Ehemann?* (Seine Frau könnte etwas dagegen haben, eine Stadt zu verlassen, in der sie so aktiv eingebunden ist.) *Ein guter Vater?* (Die Kinder könnten unglücklich darüber sein, eine neue Schule besuchen und neue Freunde finden zu müssen.) *Ein guter Manager?* (Er leitete den Radiosender schon seit vielen Jahren, identifizierte sich mit dieser Rolle und sah sie als Teil seines Lebensinhalts.) *Ein guter Unternehmer?* (Er könnte sich unwohl fühlen bei dem Gedanken, einen neuen Radiosender kaufen und dazu einen neuen Investor finden zu müssen. Sein jetziger Sender war erfolgreich – was aber, wenn sein neuer Sender floppte?)

Was Moore als Gier deutete, war nichts anderes als der Wunsch des Managers, befriedigende Rollen als guter Ehemann, guter Vater, guter Manager und guter Unternehmer zu spielen. Es ist wenig überraschend, dass er begeistert war von einem Angebot, das diese Rollen auch für die Zukunft sicherte.

Wählen Sie Ihre temporären Rollen bewusst

Der berühmte Boxer Jake LaMotta spielte im Ring gern die Rolle des Opfers. Seine Gegner schlugen auf ihn ein, und er zog sich immer weiter zurück. Mit jedem Treffer wurden seine Gegner mutiger und ließen die Deckung sinken. In diesem Moment ging LaMotta zum Angriff über.

Die Opferrolle war die besondere Kampftaktik LaMottas. Damit zwang er seine Gegner, die entgegengesetzte Rolle des Angreifers zu übernehmen, ob sie das wollten oder nicht. Sie reagierten damit nur auf Jakes Rolle. Je mehr er sich als hilfloses Opfer gab, umso sicherer waren sie sich ihrer eigenen Stärke, und das nutzte Jake aus.

In Verhandlungen tappen wir oft in dieselbe Falle. Wir reagieren auf die Rolle, die jemand anderes uns vorgibt. Wenn unser Verhandlungspartner sich wie ein Gegenspieler verhält, verhalten wir uns genauso. Wenn er Forderungen aufstellt, formulieren wir Gegenforderungen. Wenn er uns schwach nennt, zeigen wir ihm unsere Zähne.

Indem wir zulassen, dass andere uns unsere Rollen vorgeben, vernachlässigen wir unser Grundbedürfnis nach einer befriedigenden Rolle. Wir fühlen uns nicht ernst genommen. Und wie die Gegner von Jack LaMotta riskieren wir, einen großen Fehler zu machen.

Werden Sie sich der temporären Rollen bewusst, die Sie instinktiv spielen

Temporäre Rollen verändern sich und sind abhängig von Ihrem Verhalten in einem bestimmten Moment. In einer Verhandlung können Sie nacheinander unterschiedliche Rollen einnehmen, wie etwa die des Zuhörers, des Wortführers oder des Problemlösers. Indem Sie diese Verhaltensmuster benennen, können Sie sich ihrer besser bewusst werden, über sie sprechen und sich für eine oder mehrere entscheiden.

Es kann sein, dass Sie aus Gewohnheit eine ganz bestimmte temporäre Rolle übernehmen. Im Freundeskreis können Sie der Zuhö-

rer sein, den jeder sucht, um seine persönlichen Probleme loszuwerden. In Verhandlungen mit Kollegen können Sie der älteste
oder erfahrenste sein und eine Vermittlerrolle übernehmen. Und
mit Ihrem Ehepartner können Sie die Rolle des Problemlösers
übernehmen. Wir achten oft zu wenig auf unsere temporären Rollen. Doch es
sind die einfachsten Rollen, die Sie spielen können. Niemand muss
sie Ihnen zuteilen. Sie können sich selbst für die eine oder die andere entscheiden. Im Laufe eines einminütigen Gesprächs kann ein
Manager nacheinander in die temporäre Rolle des Problemlösers,
Zuhörers, Ratgebers und Fürsprechers schlüpfen, während die
konventionelle Rolle des Managers dieselbe bleibt. Tabelle 10 lis-
tet eine Auswahl der temporären Rollen auf, die Sie in einer Verhandlung übernehmen können.

Tabelle 10: Verbreitete temporäre Rollen

■ Advocatus Diaboli	■ Juror/-in	■ Problemlöser/-in
■ Aggressor/-in	■ Kollaborateur/-in	■ Ratgeber
■ Entgegenkommende/-r	■ Kollege/-in	■ Redner/-in
■ Fürsprecher/-in	■ Konkurrent/-in	■ Spaßmacher/-in
■ Gastgeber/-in	■ Lernende/-r	■ Vermittler/-in
■ Informelle/-r Vermittler/-in	■ Opfer	■ Zuhörer/-in

Wählen Sie eine temporäre Rolle, mit der sie die Zusammenarbeit fördern

Wählen Sie in Ihren Verhandlungen eine temporäre Rolle, die Ihnen entspricht und mit der Sie die Zusammenarbeit fördern. Was
ist eine sinnvolle Rolle: die des Freundes, Beschützers, Mentors
oder Spaßmachers?

Versetzen Sie sich in die Situation des Ehepaares Nancy und Jim. Nancy kommt nach einem langen Arbeitstag nach Hause. In einer Besprechung hat ihr Chef ihr vorgeworfen, einen wichtigen Unternehmenskunden zu vernachlässigen. Als Jim nach Hause kommt, erzählt sie ihm von ihrem Tag. Nach weniger als einer Minute unterbricht Jim, um ihr Vorschläge zu machen, wie sie die Situation verbessern kann.

Nancy möchte ihn anschreien: »Warum hörst du mir nicht einfach zu!« Sie hält sich zurück, doch sie unterbricht ihn und berichtet weiter, wie enttäuscht sie sich fühlt. Darauf reagiert er beleidigt und sagt: »Was ist los mit dir? Ich will dir doch nur helfen!« Sie weiß nicht weiter. Sie weiß, dass Jim es gut meint, doch sie hat das Gefühl, dass er sie nicht unterstützt. Sie steht auf und verlässt den Raum.

Nancy und Jim haben unterschiedliche Erwartungen an die temporäre Rolle, die Jim in dieser Situation spielen soll. Nancy wünscht ihn sich in der Rolle des Zuhörers, doch er verfällt automatisch in die Rolle des Problemlösers. Keine Rolle ist »falsch«, doch manche sind befriedigender als andere.

In dem Moment, in dem Nancy sich ihrer unterschiedlichen Erwartungen bewusst wird, könnte sie Jim bitten, eine hilfreichere Rolle zu übernehmen. In einem unterstützenden Ton könnte sie sagen: »Ich finde es schön, dass du mir helfen willst, meine Probleme in der Arbeit zu lösen. Doch jetzt möchte ich, dass du mir einfach zuhörst. Kannst du mir ein paar Minuten zuhören? Danach können wir immer noch darüber sprechen, wie ich mit der Situation umgehen kann.«

Oder Jim könnte aus Nancys Verärgerung schließen, dass Nancy sich jetzt keinen Problemlöser wünscht, und die Rolle des Zuhörers einnehmen. Auch das entspricht seinem Wunsch, ihr zu helfen. Um die neue Rolle einzunehmen, könnte er sich und Nancy signalisieren, dass er jetzt ein Zuhörer ist: »Erzähl mir mehr über das, was dir heute passiert ist. Das klingt ja frustrierend.« Sie erzählt, er hört zu. Nach weniger als einer Minute beruhigt sich das Gespräch. Sie können einander unterstützen, statt unnötig miteinander zu streiten.

Wie im Falle von Jim und Nancy könnte es Ihnen weiterhelfen, wenn Sie sich überlegen, welche temporären Rollen sie gewohnheitsmäßig in der Arbeit und zu Hause übernehmen. Sind diese Rollen nützlich? Die konventionelle Rolle eines Chirurgen oder Anwalts erfordert jahrelange Ausbildung, doch nützliche temporäre Rollen können Sie sofort übernehmen.

Erkennen Sie die temporären Rollen anderer Menschen an

Es passiert oft, dass wir nicht ausreichend anerkennen, wie eine andere Person ihre temporäre Rolle sieht. Dieser Mangel an Anerkennung kann zu Verwirrung und Enttäuschung führen. Daniel Shapiro erinnert sich an einen Vorfall, in dem die Wahrnehmungen der temporären Rollen weit auseinander lagen.

Jane, eine meiner Studentinnen, kam zu spät zu einem Vorstellungsgespräch bei einem Beratungsunternehmen. Sie war eigentlich ein pünktlicher Mensch, ihre Verspätung war eine Ausnahme und sie überlegte sich, wie sie dem Personalleiter ihre Verspätung erklären sollte.

Sie war sehr erfreut, dass die Frau, die das Vorstellungsgespräch mit ihr führen sollte, niemand anders war als ihre frühere Kommilitonin Melissa, mit der sie während des Studiums einige Referate gehalten hatte.

Jane rief lachend: »Melissa! Wie schön dich zu sehen! Es tut mir leid, dass ich zu spät komme! Aber du weißt ja, wie chaotisch es um diese Zeit immer zugeht!«

Melissa reagierte kühl und distanziert: »Fangen wir an.«

Diese frostige Reaktion überraschte Jane. Ärgerte sich Melissa über die Verspätung? Was sollte sie nun sagen? Sollte sie sich noch einmal entschuldigen? Aber würde sie damit nicht unterwürfig und schwach erscheinen? Tausend Gedanken schossen ihr durch den Kopf, und es fiel ihr schwer, sich im weiteren Verlauf des Vorstellungsgesprächs zu konzentrieren.

Jane war nicht überrascht, als sie zwei Tage später per E-Mail eine Absage von Melissa erhielt.

Janes Fauxpas bestand darin, Melissa als Freundin und ehemalige Kommilitonin anzusprechen, während diese erwartete, als unparteiische Schiedsrichterin behandelt zu werden. Jede der beiden handelte aufgrund einer anderen Auffassung von Melissas Rolle. Einige Wochen später erfuhr Jane von einer anderen Freundin, die ebenfalls bei dem Beratungsunternehmen arbeitete, dass Melissa ihre Begrüßung als eine unpassende Vertraulichkeit aufgefasst hatte. Das war es schließlich, was sie den Job gekostet hatte.

Jane hätte sich überlegen sollen, wie Melissa sich in ihrer Rolle sah. Aus Melissas Perspektive führte sie das Vorstellungsgespräch, und Jane war in erster Linie Bewerberin, nicht Kommilitonin oder Freundin. Um nicht anmaßend zu klingen, hätte Jane Melissas Perspektive anerkennen können:

> Zunächst einmal vielen Dank, dass du mich zum Vorstellungsgespräch eingeladen hast. Es tut mir leid, dass ich so spät dran bin. Mein Flug aus Boston hatte eine Stunde Verspätung, und der Verkehr war eine Katastrophe. Wir können jetzt anfangen, und ich werde mein Bestes tun in der Zeit, die wir noch zur Verfügung haben. Oder wir können den Termin verschieben.

Statt anzunehmen, dass sie als Freundin eine Sonderbehandlung bekäme, hätte sie das Gespräch beginnen können, indem sie Melissa in ihrer professionellen Rolle anerkannte: »Unter den gegebenen Umständen richte ich mich gern danach, wie förmlich du das Vorstellungsgespräch führen möchtest.« Auch wenn Jane ihre Rolle zunächst überschritten hatte, hätte Sie sich entschuldigen und Melissas Rolle anerkennen können.

Die Moral der Geschichte ist, dass wir immer anerkennen sollten, wie unser Gegenüber seine Rolle sieht. Dies ist besonders dann wichtig, wenn wir verschiedene Rollen mit einer Person teilen. Sonst könnten wir den anderen überraschen und etwas tun, das seinen Erwartungen nicht entspricht.

Schlagen Sie Ihrem Verhandlungspartner eine temporäre Rolle vor

Professionelle Rollen können uns daran hindern, offen unsere Meinung auszusprechen. Indem wir dem anderen vorschlagen, uns »informell« auszutauschen, können wir unseren Handlungsspielraum vergrößern, unsere tatsächlichen Gedanken mitteilen und Vertrauen schaffen. Diese Lektion lehrt uns eine wichtige Verhandlung, die Lord Caradon, der britische Botschafter bei den Vereinten Nationen, führte.

Im Jahr 1967 versuchte Lord Caradon, die 15 Mitgliedsstaaten des Weltsicherheitsrates davon zu überzeugen, die UN-Resolution 242 zu unterstützen. Diese Resolution stellte einen Rahmen auf, um wichtige Fragen des israelisch-palästinensischen Konflikts beizulegen. Caradon ging davon aus, dass bei einer sofortigen Abstimmung eine Mehrheit der Mitglieder im UN-Sicherheitsrat der Resolution zustimmen würde. Damit die Resolution jedoch eine realistische Chance hatte, tatsächlich umgesetzt zu werden, benötigte er die Zustimmung von einem ihrer wichtigsten Gegner: der Sowjetunion.

Kurz vor der Abstimmung trafen sich der stellvertretende Außenminister der Sowjetunion Wassili Kusnezow und Lord Caradon in einem privaten Nebenzimmer. Kusnezow bat Caradon, die Abstimmung über den britischen Resolutionsentwurf um zwei Tage zu verschieben. Caradon zögerte, denn er fürchtete, die Sowjets könnten diese Zeit nutzen, um einen eigenen Entwurf zur Abstimmung vorzulegen.

Doch dann überraschte Kusnezow seinen britischen Amtskollegen. Er machte klar, dass diese Bitte nicht etwa von der Regierung der Sowjetunion kam, sondern von ihm selbst: »Ich bin nicht sicher, ob Sie verstanden haben, worum ich Sie gebeten habe. Ich möchte Sie persönlich um die zwei Tage bitten.«

Diese ungewöhnliche Bitte änderte die Entscheidung, vor der Caradon stand. Er kannte Kusnezow, er respektierte ihn und vertraute daher darauf, dass dieser nichts tun würde, um ihr persönliches Verhältnis zu gefährden. Er erkannte, dass Kutsnezow mehr Zeit haben wollte, um die Regierung der Sowjetunion zu überzeugen, ihre Meinung zu ändern. Caradon erwiderte einfach: »Ich danke Ihnen. Die zwei Tage gehören Ihnen.« Er ging zurück in den Sitzungssaal und verkündete, die Abstimmung würde verschoben.

Zwei Tage später fand die Abstimmung schließlich statt. Die erste Hand, die sich für die Resolution 242 hob, war die des sowjetischen Delegierten Kusnezow. Auf der voll besetzten Galerie des Sitzungssaals brandete Beifall auf, als die Resolution einstimmig angenommen wurde.

Kusnezows persönliche Bitte an Lord Caradon erlaubte es beiden, ihre Rolle befriedigender zu gestalten. Kusnezow erkannte, dass es dem britischen UN-Botschafter unter den damals herrschenden Umständen kaum möglich war, in seiner offiziellen Funktion offen mit dem stellvertretenden Außenminister der Sowjetunion zu sprechen. Doch indem jeder die Rolle des »Delegierten« seines eigenen Landes gegen die informelle Rolle des »Kollegen« eintauschte, wurde es leichter, frei zu sprechen und zusammenzuarbeiten.

Der Wechsel zu einer informellen Rolle erlaubte es beiden, aus ihrem persönlichen Vertrauensverhältnis Nutzen zu ziehen. Indem Kusnezow die Rolle des Freundes und Kollegen wählte, signalisierte er Lord Caradon, dass er die gewonnene Zeit nicht nutzen würde, um ihm zu schaden, sondern um seine Regierung zu überzeugen. Und indem Lord Caradon auf die persönliche Bitte einging, signalisierte er, dass er Kusnezows Absichten vertraute. Was die beiden Diplomaten in ihrer informellen Rolle taten, ebnete den Weg zu einer erfolgreichen Abstimmung über die UN-Resolution.

Warnung: Rollen sind nicht nur das Problem der anderen

In diesem Kapitel geht es darum, Ihnen zu zeigen, welche Spielräume Sie haben, um Ihre Rolle und die anderer Menschen befriedigend zu gestalten. Doch wir nutzen diese Spielräume nur selten voll aus. Manchmal versäumen wir es, die Initiative zu übernehmen um unsere Rolle zu erweitern. Ein andermal lassen wir uns durch Ärger leiten und übernehmen Rollen, die weder uns noch anderen viel nutzen.

Roger Fisher erinnert sich an ein Erlebnis, in dem ein Kopilot sich durch seinen Ärger daran hindern ließ, seine Rolle effektiv zu spielen. Während des Zweiten Weltkriegs war Fisher Meteorologe der US-Armee und nahm regelmäßig an Flügen zur Wetteraufklärung zwischen Goose Bay im kanadischen Labrador und Meeks Field auf Island teil. So auch an diesem Tag im Winter. Sie flogen in einer viermotorigen B-17 in einer Höhe von rund 3 000 Metern. Die Sicht war erstaunlich klar, am Himmel war kein Wölkchen zu sehen, und der Pilot verspürte Langeweile.

Um die Mannschaft ein wenig aufzumuntern, schaltete er den Motor des äußersten linken Propellers ab. Die B-17 konnte auch mit drei Motoren fliegen, aber wir befanden uns mitten über dem Atlantik. Der nächste Landeplatz auf Grönland lag unter einer dichten Wolkendecke verborgen, und Island war noch einige Stunden entfernt.

Unser Pilot freute sich derart darüber, wie sehr er die Mannschaft mit dem einen abgeschalteten Propeller erschreckt hatte, dass er gleich auch noch die verbleibenden drei Motoren ausschaltete, nur so zum Spaß. Im Flugzeug herrschte völlige Stille, während die Maschine langsam dem eisigen Nordatlantik entgegenglitt.

Nachdem er die Mannschaft zu Tode erschreckt hatte, legte der Pilot einige Schalter um und drückte ein paar Knöpfe, um die Motoren wieder zu starten. Nichts passierte. Erst in diesem Moment erinnerten sich der Pilot und sein Kopilot daran, dass sie Strom benötigten, um die Motoren wieder anzuwerfen. Und nun hatten wir keinen. Das ganze Flugzeug war tot. Selbst vor dem Start auf dem Flugplatz waren Starterkabel nötig, um die Motoren in Gang zu setzen.

Auf unserem langen Schwebeflug hinunter zum eisigen Ozean hörten wir, wie der Kopilot den Piloten immer wieder anschrie: »Mann oh Mann, du hast vielleicht ein Problem!«

Der Kopilot steckte in einem Rollenkonflikt (und empfand obendrein eine Menge Frustration). Als Kopilot war er für die Sicherheit des Flugzeugs und der Passagiere verantwortlich. Als Opfer eines Streiches wusste er, dass der Pilot das Problem verursacht hatte, und dass es an ihm war, es auch wieder zu lösen. Als Mensch wollte er einfach nur überleben. In seinem Ärger entschied er sich instinktiv für die Rolle des Opfers. Wäre nicht ein junger Sergeant an Bord gewesen, der seine Rolle in der Situation neu definiert hätte, dann könnte Fisher diese Geschichte heute vielleicht nicht erzählen:

> Wir hatten einen Ingenieur an Bord, einen Sergeanten, der das Flugzeug nach der Landung auf Island warten sollte. Glücklicherweise erinnerte er sich daran, dass wir einen »Putt-Putt-Generator« an Bord hatten, mit dem wir die Motoren wieder anwerfen konnten, für den Fall, dass wir in Grönland auf einem Notlandeplatz zwischenlanden mussten, wo es keinen Strom und keinen Militärstützpunkt gab.
>
> Es war nicht die Aufgabe des Sergeanten, sich um das Flugzeug zu kümmern, während es in der Luft war. Doch er erinnerte sich an den Generator, lief los und fand ihn. Er legte einen Strick um den Anlasser und zog mehrmals. Er fummelte am Vergaser, legte den Strick ein weiteres Mal herum, zog, und diesmal sprang der Generator an. Er verband die Kabel mit dem Stromnetz des Flugzeugs, und wir hatten Strom. Wir waren bereits 1500 Meter gefallen, als es dem Piloten gelang, erst einen Motor wieder anzuwerfen, und dann die übrigen drei.
>
> Wir kamen heil in Island an und schüttelten ungläubig den Kopf über den Piloten.

Anders als der Kopilot, der offensichtlich dachte, es sei die Aufgabe des Piloten, das Problem zu beheben, übernahm der Ingenieur die Initiative und versorgte den Piloten mit Strom, sodass dieser die Motoren wieder starten konnte. Nirgendwo stand geschrieben, dass es zur konventionellen Rolle des Ingenieurs gehörte, das Flugzeug zu reparieren, während es in der Luft war. Er tat es ganz einfach.

Zurück zum Mitarbeitergespräch

Im letzten Abschnitt dieses Kapitels kehren wir zurück zu Ryan, dem Angestellten, der Daniel Shapiro wegen eines bevorstehenden Mitarbeitergesprächs aufsuchte. Auf den folgenden Seiten fassen wir zusammen, was Shapiro Ryan riet. Da das Grundbedürfnis nach einer befriedigenden Rolle häufig mit den anderen Grundbedürfnissen zusammenspielt, ging Shapiro auf jedes dieser fünf Bedürfnisse ein.

Rolle

Beginnen wir mit der Frage, wie Ryan besser mit seinen konventionellen und temporären Rollen umgehen kann.

Konventionelle Rolle

Ryan nimmt seine konventionelle Rolle innerhalb des Unternehmens als gegeben hin. Passiv akzeptiert er die Anforderungen seiner gegenwärtigen Position, schreibt Berichte, arbeitet mit Klienten zusammen und bleibt bis spät abends, um seine Projekte abzuschließen. Vieles an seiner Arbeit gefällt ihm ganz gut, doch insgesamt befriedigt sie ihn weniger, als er es sich wünschen würde. Er möchte innerhalb des Unternehmens Führungserfahrung sammeln. Er wünscht sich mehr Zeit für seine Familie. Er treibt gern Sport, doch seine vielen beruflichen Verpflichtungen lassen ihm wenig Zeit.

Statt seine konventionelle Rolle passiv zu erleiden, könnte er versuchen, neue und andere Aufgaben zu übernehmen. Gemeinsam mit seinem Vorgesetzten könnte er nach Möglichkeiten suchen, seine Rolle zu verbessern und so zu gestalten, dass sie sinnvoller für ihn und für das Unternehmen ist. Er könnte beispielsweise fragen: »Langfristig ist eines meiner Ziele eine Position im Management des Unternehmens. Können Sie mir Tätigkeiten empfehlen, die ich im kommenden Jahr übernehmen könnte, um die entsprechende Führungserfahrung zu sammeln? Gibt es Tätigkeiten, bei denen ich Sie unterstützen könnte?«

Was seinen Wunsch nach mehr Zeit für die Familie angeht, könnte er fragen: »Meine Frau kommt dienstags früher von der Arbeit nach Hause, um sich um die Kinder zu kümmern. Könnte ich dienstags länger arbeiten und dafür mittwochs eher nach Hause gehen, um bei meinen Kindern zu sein?« Und hinsichtlich seines Wunsches nach mehr sportlicher Betätigung könnte er mit seinem Chef erörtern, ob das Unternehmen einige »Arbeitsstunden« für Freiwilligenarbeit zur Verfügung stellt, um ihm zu ermöglichen, in einem örtlichen Sportverein Unterricht zu geben. Das Unternehmen würde von der guten Öffentlichkeitsarbeit und einem motivierteren Mitarbeiter profitieren, und er selbst hätte seine Rolle befriedigender gestaltet.

Temporäre Rollen

Vor Beginn des Gesprächs könnte Ryan sich bewusst machen, dass er gern in die temporäre Rolle des Opfers schlüpft, das Bestrafung von seinem Chef erwartet. In der Vergangenheit hat er kaum auf die Bereiche geachtet, für die ihn sein Vorgesetzter gelobt hat. Erst als dieser Kritik äußerte, wurde er wach und verteidigte sich. Die Rolle des defensiven Opfers war weder befriedigend, noch diente sie der guten Zusammenarbeit.

Ryan könnte sich verschiedene temporäre Rollen überlegen, die er im Gespräch übernehmen könnte. Welche Rolle wäre für den Gesprächsverlauf am produktivsten? Er könnte sich für die Rolle des Zuhörers entscheiden und seinem Chef erlauben, seine Punkte vorzutragen, ohne ihn dabei zu unterbrechen. Dann könnte er die Rolle des Brainstormers einnehmen und gemeinsam mit seinem

Vorgesetzten Ideen sammeln, wie seine Leistung verbessert und seine Bedürfnisse befriedigt werden können.

Wertschätzung

Als Ryan den Raum betrat, wollte er als Erstes herausfinden, ob sein Chef gut oder schlecht gelaunt war. Damit machte er die Gesprächsatmosphäre von der momentanen Stimmung seines Chefs abhängig. Um eine gute Beziehung herzustellen, wäre es sinnvoller, eine Stimmung der gegenseitigen Anerkennung zu erzeugen. Es würde seinem Vorgesetzten sehr viel schwerer fallen, Ryans Arbeit zu kritisieren, wenn dieser seine ehrliche Anerkennung für die Arbeit seines Chefs zum Ausdruck bringt.

Wertschätzung muss aufrichtig und ehrlich sein. Wenn Ryan seinem Chef mit blumigen Worten schmeichelt, erkennt dieser die manipulative Absicht und fühlt sich beleidigt. Vor dem Gespräch könnte sich Ryan zwei oder drei Punkte überlegen, die er an seinem Chef und am Unternehmen aufrichtig zu schätzen weiß. Er könnte mit einem dieser Punkte beginnen: »Einer der Hauptgründe, warum ich in den vergangenen sechs Jahren in diesem Unternehmen geblieben bin, ist der Ton, den Sie und die übrigen Vorstandsmitglieder wählen. Sie sind direkt und effizient. So habe ich gelernt, meine Interessen klarer zum Ausdruck zu bringen und ich habe die Möglichkeit, meine Fähigkeiten weiterzuentwickeln.«

Ryan muss sich allerdings im Klaren darüber sein, dass er auf diese Weise keine aufrichtige Wertschätzung von seinem Chef erkaufen kann: »Ich gebe Ihnen zwei Sätze Verständnis, Sie geben mir vier Wörter Lob.« Er kann seinen Chef nicht dazu zwingen, ihm seine Wertschätzung auszusprechen: »Zeigen Sie mir dreimal am Tag Ihr Verständnis, oder ich gehe.« Wenn sein Chef ihm seine Wertschätzung nur auf Nachfrage ausspricht, wird sich Ryan vermutlich fragen, ob er es ehrlich meint, oder ob er ihm nur einen Gefallen tun will.

Doch auch wenn Ryan keine Wertschätzung erzwingen kann, so kann er zumindest ein bestimmtes Verhalten zeigen. Beispielsweise war er verärgert, weil sein Chef es mit keinem Wort würdigte, dass er seine Berichte rechtzeitig erstellte. Doch auch er selbst zeigte keinerlei Wertschätzung für die Zeit und die Mühen, die sein Chef für die Zusammenstellung seiner Beurteilung aufgewendet hatte. Ryan hörte nicht zu, als sein Chef ihm darstellte, was aus seiner Sicht alles gut gelaufen war. Ob Ryan mit den Einschätzungen seines Vorgesetzten übereinstimmte oder nicht, er hätte zuhören können, um seine Sichtweise besser zu verstehen. Wenn der Chef das Gefühl hat, dass seine Botschaft ankommt, ist er vermutlich eher gewillt, Ryan zuzuhören.

Zur Nachbereitung des Mitarbeitergesprächs hätte Ryan seinem Chef einen kurzen Brief oder eine E-Mail schreiben können, um ihn wissen zu lassen, was er aus der Unterredung gelernt hatte, wie hilfreich die Vorschläge waren und was er tun wird, um sein Verhalten entsprechend zu ändern. Er hätte seinen Vorgesetzten bitten können, ihm über dieses jährliche Mitarbeitergespräch hinaus Feedback zu geben. Auf diese Weise könnte er nicht nur seine Leistung verbessern, sondern auch seine Beziehung zu seinem Chef, denn dieser bekäme das Gefühl, dass Ryan seine Meinung zu schätzen weiß.

Verbundenheit

Ryan und sein Chef verhielten sich wie zwei Gegenspieler. Schon vor dem Gespräch war Ryan darauf vorbereitet, eine emotionale »Tracht Prügel« von seinem Chef zu bekommen. Er fühlte sich in die Defensive gedrängt und war darauf eingestellt, sich gegen jeden »Angriff« zu verteidigen, den sein Chef auf seine Leistung oder auf ihn selbst unternahm. Auch der Chef schien in der Defensive, als er Ryans Leistung kritisierte und dessen Sichtweise nicht anerkannte. Auf beiden Seiten erinnerte das Verhalten mehr an einen Boxkampf als an ein Gespräch, aus dem beide Seiten lernen und mit dessen Hilfe sie ihre Zusammenarbeit produktiver gestalten können. Sinnvoller wäre ein kollegialer Ton gewesen, der klargemacht hätte, dass Ryan und sein Vorgesetzter vor der gemeinsamen Aufgabe standen, die Arbeit des Unternehmens effektiver zu gestalten. Jeder der beiden hat ein Interesse daran, die Ziele des Unternehmens umzusetzen. Statt die Kritik seines Chefs zurückzuweisen, könnte Ryan das Feedback auf eine Weise umformulieren, die eine Verbundenheit zwischen beiden herstellt. Nachdem ihn der Chef darauf hingewiesen hat, dass er seine Berichte zügiger verfassen sollte, könnte Ryan erwidern:

Es stimmt, dass ich in diesem Fall den Bericht nicht rechtzeitig fertiggestellt habe. Ich möchte die Bedürfnisse unserer Kunden nicht vernachlässigen. Ich habe versucht, ein Gleichgewicht zwischen Arbeit und Familie herzustellen. Könnten wir ein paar Minuten dazu hernehmen, um gemeinsam darüber nachzudenken, wie ich mehr Zeit mit meiner Familie verbringen und effektiver arbeiten kann? Ich hatte die Idee, routinemäßig die Voicemail meines Büros abzuhören, wenn ich von der Arbeit nach Hause komme. Wenn etwas Dringendes ansteht, könnte ich mich umgehend darum kümmern. Ich könnte mich mit meiner Frau darüber unterhalten, was wir tun können, um die Kinder zu versorgen, wenn ich hier gebraucht werde. Haben Sie weitere Vorschläge?

Wenn Ryan seine Hausaufgaben gemacht hat, dann weiß er, ob sein Vorgesetzter Kinder hat. Ist dies der Fall, könnte er versuchen, ein persönliches Verhältnis um ihre gemeinsamen Rollen als Väter und Angestellte herzustellen. Er könnte beispielsweise fragen: »Wie ist es Ihnen gelungen, Ihre Kinder großzuziehen *und* in der Unternehmenshierarchie aufzusteigen?« Doch er sollte diese Frage nur dann stellen, wenn ihn die Antwort tatsächlich interessiert. Sonst stellt er keine authentische Beziehung her. Die meisten Menschen erkennen den Unterschied zwischen Verbundenheit und Manipulation sehr schnell.

Autonomie

In seinem Mitarbeitergespräch schränkte Ryan selbst seine Autonomie sehr stark ein. Er betrachtete das Feedback seines Vorgesetzten als »die Wahrheit«. Und jedes Mal, wenn er nicht mit der Kritik einverstanden war, reagierte er emotional und rief: »Aber das bin ich gar nicht!«

Beim nächsten Gespräch ist Ryan besser beraten, sich selbst mehr Freiräume zuzugestehen. Er könnte jede der Aussagen seines Vorgesetzten als Hypothese betrachten, über die er allein, mit seiner Frau, seinen Kollegen oder zu einem späteren Zeitpunkt mit seinem Vorgesetzten nachdenken kann. Statt während des Gesprächs in die Defensive zu gehen, kann er auf diese Weise zuhören, ohne sofort zu urteilen. Er kann später, in seinem Büro oder zu Hause darüber nachdenken, ob er sich selbst für vergesslich hält, ob er glaubt, dass er Projekte nicht zu Ende bringt, oder ob er zu wenig Zeit im Unternehmen verbringt.

Was soll Ryan tun, wenn er mit Teilen seiner Beurteilung nicht einverstanden ist? Er hat die Freiheit selbst zu wählen, welche Schlacht er schlagen will und welche nicht. Er hat es nicht nötig, seine Autonomie in unbedeutenden Fragen unter Beweis zu stellen, die keine Auswirkungen auf seine Zukunft im Unternehmen haben. (Ist der verspätete Bericht wirklich so wichtig?) Wenn der Chef tatsächlich wichtige Themen anspricht, kann Ryan nachfragen, um mehr in Erfahrung zu bringen. Dann kann er dem Chef seine Sicht der Dinge darstellen.

Ryan dachte offensichtlich, er habe im Mitarbeitergespräch wenig Spielräume, weil sein Vorgesetzter die Beurteilung dem Vorstand vorlegte. Aber das stimmt nicht. Er hat immer die Freiheit, Vorschläge zu machen und Informationen über seine Leistung weiterzugeben. Vor dem Treffen könnte Ryan einen Bericht vorbereiten, in dem er die aus seiner Sicht erfolgreichen Bereiche genauso darstellt wie die, in denen er sich seiner Ansicht nach verbessern kann. Er könnte diesen Bericht vor dem Gespräch an seinen Chef weitergeben. Dieser Bericht nimmt dem Chef die Last von den Schultern, zu viel Autonomie in seiner Bewertung zu haben. Außerdem hat Ryan die Freiheit, Fragen vorzubereiten, wie er seine Leistung steigern und die Strategie des Unternehmens besser unterstützen kann.

Status

Ryan scheint in die Falle getappt zu sein, zu glauben, Status sei ein Nullsummenspiel: Je mehr Status der Chef hat, desto weniger hat er selbst. Das Gespräch verwandelt sich in einen Machtkampf, in dem jeder versucht, in der Beurteilung Ryans Recht zu behalten. Damit begibt er sich auf einen emotional sehr gefährlichen Weg.

Stattdessen sollte Ryan Status einsetzen, um bei seinem Chef und sich selbst positive Emotionen auszulösen. Jeder der beiden hat seinen Status auf Spezialgebieten und verdient daher die Achtung des anderen. Der Chef hat mehr Entscheidungsbefugnis und Managementerfahrung als Ryan, doch Ryan weiß besser über die Abläufe an der Basis des Unternehmens Bescheid. Ryan sollte seinen Chef daher dort respektieren, wo dieser besonderen Status genießt, und er sollte ihn davon in Kenntnis setzen, in welchen Bereichen er selbst über hohen Status verfügt und dem Unternehmen nützen kann.

Ryan könnte beispielsweise sagen: »Ich habe im vergangenen Jahr viel über die Funktionsweise des Unternehmens gelernt. Sie haben sehr viel Führungserfahrung. Könnten wir gemeinsam darüber nachdenken, wie wir junge Kollegen besser motivieren können?«

Zusammenfassung

In einer Verhandlung haben Sie immer eine Aufgabe zu erledigen. In den meisten Fällen liegt es jedoch an Ihnen, *wie* Sie diese Aufgabe erledigen. Es steht Ihnen frei, im Rahmen Ihrer konventionellen Rolle Ihre Tätigkeiten auszudehnen. In fast jeder Rolle können Sie sich auf langweilige, eintönige, frustrierende und zeitraubende Aspekte fixieren. Sie können Ihre Rolle zu eng auslegen und auf diejenigen Tätigkeiten reduzieren, die Sie unbedingt erledigen müssen oder die jemand anders von Ihnen erwartet. Doch Sie haben die Freiheit, die Tätigkeiten innerhalb Ihrer Rolle zu gestalten. Und Sie haben die Freiheit, Ihre temporären Rollen so zu wählen, dass Sie Ihre Handlungsspielräume vergrößern und Zusammenarbeit fördern.

Ihre Rolle neu zu gestalten, kann anstrengend sein. Aber geben Sie nicht auf: Versuchen Sie es, und zwar immer wieder. Im Laufe der Zeit werden Sie Ihre Rolle so gestalten, dass sie Ihnen gefällt.

Teil III

Fit für die Praxis

8

Emotionale Ausbrüche

Was Sie tun können, wenn es doch zum Eklat kommt

Wenn Sie sich ärgern, zählen Sie bis zehn, ehe Sie etwas sagen. Wenn Sie sich sehr ärgern, zählen Sie bis hundert.

Thomas Jefferson

Wenn Sie sich ärgern, zählen Sie bis zehn, ehe Sie etwas sagen. Wenn Sie sich sehr ärgern, fluchen Sie. *Mark Twain*

Gehen Sie konstruktiv mit Emotionen um. Statt sich Gedanken darüber zu machen, um welche Emotion es sich handelt, was ihre Ursachen sein könnten und wie sie darauf reagieren sollten, können Sie den negativen Emotionen Ihres Verhandlungspartners mit eigenen positiven Emotionen begegnen. Sie haben die Möglichkeit, Ihre Wertschätzung zum Ausdruck zu bringen, Verbundenheit herzustellen, Autonomie zu respektieren, Status anzuerkennen und befriedigende Rollen zu wählen.

Trotzdem kann es natürlich passieren, dass Ihr Gesprächspartner mit heftigen negativen Emotionen wie Zorn, Angst oder Enttäuschung reagiert. Er hört Ihnen nicht mehr zu, verstummt oder stürmt aus dem Zimmer. Dieselben Emotionen können natürlich auch Ihr eigenes Verhalten bestimmen. Sie ärgern sich und kommen nicht über etwas hinweg, was Ihr Verhandlungspartner gesagt oder getan hat. Wenn Sie nichts gegen diese Emotionen unternehmen, können diese eskalieren und jede vernünftige Einigung verhindern.

Heftige emotionale Reaktionen sind keine Seltenheit. Sie müssen darauf reagieren, bevor sie Sie handlungsunfähig machen.

Ein typischer Fall

Burger Brothers, eine Fast-Food-Kette in den USA, verhandelte mit den Eigentümern der Super Sox, einem beliebten Baseball-Team. Knapp zwei Jahre zuvor hatten Sandra, Anwältin und Miteigentümerin der Super Sox, und Bill, der Anwalt der Fast-Food-Kette, einen Vertrag zwischen beiden Unternehmen ausgehandelt, der Folgendes beinhaltete:

Burger Brothers zahlte den Super Sox 20 Millionen US-Dollar, um zwei Jahre lang das Logo der Mannschaft auf seinen Pappbechern und Papiertüten abdrucken zu dürfen. Damit erwarb Burger Brothers außerdem das Exklusivrecht, während der Heimspiele im Stadion der Super Sox Fast-Food-Produkte zu verkaufen. Im Gegenzug verpflichteten sich die Super Sox, in ihren Spielbroschüren, in Bandenwerbung, in Ansagen über die Lautsprecheranlage des Stadions und so weiter für Burger Brothers zu werben.

Kurz vor Ablauf dieses Zweijahresvertrages äußerte das Management von Burger Brothers seine wachsende Enttäuschung über die geringen Anstrengungen, die die Super Sox unternahmen, um für Burger Brothers zu werben. Die Krise spitzte sich zu, als der Vorstandsvorsitzende von Burger Brothers ein Spiel der Super Sox besuchte und nirgends im Stadion einen Hinweis auf die Fast-Food-Kette fand, abgesehen von einem winzigen Werbeeindruck auf der Rückseite der Spielbroschüre.

Zwei Wochen vor Ablauf des Vertrags arrangierte das Management der Super Sox ein Treffen mit Burger Brothers, um den Vertrag zu verlängern und neue Konditionen auszuhandeln. Sandra vereinbarte ein Gespräch mit Bill. Die beiden hatten bei den ursprünglichen Vertragsverhandlungen ein gutes Verhältnis zueinander aufgebaut, doch sie hatten seit Abschluss des Vertrags nicht mehr persönlich miteinander zu tun gehabt.

»Hallo Bill! Wie schön, Sie wiederzusehen!«, beginnt Sandra das Gespräch.

»Es ist eine Weile her«, erwidert Bill.

»Lassen Sie uns direkt einsteigen«, erklärt Sandra lächelnd. »Es war uns eine große Freude, mit Ihnen und Burger Brothers zusammenzuarbeiten. Daher würden wir diese Zusammenarbeit gern fortsetzen. Wir wären auch bereit, einige Leistungen neu aufzunehmen, vorausgesetzt natürlich, der Preis stimmt.«

»Vergessen Sie es«, antwortet Bill und verschränkt die Arme. »Sie haben sich nicht an die Zusagen aus dem letzten Vertrag gehalten.«

»Was?«, fragt Sandra schockiert.

»Sie haben uns versichert, wir seien Ihr wichtigster Kunde. Aber ich hatte den Eindruck, wir sind einer von dreißig. Die Leistungen, für die wir bezahlt haben, haben wir nicht bekommen. Wenn wir uns auf einen Vertrag einigen, dann nur, wenn Sie den Preis um mindestens vier Millionen US-Dollar senken. Das ist eine Anweisung vom Vorstandsvorsitzenden von Burger Brothers.«

»Das kommt überhaupt nicht infrage! Das ist das erste Mal, dass ich höre, dass etwas nicht in Ordnung sein soll! Mein Team hat alles getan, um auf Ihre Wünsche einzugehen!«

»Da habe ich aber ganz andere Sachen gehört!«

»Von wem denn? Und wenn schon, dann kommen Sie jetzt ein wenig spät damit! Warum haben Sie Ihre Beschwerden nicht schon letztes Jahr vorgebracht? Oder vor zwei Jahren?«

»Da war mir das ganze Ausmaß noch nicht bewusst!«

»Und warum haben Sie mich nicht angerufen! Dieses Thema jetzt auf den Tisch zu bringen, das ist doch einfach lächerlich!«

»Lächerlich? Vor zwei Jahren habe ich mich bei unserem Vorstandsvorsitzenden für Sie eingesetzt. Ich habe persönlich dafür gesorgt, dass der Deal mit Burger Brothers überhaupt zustande kam. Wenn ich nicht meine Hand für Sie ins Feuer gelegt hätte, dann hätten wir jetzt gar nichts. Und dann haben Sie Ihren Teil der Abmachung nicht eingehalten. Erzählen Sie mir nicht, das sei lächerlich!«

Der Streit zwischen Bill und Sandra eskaliert und ihre Emotionen verhindern jeden klaren Gedanken. Obwohl die Zusammenarbeit potenzielle Vorteile für beide bringt, könnten beide nun Dinge sagen oder tun, mit denen sie den anderen derart vor den Kopf stoßen, dass eine Vertragsverlängerung unmöglich wird.

Situationen wie diese, in denen ein Unternehmen oder eine Einzelperson nicht den Erwartungen der anderen Seite entspricht, kommen häufig vor und können Auslöser für heftige Emotionen sein. Vielleicht macht ihre langjährige Reinmachefrau plötzlich nicht mehr so gründlich sauber, wie Sie das gewohnt sind, verlangt aber eine Lohnerhöhung. Oder Ihre Supervisorin hat Ihnen vor zwei Monaten versprochen, Sie bei der Einarbeitung in Ihre neue Position zu unterstützen, doch sie hat seither keine Zeit gefunden, sich mit Ihnen zusammenzusetzen.

Die Zahl der Situationen, in denen wir heftig emotional reagieren können, ist schier endlos. Jemand nutzt Ihre Freundschaft aus, behauptet Sie seien inkompetent oder setzt über Ihren Kopf hinweg ein Projekt durch. Jemand spielt ein Thema herunter, das Ihnen am Herzen liegt, behandelt Sie unfair oder ignoriert Ihre Vorstellungen. Es gibt unendliche viele Möglichkeiten, jemandem auf den Schlips zu treten, aber eines ist sicher: Heftige emotionale Reaktionen sind real, also sollten Sie gut darauf vorbereitet sein.

In diesem Kapitel zeigen wir Ihnen, wie Sie mit negativen emotionalen Reaktionen umgehen können – seien es Ihre Reaktionen oder die Ihres Gegenübers. Wir zeigen, warum diese heftigen negativen Emotionen ein Hindernis auf dem Weg zu einer Einigung sein können, und wir bieten Ihnen eine Strategie an, mit deren Hilfe Sie konstruktiv mit emotionalen Ausbrüchen umgehen können.

Heftige negative Emotionen lenken von der Verhandlung ab

Heftige negative Emotionen stellen in zweifacher Hinsicht ein Problem für einen Verhandlungsführer dar. Erstens verursachen sie einen Tunnelblick, Sie sehen nichts anderes mehr als Ihre Emotionen. Ihre Fähigkeit, klar und kreativ zu denken, wird ausgeschaltet.

Stellen Sie sich eine Verhandlung zwischen zwei Teams vor. Unter den Verhandlungsteilnehmern befindet sich nur eine einzige Frau. Jedes Mal, wenn sie das Wort ergreift, unterbricht sie der Leiter der anderen Delegation oder er schenkt ihr keinerlei Beachtung, so als sei sie seiner Aufmerksamkeit nicht würdig. Sie wird immer ärgerlicher und konzentriert sich dabei nur noch auf eines: Die Tatsache, dass der Leiter der anderen Verhandlungsdelegation ihr seine Wertschätzung verweigert. Dieser Tunnelblick hindert sie daran, klar über die anstehenden Sachfragen nachzudenken und eigene Ideen beizusteuern – ein Verlust sowohl für sie als auch für die übrigen Verhandlungsteilnehmer.

Zweitens können starke negative Emotionen Sie so verwundbar machen, dass Ihre Emotionen die Kontrolle über Ihr Verhalten übernehmen. Ihre Emotionen gehen mit Ihnen durch und Sie laufen Gefahr, Dinge zu tun, die Sie später bereuen. Sie denken nicht mehr an die Folgen Ihres Verhaltens, schon gar nicht an die langfristigen Folgen. In einem Wutanfall könnten Sie beispielsweise Ihren Ehepartner beleidigen (und die Nacht auf dem Sofa verbringen) oder wütend eine Sitzung verlassen (und Ihren Chef enttäuschen und damit Ihre Hoffnung auf eine Beförderung begraben).

Schlimmer noch, Emotionen schaukeln sich auf. Ihr Ärger kann den Ärger Ihres Verhandlungspartners anfachen und umgekehrt. Heftige negative Emotionen bewirken einen Schneeballeffekt: Sie werden immer größer. Je eher Sie mit negativen Emotionen umgehen, desto eher können Sie verhindern, von ihnen überrollt zu werden.

Messen Sie die emotionale Temperatur

Was auch immer die Ursache einer heftigen emotionalen Reaktion sein mag, Sie müssen sich ihrer erst einmal bewusst werden, um reagieren zu können. Eine Möglichkeit besteht darin, regelmäßig Ihre eigene »emotionale Temperatur« zu messen, um Emotionen aufzuhalten, ehe sie Ihre Entscheidungsfähigkeit beeinträchtigen.

Messen Sie Ihre eigene emotionale Temperatur

Anders als beim Fiebermessen geht es nicht darum, exakt festzustellen, ob Ihre emotionale Temperatur bei 35,8 Grad oder 38,6 Grad liegt. Sie müssen nicht einmal genau benennen, was Sie empfinden oder warum. Sie müssen nur erkennen, bis zu welchem Grad Ihre Emotionen bereits negative Auswirkungen zeigen. Wenn Sie Ihre emotionale Temperatur messen, fragen Sie sich einfach:

Sind meine Emotionen ...

... im roten Bereich? Jenseits des Siedepunktes. Ich sage Dinge, die ich besser nicht sagen sollte.

... im gelben Bereich? Ich brodele. Wenn es so weitergeht, koche ich über.

... im grünen Bereich? Unter Kontrolle. Ich bin mir meiner Emotionen bewusst und habe sie im Griff.

Um diese Fragen zu beantworten, überprüfen Sie rasch, wie kontrollierbar Ihre Emotionen in diesem Moment sind. Haben Sie sie im Griff, oder müssen Sie sich auf die Zunge beißen, um nicht dem anderen Verhandlungsführer deutlich Ihre Meinung zu sagen? Wenn es Ihnen schwer fällt, sich auf etwas anderes zu konzentrieren als auf Ihre Emotionen, dann ist Ihre emotionale Temperatur mindestens im gelben Bereich.

Messen Sie die Temperatur Ihres Verhandlungspartners

Auch Ihr Verhandlungspartner kann heftige negative Gefühlswallungen erleben. Wenn Sie nicht bemerken, dass er leise vor sich hin brodelt, können seine Emotionen überkochen – mit unangenehmen, vielleicht sogar katastrophalen Folgen.

Genau da liegt das Problem. In einer Verhandlung verhalten sich

Menschen auf tausenderlei Weise, sie vermeiden Augenkontakt, sprechen laut oder schlagen mit der Faust auf den Tisch. Wie messen Sie die emotionale Temperatur einer derartigen Vielfalt von Verhaltensweisen?

Wie ein guter Detektiv sollten Sie auf Dinge achten, die aus dem Rahmen zu fallen scheinen. Auch wenn Sie nie genau sagen können, was Ihr Gegenüber tatsächlich empfindet, kann Ihnen ungewöhnliches Verhalten etwas über die steigende »Raumtemperatur« verraten. Spricht er immer lauter, überschlägt sich seine Stimme, oder wird er leiser – zu leise? Wirkt sein Gesicht erstarrt, ist es gerötet oder sogar hochrot? Kam Ihr Verhandlungspartner überraschend spät zu Ihrem Gespräch, ohne eine gute Entschuldigung vorzubringen?

Mit ein klein wenig Beobachtung bekommen Sie ein Gespür dafür, wie sich Ihr Gesprächspartner unter normalen Umständen verhält. Ist er durchweg freundlich? Ist es ein stiller Mensch? Oder ist er eher laut? Ehe Sie jemanden zum ersten Mal zu einer Verhandlung treffen, sollten Sie sich informell bei einem Essen oder einer Tasse Kaffee kennen lernen. Solche Gelegenheiten schaffen nicht nur ein Gefühl der Verbundenheit, sondern auch ein Gespür dafür, wie sich der betreffende Mensch unter normalen Bedingungen verhält. Auf diese Weise lernen Sie Ihren Gesprächspartner besser kennen und können später eher abschätzen, wann er sich ärgert.

Um die emotionale Temperatur des anderen zu beurteilen, können Sie sich auch für einen Moment in seine Lage versetzen und überlegen, ob eines seiner Grundbedürfnisse möglicherweise zu kurz kommt. Wie fühlt sich die Situation aus seiner Sicht an? Hat er das Gefühl, seine Autonomie wurde verletzt, weil Sie zu spät zum verabredeten Treffen kamen? Fühlt er sich unverbunden oder vielleicht sogar verraten, weil er erfahren hat, dass Sie sich mit einem Vertreter der Konkurrenz getroffen haben? Fragen Sie sich, ob diese möglichen Störfaktoren signifikant genug sind, um negative Emotionen zu verursachen.

Halten Sie einen Notfallplan bereit

Der schlechteste Moment, sich einen Plan für den Umgang mit negativen Emotionen zurechtzulegen, ist der, in dem Sie mit diesen konfrontiert sind. Stellen Sie sich vor, das Krankenhauspersonal würde warten, bis ein Patient in die Notaufnahme kommt, um von Grund auf eine neue Notfallstrategie zu erfinden. Die Folge wäre das Chaos. Stattdessen hat jede Notaufnahme ihre standardisierten Abläufe, denen jeder – vom Pfleger bis zur Chefärztin – folgt, und denen jeder Patient unterzogen wird, der zur Tür hereinkommt. Auch Verhandlungsführer benötigen ihre eigenen Standardabläufe, um nicht unvorbereitet mit heftigen negativen Emotionen umgehen zu müssen. Ein solcher Ablauf kann Ihnen helfen zu verhindern, dass Emotionen das Heft in die Hand nehmen.

Das Ziel Ihres Notfallplans ist es nicht, Emotionen auszuschalten. Egal ob positiv oder negativ, emotionale Reaktionen verraten Ihnen etwas über Grundbedürfnisse, unausgesprochene Interessen und unsichtbare Hindernisse auf dem Weg zu einer Einigung. Heftige Emotionen können Verhandlungsführer auch beflügeln, gemeinsam auf eine Einigung hinzuarbeiten. Die Leidenschaft eines begeisterten Unterhändlers kann ansteckend wirken und die langfristige Zusammenarbeit befördern, und die Ungeduld eines Vermittlers, der stundenlang mit zwei Parteien zusammengearbeitet hat, kann Druck auf diese ausüben, zu einer Einigung zu kommen. Ob positiv oder negativ, starke Emotionen können sehr nützlich sein. Auf keinen Fall sollten Sie sie ignorieren oder auf Ihre Energie und Information verzichten.

Stattdessen sollten Sie in der Lage sein, eine bewusste und kluge Entscheidung zu treffen, wie Sie mit den Emotionen und ihrer Ursache umgehen. Eine geschickte Vorgehensweise bezieht Ihre Gefühle und Ihren Verstand mit ein. Doch ehe Sie kühl über Ihre Emotionen nachdenken können, müssen Sie sie erst einmal in den Griff bekommen.

Beruhigen Sie sich: Senken Sie Ihre emotionale Temperatur

Wenn Sie Ihre davongaloppierenden Emotionen beruhigen, können Sie besser verstehen, was Ihre Emotionen Ihnen mitteilen wollen und wie Sie mit ihnen umgehen können. Es gibt verschiedene Techniken, um Ihre Emotionen unter Kontrolle zu bringen, doch allen gemein ist, dass sie Ihnen helfen, sich auf eine handhabbare Temperatur abzukühlen. Sie sollten Ihre Emotionen im Griff haben, nicht umgekehrt.

Was können Sie tun, um mit Emotionen im gelben oder im roten Bereich umzugehen? In der Hitze des Zorns oder in einem Anfall von Frustration können Sie sich kaum überlegen, wie Sie Ihre Emotionen wieder beruhigen können. Deshalb raten wir Ihnen, sich *jetzt*, da Sie klar denken können, für eine Strategie zu entscheiden. Probieren Sie sie aus, wenn Sie sich das nächste Mal dem gelben Bereich nähern. Hier sind einige Vorschläge, was Sie in diesem Moment tun können:

■ Zählen Sie langsam rückwärts von zehn bis eins.
■ Atmen Sie dreimal tief ein und aus: Atmen Sie durch die Nase ein und durch den Mund aus.
■ Halten Sie inne. Sitzen Sie einen Moment lang still und schweigen Sie. Fragen Sie sich, was für Sie auf dem Spiel steht.
■ Nehmen Sie eine kurze Auszeit, um zur Toilette zu gehen oder ein Telefonat zu führen. Entspannen Sie sich in dieser Pause. Denken Sie darüber nach, was Sie tun können, um die Verhandlung voranzubringen.
■ Stellen Sie sich einen entspannenden Ort vor, wie etwa einen Sandstrand, einen sonnendurchfluteten Wald oder ein Sinfoniekonzert.
■ Wechseln Sie zumindest für kurze Zeit das Thema.
■ Lassen Sie beleidigende Kommentare an sich vobeifliegen und an die Wand hinter sich klatschen.

Eine der besten Methoden, sich zu beruhigen, ist die Frage: »Wie wichtig ist mir dieses Thema wirklich?« Ähnlich wie manche Ehepaare gibt es Verhandlungsführer, die gern aus jeder Mücke einen Elefanten machen. Wir regen uns über Themen auf, die verhältnismäßig bedeutungslos sind. Wie Aristoteles sagte: »Sich zu erzürnen ist leicht. Aber sich über die richtige Person, im richtigen Maß, zur richtigen Zeit und aus dem richtigen Anlass zu erzürnen, das ist nicht leicht.«

Verhandlungsführer reagieren mehr oder weniger emotional, je nachdem, welche Bedeutung sie einem Thema beimessen. Wir sind immer in der Lage uns zu entscheiden, ob wir einen Vorfall als Kleinigkeit oder als zentrale Streitfrage behandeln wollen. Während des Kalten Krieges zog beispielsweise ein sowjetisches Schiff vor der Küste von Massachusetts Hummerreusen aus dem Wasser, und die sowjetischen Fischer taten sich an den gefangenen Hummern gütlich. Ein US-Aufklärungsflugzeug beobachtete den Vorfall und die US-Regierung musste sich entscheiden, wie sie mit damit umgehen sollte. Handelte es sich um eine Verletzung der Hoheitsgewässer der USA oder um den Streit zwischen einem Fischer aus Massachusetts und einem sowjetischen Kapitän um eine Hummerreuse? Klugerweise entschied sich die Regierung für Letzteres.

Manchmal haben Sie erst nach dem Ende einer Verhandlungsrunde oder eines Gesprächs die Möglichkeit, sich wieder zu beruhigen. In einer längeren Pause, am Ende eines Verhandlungstages oder nach einem aufreibenden Telefonat könnten Sie eine der folgenden Möglichkeiten ausprobieren:

■ Hören Sie beruhigende Musik.

■ Lenken Sie sich ab: Schauen Sie ein paar Minuten fern, rufen Sie einen Freund an oder lesen Sie die Zeitung.

■ Unternehmen Sie einen Spaziergang. Quälen Sie sich nicht mit der Frage, wer Schuld an einer ärgerlichen Situation hat. Versuchen Sie, die Sichtweise des anderen zu verstehen. Überlegen Sie, wie Sie mit der Situation umgehen können.

■ Verzeihen Sie: Lassen Sie Ihren Groll los.

Beruhigen Sie die Emotionen Ihres Verhandlungspartners

Es gibt Menschen, die heftige negative Emotionen zum Ausdruck bringen, um sich einen Vorteil gegenüber ihren Verhandlungspartnern zu verschaffen. Sie hoffen, dass sie die anderen auf diese Weise zu weitreichenden Zugeständnissen bewegen können. Die Versuchung ist groß, die Emotionen eines solchen Verhandlungspartners zu beschwichtigen, um eine Konfrontation zu vermeiden oder um das Risiko einer irrationalen Reaktion wie etwa des vollständigen Abbruchs der Verhandlungen zu verringern. Manchmal versuchen wir, unsere schreienden Kinder auf diese Weise zu »bestechen«, indem wir ihnen ein Eis kaufen. Je älter die Kinder werden, desto teurer kommt uns diese Strategie zu stehen, und desto unklüger wird sie. »Wenn du mit dem Geschrei aufhörst, kaufe ich dir ein Fahrrad.« »Du möchtest ein Auto? Okay, aber dann ist endgültig Schluss.« Aber natürlich ist damit keineswegs Schluss: Sie haben Ihren Kindern längst beigebracht, ihren Zorn und andere negative Emotionen einzusetzen, um ihren Willen durchzusetzen.

Egal ob Sie mit Ihrem Kind oder einem anderen Verhandlungsführer zu tun haben, Sie setzen ein ganz schlechtes Signal, wenn Sie negative Emotionen belohnen. Durch Ihr Nachgeben beschwichtigen Sie einen verärgerten Menschen zwar, aber nur einen Moment lang. Denn er hat längst gelernt, seine Sachinteressen durch heftige negative Emotionen durchzusetzen. Je heftiger, umso wirkungsvoller.

Wenn der Ärger, die Frustration und die Beschämung Ihres Verhandlungspartners jedoch echt sind, kann eine Besänftigung seiner Emotionen die Situation entspannen und dazu beitragen, die Verhandlung in eine produktive Richtung zu lenken. Sie haben verschiedene Möglichkeiten, die Emotionen ihres Gegenübers zu beruhigen.

Erkennen Sie sein Anliegen an

Die wirkungsvollste Methode, unser Gegenüber zu besänftigen, ist es, sein Anliegen anzuerkennen. Viele Menschen möchten, dass wir ihren Ärger und ihren Zorn wahrnehmen – und anerkennen, dass ihr Anliegen Beachtung verdient. Solange wir ihre Sichtweise nicht anerkennen, werden sich ihre Emotionen kaum beruhigen.

In Kapitel 3 haben wir gesehen, dass zur Wertschätzung eines anderen Menschen drei Elemente gehören: Sie verstehen seinen Standpunkt, Sie erkennen den Wert seiner Gedanken, Gefühle und Handlungen und Sie kommunizieren, dass Sie diesen Wert erkannt haben:

> Ich habe den Eindruck, Sie sind frustriert, dass wir nicht zu einer Einigung gekommen sind. [*Sie bringen Ihr Verständnis zum Ausdruck.*] Wenn ich bedenke, wie viel Zeit Sie in diesen neuen Entwurf gesteckt haben, kann ich verstehen, wie Sie sich fühlen. [*Sie kommunizieren, dass Sie den Wert der Sichtweise Ihres Gesprächspartners anerkennen.*]

Machen Sie eine Pause

Statt darauf zu warten, dass Ihr Gesprächspartner vor Ärger in die Luft geht oder die Verhandlungen ganz abbricht, können Sie – vordergründig für sich selbst – um eine Pause bitten und die Emotionen im Raum ansprechen:

> Ich bin nicht sehr glücklich über den Verlauf der Verhandlungen und habe den Eindruck, es geht Ihnen nicht anders. Warum legen wir nicht eine fünfzehnminütige Pause ein, um darüber nachzudenken, wie wir kooperativer weiterarbeiten und uns viel Zeit und Ärger ersparen können?

Wird die Pause effektiv genutzt, kann sie tatsächlich dazu beitragen, die Wogen zu glätten. Während der Pause sollten die Parteien allerdings nicht darüber nachdenken, wer an der gegenwärtigen Spannung die Schuld trägt, sondern darüber, wie die Verhandlungen produktiv weitergeführt werden können.

Eine kurze Pause kann Sie und Ihre Verhandlungspartner auf andere Gedanken bringen, wenn keiner von Ihnen allzu verärgert ist. Doch heftige Emotionen sind rasch wieder angefacht. Wenn die Spannung mit Händen greifbar ist und eine emotionale Auseinandersetzung unmittelbar bevorstand, dann kann eine fünf- bis zehnminütige Pause das Gefühl der momentanen Erleichterung vermitteln, doch die Zeit reicht nicht aus, um sich auch körperlich wieder zu entspannen. In diesem Fall ist eine längere Pause sinnvoll.

Tauschen Sie Teilnehmer aus oder nehmen Sie einen Ortswechsel vor

Wenn die emotionale Temperatur eines der Teilnehmer den Siedepunkt erreicht hat, können Sie ihn beruhigen, indem Sie Verhandlungsteilnehmer austauschen. Sie könnten sagen: »Lassen Sie unsere beiden Assistenten eine halbe Stunde brainstormen, wie wir von diesem Punkt aus die Verhandlungen fortsetzen können. Dann lassen Sie uns weitermachen.« Oder Sie könnten für die nächste Runde einen neutralen Ort vorschlagen.

In internationalen Verhandlungen werden oft neutrale Treffpunkte vereinbart, um die beteiligten Parteien vor dem unmittelbaren emotionalen Druck durch Medien, Wähler oder Kollegen zu schützen. In alltäglichen Verhandlungen kann ein Szenenwechsel die emotionale Atmosphäre verändern. Und die Verlagerung einer geschäftlichen Verhandlung in ein Café, einen Park oder ein Restaurant kann eine beruhigende Wirkung auf die Teilnehmer haben.

Erkennen Sie mögliche Auslöser für heftige Emotionen

Nachdem wir uns beruhigt haben, müssen wir uns entscheiden, wie wir mit unseren Emotionen umgehen. Heftige Emotionen haben die Angewohnheit, wiederzukommen, wenn wir ihre Auslöser nicht erkannt haben. Die Ursache für eine Emotion zu finden, kann sich schwierig gestalten. Heftige Emotionen teilen uns mit, dass *irgendein* Bedürfnis vernachlässigt wurde, aber sie verraten uns nicht unbedingt, *welches*. Emotionen bleiben uns oft so lange erhalten, bis wir verstehen, was sie uns mitteilen wollen. Erst wenn wir die Botschaft tatsächlich verstanden haben und wissen, was sie mit unserer Situation zu tun hat, können wir Korrekturen vornehmen.

Überlegen Sie, ob Grundbedürfnisse ein Auslöser sein könnten

Heftige Emotionen können viele Ursachen haben. Vielleicht fühlen wir uns frustriert, weil kaum brauchbare Optionen auf dem Tisch sind, weil wir hungrig oder müde sind, oder weil die Differenz zwischen dem, was wir für eine Ware ausgeben können und dem was unser Geschäftspartner von uns verlangt, unüberbrückbar erscheint.

Darüber hinaus ist vor allem die Vernachlässigung von Grundbedürfnissen ein Auslöser heftiger Emotionen. Wenn Sie feststellen, dass Sie oder Ihr Gesprächspartner ärgerlich werden, gehen Sie im Geiste die fünf Grundbedürfnisse durch. Fragen Sie sich: »Könnte die emotionale Reaktion durch die Vernachlässigung eines dieser Grundbedürfnisse ausgelöst worden sein? Durch welches? Was haben die Anwesenden gesagt oder getan, mit dem sie die Befriedigung eines Grundbedürfnisses verweigert haben könnten?«

Fragen Sie nach, um Ihre Annahmen zu überprüfen

Selbst wenn Sie genau zu wissen glauben, was die Emotionen in Ihrem Gegenüber ausgelöst hat, überprüfen Sie diese Annahme. Sie könnten Ihre Notizen kurz beiseite legen, die betreffende Person ansehen und fragen: »Habe ich etwas gesagt oder getan, womit ich Sie verärgert habe?«

Allzu leicht nehmen wir an, dass wir verstehen, warum sich jemand so fühlt wie er sich fühlt, und genauso leicht sind wir auf dem Holzweg. Roger Fisher erinnert sich an ein amüsantes Beispiel, das ihm ein ehemaliger Kommilitone erzählte:

Eines Nachts, es war kurz nach Mitternacht, wachte meine Frau mit einem stechenden Schmerz in der rechten Seite des Unterleibs auf. Als ich auf die Stelle drückte, tat es ihr weh. Sie hatte leichtes Fieber, und ich vermutete, dass es sich um eine Blinddarmentzündung handeln könnte. Also rief ich einen Chirurgen an, den ich von früher kannte, beschrieb ihm die Situation und bat ihn, sich mit uns im Krankenhaus zu treffen.

Als er sich an mich erinnerte, erklärte er mir, ich solle mir keine Sorgen machen. »Geben Sie Ihrer Frau ein paar Aspirin und legen Sie sie wieder ins Bett«, schlug er mir vor.

Der Arzt war felsenfest überzeugt, dass meine Frau keine Blinddarmentzündung haben konnte. Ich erwiderte, ich sei sehr besorgt und fragte ihn, warum er sich so sicher sein könne. Er antwortete, er sei der Arzt, nicht ich, und ich sollte sie wieder ins Bett bringen.

Als ich nicht locker ließ, stellte sich heraus, dass seine Überzeugung auf einer Annahme beruhte. Er erinnerte sich, dass er vor fünf oder sechs Jahren meiner Frau den Blinddarm entfernt hatte und erklärte mir: »Keine Frau hat einen zweiten Blinddarm.«

Ich antwortete dem Arzt, dass er damit sicher Recht hatte. »Aber manche Männer haben eine zweite Frau. Können wir uns bitte im Krankenhaus treffen?«

Ehe Sie emotional reagieren, formulieren Sie einen guten Grund

Heftige Emotionen lassen uns wissen, dass eines unserer Anliegen zu kurz kommt, und sie drängen uns, diesem Anliegen *auf der Stelle* nachzukommen. Oft verspüren wir den dringenden Wunsch, sofort mit heftigen Emotionen umzugehen – sowohl mit unseren eigenen als auch mit denen unserer Gesprächspartner. Wir wollen dieses nagende Gefühl in uns loswerden, oder können es nicht ertragen, dass jemand uns mit einer negativen Emotion begegnet.

Doch wenn wir sofort reagieren, laufen wir Gefahr, gegen wichtigere Interessen zu handeln. Wenn Emotionen außer Kontrolle geraten, dann reagiert jeder der Beteiligten vermutlich nur noch auf die Befindlichkeit des anderen und verliert sämtliche anderen Ziele aus den Augen. Es bleibt wenig Zeit zum Nachdenken, die emotionale Temperatur steigt und es steht immer mehr auf dem Spiel. Was als einfache Verhandlung um eine Finanztransaktion begann, kann sich in eine Auseinandersetzung um Status oder Autonomie verwandeln.

Wie finden Sie die richtige Strategie, um Ihre Emotionen zum Ausdruck zu bringen? Indem Sie sich klarmachen, welche Absicht Sie damit verfolgen. Wenn Sie eine klare Absicht formuliert haben, wird es sehr viel einfacher, eine Strategie für den Umgang mit Ihren Emotionen zu entwickeln.

Wenn Sie zum Beispiel beabsichtigen, die andere Seite über die Auswirkungen ihres unsensiblen Verhaltens zu informieren, dann könnten Sie das Gespräch über einer Tasse Kaffee führen (vorausgesetzt, jeder übernimmt die Rechnung selbst). Und wenn Sie einfach Ihren negativen Emotionen Luft machen wollen, dann sollten Sie vielleicht erst mit einem befreundeten Kollegen oder Ihrem Partner über die Situation sprechen.

Es gibt vier Gründe, in einer Verhandlung negative Emotionen zum Ausdruck zu bringen:

- Sie wollen Ihren Emotionen Luft machen.
- Sie wollen anderen zeigen, welche Wirkung ihr Verhalten auf Sie hat.
- Sie wollen andere beeinflussen.
- Sie wollen die Beziehung verbessern.

Grund 1: Sie wollen Ihren Emotionen Luft machen

Oft ist es schwer, starke negative Emotionen zurückzuhalten. So wie ein Frischverliebter jedem von seiner Liebe erzählt, will ein extrem verärgerter Verhandlungsführer die innere Spannung abbauen, die durch dieses Gefühl erzeugt wird. Die Versuchung ist groß, einfach Dampf abzulassen und den anderen – meist denjenigen, der unseren Ärger verursacht hat – offen und ohne innere Zensur wissen zu lassen, was wir denken und empfinden.

Versetzen Sie sich in die Situation von John und Louise, die nach sieben Jahren Ehe frisch geschieden sind. Die beiden haben zwei Kinder. Louise kümmert sich unter der Woche um die beiden, und John an den Wochenenden. Seit einigen Wochen bringt John die Kinder sonntagabends später als verabredet zurück. Beim ersten Mal sagte Louise nichts. ›Für die Kinder ist es besser, wenn wir uns vertragen‹, dachte sie. Beim zweiten Mal sagte Louise wieder nichts, doch sie musste sich auf die Zunge beißen. Beim dritten Mal beschloss Louise, ihrem Ärger ein wenig Luft zu machen. Aber war das eine gute Entscheidung?

Dampf ablassen kann eine schwierige Situation noch schwieriger machen

Dampf abzulassen bringt oft mehr Schaden als Nutzen. Und wenn Sie Ihrem Ärger vor der Person Luft machen, die ihn verursacht hat, dann ist die Wirkung meist katastrophal. Stellen Sie sich die

Auswirkungen auf das Verhältnis von John und Louise vor. Louise wird immer ärgerlicher und kommt zu dem Schluss, dass John sie absichtlich gekränkt und ihr Unrecht getan hat. Sie denkt sich: ›Wie kann er es wagen, die Kinder länger zu behalten als ihm zusteht?‹ Ihre Frustration gärt vor sich hin, und als John die Kinder zum dritten Mal in Folge zu spät abliefert, marschiert sie aus dem Haus, stürmt auf das Auto zu und legt los: »Kennst du die Uhr nicht? Du kommst zu spät! Immer kommst du zu spät! Das ist meine Zeit mit den Kindern, nicht deine! Das ist typisch für dich!« Er verteidigt sich und schlägt zurück: »Wenn du mir die Kinder nicht zu spät gebracht hättest, dann wären sie auch rechtzeitig wieder da. Du kannst mir *meine* Zeit mit *meinen* Kindern nicht wegnehmen! Das ist wieder mal typisch, wie du mich herumkommandieren willst!«

Das Wortgefecht wird heftiger, jetzt lassen beide Dampf ab. Jeder Angriff des einen führt zu einer neuen Rechtfertigung des anderen. Jeder ist immer mehr davon überzeugt, im Recht zu sein. Und je ärgerlicher jeder wird, umso mehr erscheint ihm die Situation in Schwarz und Weiß. »Ich habe Recht, meine Ex-Frau hat Unrecht.« So fühlt sich jeder mehr und mehr in seinem Zorn bestätigt. Die Emotionen schaukeln sich auf und geraten rasch außer Kontrolle.

Suchen Sie Verständnis und vermeiden Sie Schuldzuweisungen

Wenn unsere Emotionen hochkochen, suchen wir oft jemanden, dem wir die Schuld dafür in die Schuhe schieben können. Wir raunen einem Kollegen zu: »Das ist allein Ihre Schuld, dass wir das Angebot nicht rechtzeitig rausgeschickt haben!« Oder wir suchen die Schuld bei uns selbst: »Wie konnte ich nur so dumm sein und nicht darauf achten, dass unser Angebot rechtzeitig rausgeht!«

So oder so helfen Schuldzuweisungen nicht weiter. Sie führen nur zu einem Teufelskreis aus Rechtfertigungen, Kritik und negativen Emotionen.

Versuchen Sie stattdessen zu verstehen, was Ihnen Ihre Emotionen mitteilen wollen. Das ist nicht ganz leicht, während Ihre Emotionen brodeln, weshalb Sie sich erst einmal beruhigen sollten. Dann sollten Sie nach Grundbedürfnissen suchen, die Ihre emotionale Reaktion ausgelöst haben könnten. Wenn Sie verstehen, was Sie oder den anderen verärgert hat, fühlen Sie sich oftmals schon besser. Wenigstens wissen Sie jetzt, was Sie stört, und können Maßnahmen ergreifen.

Sehen wir uns an, was passiert, wenn Louise sich an diesen Rat hält. Sie erkennt, dass sie sich in ihrer Autonomie verletzt fühlt, weil John wiederholt zu spät kommt, ohne sie vorher zu informieren. Durch dieses neue Verständnis fühlt sie sich besser und ihre Anspannung lässt nach. Als John ankommt, begrüßt sie ihn nicht mit: »Du bist ein verantwortungsloser Vater! Du hast die Kinder nicht zur verabredeten Uhrzeit nach Hause gebracht!«, sondern: »Ich bin verärgert. Wenn ich mich richtig erinnere, haben wir uns auf eine bestimmte Uhrzeit geeinigt, zu der du die Kinder zurückbringst. Habe ich mich da getäuscht? Ich habe eine Sitzung vor ihrem Ende verlassen, um rechtzeitig hier zu sein.« Nachdem sie sich seine Antwort angehört hat, will sie mehr erfahren und fragt: »Wie siehst du die Situation? Wie können wir vermeiden, uns gegenseitig zu verärgern?«

Doch es gibt Momente, in denen Ihre Emotionen derart überkochen, dass kein rationaler Rat der Welt Ihnen weiterhilft. Dann wollen Sie tatsächlich nur Dampf ablassen. Doch wenn das passiert, raten wir Ihnen unbedingt zur Vorsicht.

Wenn Sie Dampf ablassen, achten Sie darauf, Ihren Ärger nicht zusätzlich zu rechtfertigen

Wenn Sie mit jemandem über Ihre starken negativen Emotionen sprechen, dann bedenken Sie, dass Sie Gefahr laufen, immer neue Rechtfertigungen für Ihren Ärger zu suchen. Die Person, mit der

Sie sprechen, könnte der Ansicht sein, dass Sie keinen Grund haben, sich aufzuregen, doch für Sie liegen die Gründe vermutlich auf der Hand. Je öfter Sie Ihren Ärger rechtfertigen – ob im Gespräch mit einem Arbeitskollegen, einem Freund oder mit der Person, über die Sie sich ärgern –, umso überzeugter sind Sie. Statt Ihren Ärger loszuwerden, ärgern Sie sich nur umso mehr.

Bleiben Sie beim Thema

Um endlose Rechtfertigungen zu vermeiden, lassen Sie die Kümmernisse der Vergangenheit außen vor und hüten Sie sich unbedingt vor Sätze wie: »Das ist genau wie damals, als du ...« Obwohl John und Louise sich über Pünktlichkeit stritten, kamen beide vom Thema ab. Louise warf John vor: »Immer kommst du zu spät!« Und John fauchte zurück: »Das ist wieder mal typisch, wie du mich herumkommandieren willst!« Diese Beleidigungen und Attacken verwandeln eine klar definierte Streitfrage in einen diffusen Krieg an allen Fronten.

Unser Rat ist daher: Bleiben Sie bei der Situation, in der Sie sich gerade befinden. Stellen Sie eine Regel auf, die es verbietet, Ereignisse aus der Vergangenheit aufzuwärmen oder einander zu beleidigen. Die einzigen Themen, die zur Debatte stehen, sind solche, die mit der momentanen Situation zu tun haben. Stellen Sie eine zweite Regel auf, die besagt, dass wenn die erste Regel gebrochen wird, die Parteien eine Auszeit nehmen dürfen um darüber nachzudenken, wie sie produktiv weitermachen können.

Lassen Sie vor Unbeteiligten Dampf ab, nicht vor dem Menschen, der Ihren Ärger verursacht hat

Selbst wenn Sie vor Unbeteiligten wie etwa einem guten Freund Dampf ablassen, kann dies sehr riskant sein. Unterstützt Sie dieser

Freund bedingungslos, verstärkt er Ihre negative Wahrnehmung der Person, die Sie verärgert hat. John beispielsweise eilt nach dem Streit mit Louise in seine Stammkneipe. Ihm ist klar, dass es wichtig ist, im Interesse seiner Kinder ein halbwegs gutes Verhältnis zu einer Ex-Frau zu bewahren, doch er ist frustriert. An der Theke trifft er einen guten Freund und macht seinem Ärger Luft: »Diese verdammte Louise! Die Frau ist völlig durchgeknallt! Die nimmt die Kinder als Geiseln, um mich zu erpressen. Total daneben!«

Johns Freund stimmt zu: »Stimmt, die ist verrückt! Sie hat kein Recht, die Kinder für sich alleine haben zu wollen!«

Daher fühlt sich John mehr und mehr in seinen Ansichten bestätigt, was wiederum dazu führt, dass sich der Streit zwischen John und Louise weiter aufschaukelt.

Um zu verhindern, dass Ihr Dampfablassen in eine Orgie der Rechtfertigungen ausartet, raten wir Ihnen, Ihrem Ärger nicht vor der Person Luft zu machen, die ihn verursacht hat. Sprechen Sie besser mit einem unparteiischen Freund oder Kollegen, der Ihren Zorn ein wenig abmildern und Ihren Rechtfertigungen ein Gegengewicht entgegensetzen kann. John könnte stattdessen einen Freund anrufen, von dem er weiß, dass er ihn ein wenig bremst. John sagt: »Ich hatte gerade wieder einen Streit mit meiner Ex. Ich muss ein wenig Dampf ablassen. Hast du ein paar Minuten Zeit, damit ich dir erzählen kann, was passiert ist? Ich wüsste gern, was du davon hältst, denn ich glaube, ich kann gerade nicht klar denken.«

Machen Sie dem Ärger der anderen Seite Luft

Wenn Sie Ihrem Ärger Luft machen, ob allein oder mit einem Freund, sollten Sie darauf achten, sich nicht derart in Rage zu reden, dass Sie die Situation noch schlimmer machen. Es ist eine sehr nützliche Übung, Dampf abzulassen als stünden Sie auf der anderen Seite. Was würde Ihr Gegenüber sagen? Wie würde er den Konflikt beschreiben? Indem Sie Dampf ablassen, als stünden Sie auf der anderen Seite, verstehen Sie die Sichtweise Ihres Gegenübers besser und besänftigen Ihre Emotionen ein wenig.

Schreiben Sie einen Brief an den Menschen, der Sie verärgert hat – aber schicken Sie ihn nicht ab

Manchmal ist es nicht möglich oder nicht wünschenswert, einen Unbeteiligten zu bitten, Ihnen beim Umgang mit Ihren Emotionen zu helfen. Doch auch allein können Sie vieles tun, um Ihre Emotionen in den Griff zu bekommen. Nach einer Verhandlung oder in einer Verhandlungspause könnten Sie einen Brief oder eine E-Mail an die Person schreiben, die Sie Ihrer Ansicht nach verletzt hat. Beschreiben Sie die Wirkung ihres Verhaltens auf Sie. Schreiben Sie auch einen Absatz mit Vorschlägen, wie die Verhandlung weitergehen soll. Aber schicken Sie diesen Brief nicht ab. Geben Sie ihn nicht an die betreffende Person weiter, oder lassen Sie zumindest vorher einen oder zwei Tage verstreichen, um darüber nachzudenken, ob dieser Brief dem Zweck Ihrer Verhandlung dienlich ist. Sie könnten den Brief und Ihr Erlebnis mit einem befreundeten Kollegen diskutieren und ihn um seine Meinung zu dem Thema bitten.

Grund 2: Sie wollen Ihrem Verhandlungspartner zeigen, welche Wirkung sein Verhalten auf Sie hat

Ein zweiter Grund, Ihren Emotionen Ausdruck zu verleihen, kann sein, dass Sie dem anderen zeigen wollen, welche Wirkung sein Verhalten auf Sie hat. Ihr Verhandlungspartner könnte etwas gesagt oder getan haben, das große emotionale Wirkung auf Sie hatte. Er kann Ihre emotionale Wahrnehmung besser verstehen, wenn Sie ihm klarmachen, welche Wirkung sein Verhalten auf Sie hatte.

Ein Beispiel: Eine junge Medizinstudentin bekam als Betreuer einen Arzt im mittleren Alter. Während der Visiten im Krankenhaus stellte er ihr regelmäßig Fragen zur Anatomie. Wenn sie eine seiner Fragen falsch beantwortete, erwiderte er stets mit einem sarkastischen »Lernen Sie mehr!« Sie hatte das Gefühl, er wolle sie mit seinen Kommentaren vorführen und beschämen. Doch statt anzunehmen, dass er in böser Absicht handelte und ihrem Ärger Luft zu machen, bat sie ihn um ein Gespräch unter vier Augen und erklärte ihm, was seine Kommentare bei ihr auslösten:

»Ich danke Ihnen, dass Sie sich die Zeit für dieses Gespräch nehmen. Es fällt mir nicht leicht, Ihnen zu sagen, was ich auf dem Herzen habe. Es ist mir sehr peinlich, wenn ich Ihre Fragen nicht richtig beantworten kann. Ich lerne viel und bekomme immer öfter das Gefühl, ich werde es in der Medizin nie zu etwas bringen. Ich überlege, ob ich mein Studium abbrechen soll.«

Er sah sie überrascht und mit großen Augen an. Dann bekannte er, dass er sich jedes Jahr einen Studenten aussuchte, der an der Universität außergewöhnliche Leistungen gezeigt hatte. Diesen Studenten wollte er durch seine Nachfragen motivieren, noch bessere Leistungen zu bringen. Sie war in diesem Jahr die Studentin seiner Wahl.

Für diese Studentin zahlte es sich aus, ihrem Betreuer zu zeigen, welche emotionalen Auswirkungen sein Verhalten auf sie hatte. Aber wie hätte sie reagieren sollen, wenn der Betreuer ihr in die Augen gesehen und feindselig erwidert hätte: »Dann brechen Sie das Studium doch ab. Wenn Sie meinen, dass dies nicht der richtige Ort für Sie ist, dann müssen Sie wohl gehen.«

In diesem Fall könnte sie ihm zeigen, welche Auswirkungen diese Aussage auf sie hat: »Ich fühle mich an der Universität verloren, sie ist so anonym. Wenn Sie mir sagen, ich solle doch gehen, dann ist das nicht der Rat, den ich jetzt gebrauchen kann.« Der Betreuer könnte ihr noch immer seine Unterstützung verweigern, doch zumindest versteht er jetzt besser, was die Medizinstudentin erlebt und welche emotionalen Bedürfnisse sie hat.

Grund 3: Sie wollen Ihren Verhandlungspartner beeinflussen

Ein weiterer Grund, Ihren Emotionen Ausdruck zu verleihen, kann sein, dass Sie Ihren Verhandlungspartner beeinflussen wollen. Indem Sie ausdrücken, wie intensiv Sie etwas empfinden, können Sie deutlich machen, wie wichtig Ihnen bestimmte Interessen sind.

An dieser Stelle sollten wir zwei Situationen unterscheiden: In der ersten zeigt ein Verhandlungspartner aufrichtig seine Emotionen (die er andernfalls nicht kommunizieren würde). Er zeigt ein ehrliches Gefühl, um den anderen dadurch zu etwas zu bewegen.

Die Situation stellt sich jedoch ganz anders dar, wenn ein Verhandlungspartner nur vorgibt, emotional betroffen zu sein, um den anderen mittels dieser Täuschung zu beeinflussen. Statt Emotionen zu zeigen, die ihn tatsächlich bewegen, wird der Verhandlungsführer zum Schauspieler, der so tut, als sei er von einer starken negativen Emotion betroffen. Dies geschieht mit derselben Absicht wie im ersten Fall: Es geht darum, das Verhalten der Gegenseite zu beeinflussen.

Wenn wir bewusst vorhaben, Emotionen einzusetzen, um die andere Seite zu beeinflussen, dann ist der Unterschied zwischen einem echten und einem vorgetäuschten Gefühl nicht immer so glasklar wie die beiden vorhergehenden Absätze das vermuten lassen. Wenn Sie eine starke Emotion zum Ausdruck bringen, dann tun Sie das oft in der strategischen Absicht, das Verhalten eines anderen Menschen zu beeinflussen. Der klar artikulierte Zorn einer Mutter bewirkt bei einem Teenager oft mehr als jedes gute Argument. Wenn Sie Ihrem Ärger Ausdruck verleihen, können Sie andere dazu bringen, sich in Ihrem Sinne zu verhalten. Sollten Sie, um einen Verhandlungspartner zu einem Zugeständnis zu bewegen, aus einer Verhandlung stürmen? Ihre Notizen zerreißen? Laut werden? Und was immer Sie tun, andere können ebenfalls versuchen, Emotionen vorzutäuschen, um Sie zum Beispiel dazu zu bewegen, mehr Geld für ein Haus zu bezahlen.

Sie können Ihre Emotionen auch zeigen, um den Eindruck zu verändern, den ein anderer von Ihnen hat. Ein Anwalt könnte beispielsweise der Ansicht sein, der neue Juniorpartner der Kanzlei sei schwach, passiv und kaum geeignet, schwierigere und prestigeträchtigere Klienten zu betreuen. Der Juniorpartner könnte sich dieser Wahrnehmung bewusst sein und in Sitzungen seine Ansichten betont leidenschaftlich vortragen.

Die Wahrheit über unsere emotionale Verfassung ist selten glasklar. Diese Ungewissheit ermutigt Verhandlungsführer zu bluffen, zu tricksen und zu täuschen. Wie schon öfter erwähnt, ist Vertrauen eine Frage der Risikoabschätzung. Jeder Hochstapler ist ein Mensch, dem andere vertraut haben – irrtümlicherweise. Seien Sie also vorsichtig. Überstrapazieren Sie das Vertrauen nicht. Andersherum fahren Verhandlungsführer umso besser, je vertrauenswürdiger sie sind und je mehr man ihnen vertraut. Seien Sie sich bewusst, dass Tricks und Täuschungsmanöver ihren Preis und ihre Risiken haben. Es ist fast immer möglich und in der Regel angenehmer, sich so zu verhalten, dass Sie selbst, Ihre Kinder und andere stolz auf Sie sein können.

Grund 4: Sie wollen die Beziehung zu Ihrem Verhandlungspartner verbessern

Ein vierter Grund, Ihren Emotionen Ausdruck zu verleihen, kann sein, dass Sie die Beziehung zu einer anderen Person erhalten oder verbessern wollen. Viele Verhandlungspartner begegnen einander immer wieder. Wie in einer Ehe kann das Versäumnis, sich mit möglichen Reibungspunkten auseinanderzusetzen, die effektive Zusammenarbeit erschweren. Jeder Verhandlungspartner sieht den anderen durch eine zunehmend düster gefärbte Brille. Emotionen lagern sich so lange ab, bis keiner mehr mit dem anderen zu tun haben will.

Zwei Taktiken können Ihnen helfen, das Verhältnis zu verbessern. Zum einen können Sie erklären, mit welcher Absicht Sie sich in einer bestimmten Art und Weise verhalten haben. Allzu oft vermuten Verhandlungspartner die schlimmsten Motive hinter dem Verhalten des anderen. Wenn Sie Ihre Absichten transparent machen, kann das helfen, Streitfragen zu klären. Die andere Seite könnte beispielsweise annehmen, dass Sie einen ersten Vertragsentwurf verfasst haben, um sich Vorteile zu verschaffen. Wenn dies nicht zutrifft, können Sie erklären: »Ich habe den ersten Entwurf verfasst, um unsere Zusammenarbeit effizienter zu gestalten, da wir nur wenig Zeit zur Verfügung haben. Sie sind herzlich eingeladen, Veränderungen vorzuschlagen, denn ich gehe davon aus, dass nichts, das Sie oder ich zu diesem Zeitpunkt diskutieren, schon den Charakter einer verbindlichen Zusage hat.«

Oder, wenn Sie etwas gesagt oder getan haben, was bei Ihrem Verhandlungspartner starke negative Emotionen ausgelöst hat, können Sie seinen Ärger durch eine Entschuldigung abmildern. »Es tut mir leid« zu sagen, kostet Sie nichts und ist eine gute Möglichkeit, eine Beziehung zu verbessern. Eine aufrichtige Entschuldigung zur rechten Zeit kann selbst großen Schaden an einer Beziehung wieder reparieren. Zu einer wirkungsvollen Entschuldigung gehören: die Anerkennung der emotionalen Wirkung auf den anderen, ein Ausdruck des Bedauerns und die Zusage, eine negative Handlung nicht zu wiederholen. Nur zu sagen: »Es tut mir leid, dass Sie sich verletzt fühlen« ist weniger wirkungsvoll als: »Ich entschuldige mich für mein unangemessenes Verhalten und den Schmerz, den ich Ihnen damit zugefügt habe.«

Zurück zu Burger Brothers und den Super Sox

Kehren wir zurück zur Verhandlung zwischen Bill, dem Anwalt von Burger Brothers, und Sandra, der Miteigentümerin des Baseballteams Super Sox. Wenn Bill und Sandra in der Lage wären, noch einmal zum Beginn ihres Gesprächs zurückzukehren, welchen Rat könnten wir jedem der beiden mitgeben, um effektiv mit ihren Emotionen umzugehen?

An die Adresse von Bill, dem Verhandlungsführer von Burger Brothers

Zugegeben, Bill ist in keiner einfachen Situation. Er muss sich gleichzeitig um drei Beziehungen kümmern:

Erstens besteht eine Beziehung zwischen Burger Brothers und den Super Sox. Um eine gute Zusammenarbeit dieser beiden Unternehmen zu gewährleisten, ist ein Gefühl der Verbundenheit und des Vertrauens nötig.

Zweitens besteht eine Beziehung zwischen Bill und Sandra. Die beiden kennen sich von der früheren Zusammenarbeit, doch Bill hat schlechte Nachrichten für Sandra.

Drittens besteht eine Beziehung zwischen Bill und dem Vorstandsvorsitzenden von Burger Brothers. Da Bill den Vorstandschef seinerzeit dazu bewegt hat, den Vertrag mit den Super Sox abzuschließen, steht seine Glaubwürdigkeit auf dem Spiel.

Ein Notfallplan für emotionale Reaktionen

Bill erkennt, dass er vor, während und nach dem Treffen mit Sandra stark emotional reagieren könnte. Da drei Beziehungen auf dem Spiel stehen, nimmt er sich Zeit, um sich einen Notfallplan zurechtzulegen, mit dem er seine eigenen Emotionen in den Griff bekommen kann. Er wird bei den ersten Anzeichen einer heftigen emotionalen Reaktion dreimal tief durchatmen – durch die Nase ein und durch den Mund aus. Wenn Sandras emotionale Temperatur steigt, wird er zuerst ihre Sichtweise anerkennen, und wenn dies nicht ausreicht, wird er eine kurze Pause vorschlagen, um zu überlegen, wie die Verhandlungen weitergeführt werden können.

212 _ Fit für die Praxis

Erkennen der Ursachen einer emotionalen Reaktion

Noch vor Beginn der Verhandlung analysiert Bill die Grundbedürfnisse, die Sandra vermutlich befriedigt wissen will, sobald er
die Unzufriedenheit der Burger Brothers mit dem Marketing der
Super Sox zur Sprache bringt. Er notiert die fünf Grundbedürfnisse auf einem Blatt Papier und macht sich Notizen, inwieweit
jedes eine Rolle spielen könnte.

Verbundenheit: Sandra und ich kennen uns schon seit längerer Zeit als
Kollegen. Sie könnte das Gefühl haben, dass ich unsere Beziehung ver-
rate.

Autonomie: Sandra könnte Anstoß daran nehmen, dass ich die Probleme
mit der Werbung erst jetzt anspreche. Sie kann die Vergangenheit nicht
mehr ändern. Sie könnte sogar den Eindruck bekommen, dass ich das
Thema nur deshalb anspreche, weil ich für einen zukünftigen Vertrag
günstigere Konditionen herausprechen will.

Wertschätzung: Sie wird vermutlich das Gefühl bekommen, dass ich ihre
Sicht der Situation nicht verstehe oder nicht würdige. Ich sollte sie daher
auf jeden Fall bitten, mir darzustellen, was sie und die Super Sox für uns
getan haben.

Status: Da sie die Miteigentümerin der Super Sox ist, könnte sie sich herabgesetzt fühlen, wenn ich die Effektivität ihres Unternehmens anzweifle.
Sie könnte sich nicht ernst genommen fühlen, weil wir erwägen, die Zusammenarbeit mit den Super Sox zu beenden.

Rolle: Sandra übernimmt gern die Rolle der Brainstormerin und entwickelt
kreative Ideen zu Werbung und Marketing. Unser Gespräch wird nicht in
diese Richtung gehen, zumindest nicht zu Beginn.

Formulieren eines guten Grundes für eine emotionale Reaktion

Bill fragt sich: »Welche Absicht verfolge ich, wenn ich meine Verärgerung über Sandra und die Super Sox zum Ausdruck bringe?«

Geht es darum, meinem Ärger gegenüber Sandra Luft zu machen? Nein, denn das würde unserer langfristigen Beziehung eher schaden als nutzen. Es ist daher besser, meiner Frau von meiner Frustration zu erzählen, die meine Emotionen und Rechtfertigungen mit größerer Objektivität sieht.

Geht es darum, Sandra zu zeigen, welche Auswirkungen die Nachlässigkeiten der Super Sox für mich persönlich und für Burger Brothers haben? Ja, denn es dient unserer zukünftigen Beziehung, wenn Sandra weiß, dass die mangelnden Werbemaßnahmen der Super Sox eine Belastung darstellen. Wenn Sandra weiß, dass der Vorstandsvorsitzende von Burger Brothers mit mir verärgert ist, entwickelt sie ein besseres Verständnis für meine Situation. Ich könnte ihr erklären, in welcher Hinsicht die Super Sox ihren Verpflichtungen nicht nachgekommen sind, für Burger Brothers zu werben. Ich könnte Sandra auch sagen: »Ich habe meinem Chef erklärt, Sie seien der bestmögliche Partner. Er hat dem Deal seinerzeit zugestimmt, weil ich ihn befürwortet habe. Es gefällt mir nicht, was jetzt passiert ist, es hat mich persönlich bloßgestellt.«

Will ich die Super Sox beeinflussen? Ja. Ich möchte meine Emotionen ausreichend deutlich machen und Sandra so zu verstehen geben, dass Handlungsbedarf besteht. Die Super Sox müssen ihre Werbemaßnahmen ausbauen und sich möglicherweise um die organisatorischen Probleme kümmern, die hinter der mangelnden Marketingaktivität stecken.

Geht es mir darum, unsere Beziehung zu verbessern? Ja. Ich respektiere Sandra auf professioneller und auf privater Ebene. Wir haben in der Vergangenheit gut zusammengearbeitet. Wenn ich ihr mit Respekt begegne und wir gemeinsam Möglichkeiten finden, unsere Zusammenarbeit weiter zu verbessern, könnte auch unsere Beziehung davon profitieren. Wir werden dann sagen können, dass wir in freundschaftlicher Manier Schwierigkeiten aus dem Weg geräumt haben.

Absenken der emotionalen Temperatur

Zehn Minuten vor dem Treffen mit Sandra stellt Bill fest, dass seine emotionale Temperatur sich einem gefährlichen Bereich nähert. Seine Hände sind feucht, und er ist unkonzentriert. Er fühlt sich unruhig. Wie geplant, atmet er dreimal tief durch und wird ruhiger.

Mit dieser Vorbereitung fühlt sich Bill bereit für die emotionale Achterbahnfahrt des bevorstehenden Treffens. Er weiß, was er tun kann, für den Fall dass er oder Sandra in die Luft gehen sollte. Und er weiß, mit welcher Absicht er seine Emotionen einsetzen möchte. Seine Vorbereitung hilft ihm nicht nur im Verlauf des Gesprächs, sondern sorgt dafür, dass er sich von Beginn an selbstsicherer fühlt.

An die Adresse von Sandra, der Miteigentümerin der Super Sox

Der wichtigste Rat, den wir Sandra geben können, ist, sich vorzubereiten. Sie hat keine Ahnung, dass sie ein Minenfeld betritt. Eine gute Vorbereitung kann sie vor Schaden schützen und ihr vielleicht sogar ermöglichen, mit einem besseren Deal aus den Verhandlungen hervorzugehen.

Als Miteigentümerin der Super Sox hat Sandra einen vollen Terminkalender. Doch sie weiß, dass es in den Verhandlungen mit Bill um sehr viel geht, also nimmt sie sich eine halbe Stunde Zeit, um sich vorzubereiten. Sie verwendet 15 Minuten darauf, sich die sieben Elemente der Verhandlung anzusehen (siehe Seite 263) und sie auf ihre spezielle Situation anzuwenden. Und sie verwendet weitere 15 Minuten, um sich auf mögliche Emotionen vorzubereiten.

Ein Notfallplan für emotionale Reaktionen

Sandra bringt viele Jahre Verhandlungserfahrung mit. Sie nimmt an, dass die bevorstehenden Verhandlungen mit Bill ohne größere Schwierigkeiten über die Bühne gehen werden. Doch sie weiß, wie leicht Emotionen hochkochen können, vor allem dann, wenn man es am wenigsten erwartet. Für den Fall, dass ihre Emotionen sich dem gefährlichen Bereich annähern, nimmt sie sich vor, eine Pause zu machen, rückwärts von zehn bis eins zu zählen und dann darüber nachzudenken, wie sie auf die Situation reagieren kann. Für den Fall, dass Bill ärgerlich oder laut wird, nimmt sie sich vor, Kommentare an sich vorüberfliegen und an die Wand hinter ihr klatschen zu lassen.

Sandra hat keine Zeit, zu analysieren, welche Grundbedürfnisse ein sensibles Thema werden könnten. Doch sie notiert sich diese fünf Begriffe auf einen Notizblock, um sie parat zu haben, für den Fall, dass sie sie braucht.

Einsatz des Notfallplans

Nach einem arbeitsreichen Morgen mit zahlreichen Sitzungen eilt Sandra zu ihrem Termin mit Bill. Sie freut sich darauf, über ein gemeinsames Zukunftsprojekt zu sprechen. Als Bill seine Verärgerung über die Leistungen der Super Sox zum Ausdruck bringt, fühlt sie sich überrumpelt und beschämt. Ihre Gedanken überschlagen sich: ›Ich habe Tage und Nächte damit zugebracht, um den Vertrag mit Burger Brothers erfolgreich umzusetzen! Was erzählt Bill da für einen Unsinn!‹

Sie stellt fest, dass sie im Geiste ihrem Ärger Luft macht und will das Gleichgewicht zwischen Vernunft und Emotion wiederherstellen. Ehe sie antwortet, zählt sie langsam rückwärts von zehn bis eins und denkt dann darüber nach, was sie antworten könnte. Bill wartet nervös auf ihre Reaktion.

Formulieren eines guten Grundes für eine emotionale Reaktion

In Sandras Gehirn rattert es. Sie verspürt die Versuchung, Bill eine Beleidigung an den Kopf zu werfen, weil er es wagt, die harte Arbeit der Super Sox anzuzweifeln. Doch sie hält sich zurück, weil sie erkennt, dass sie ihre Emotionen vor allem mit der Absicht ausdrücken möchte, ihre Beziehung zu Bill und Burger Brothers zu erhalten. Sie ist sich nicht sicher, ob Bill seine Emotionen vielleicht deshalb einsetzt, weil er bessere Konditionen für einen zukünftigen Vertrag herausschlagen will. Sie sucht nach einer Möglichkeit, mit Bills Emotionen umzugehen, ohne in der Sache Opfer bringen zu müssen. Also entscheidet sie sich, Bills Situation anzuerkennen. Damit hat sie nichts verloren und kann viel über seine Wahrnehmung in Erfahrung bringen. Sie atmet tief durch und sagt: »Ich bin überrascht, dass wir erst jetzt von Ihrer Unzufriedenheit erfahren. Aber ich möchte so gut wie möglich verstehen, wo genau Sie Grund zur Klage sehen. Ich wäre Ihnen dankbar, wenn Sie mir erklären könnten, in welcher Hinsicht wir hinter Ihren Erwartungen zurückgeblieben sind.« Indem sie Bills Sichtweise anerkennt, versteht sie seine Motive, Befürchtungen und Hoffnungen besser. Sie erfährt, dass Burger Brothers nach wie vor an einer Zusammenarbeit interessiert ist. Und sie stellt fest, dass es noch immer viele Möglichkeiten für die gemeinsame Arbeit gibt.

Zusammenfassung

Menschen können sehr emotional reagieren – vor allem dann, wenn wir es am wenigsten erwarten. Um mit diesen Emotionen umzugehen, sollten wir uns vorbereiten. Zu dieser Vorbereitung gehört:

■ Messen Sie Ihre emotionale Temperatur.
■ Legen Sie sich einen Notfallplan zurecht:
  – um starke negative Emotionen zu besänftigen,
  – um die Ursachen für Ihre emotionale Reaktion
    zu erkennen und
  – um mit einem klaren Ziel vor Augen zu handeln.

Viele Menschen meinen, Dampf abzulassen zu müssen, um ihren Ärger loszuwerden, doch dadurch steigt ihre emotionale Temperatur eher noch. Indem sie nach immer neuen Argumenten suchen, warum sie Recht haben und die anderen Unrecht, steigern sie sich in ihre Wut hinein. Dampf abzulassen kann hilfreich sein, doch vor allem dann, wenn Sie jemanden haben, der Ihre Rechtfertigungen objektiv beurteilt und auch die Sichtweise der anderen Seite im Auge behält.

9

Vorbereitung ist alles

Bereiten Sie den Ablauf, die Sachfragen und die emotionale Seite einer Verhandlung vor

Auf einem Flug von New York nach Boston saß Roger Fisher eines Tages zufällig neben einem seiner früheren Studenten. Er konnte der Versuchung nicht widerstehen und fragte den jungen Anwalt, woran er sich aus dem Verhandlungsworkshop noch erinnerte. Der Mann dachte einen Moment lang nach und erklärte dann, er erinnere sich an drei wichtige Lektionen, die er selbst beherzige:

Vorbereiten.
Vorbereiten.
Vorbereiten.

Es handelte sich offenbar um einen mustergültigen Studenten. Allzu oft versäumen wir es nämlich, das Beste aus unseren Gedanken und Emotionen herauszuholen, weil wir vergessen, uns vorzubereiten.

Es gibt zwei Gründe, weshalb selbst erfahrene Verhandlungsführer schlecht vorbereitet in eine Verhandlung kommen. Erstens fehlt ihnen häufig eine Methode, um eine Verhandlung strukturiert vorzubereiten. Sie nehmen an, es reicht aus, sich über die Sachlage zu informieren, sich auf einen Termin zu einigen und sich zu überlegen, welche Summe sie verlangen oder bieten sollen. Doch Sachwissen allein reicht nicht aus, um einen effektiven Verhandlungsablauf zu gewährleisten, die Interessen der anderen Seite kennen zu lernen oder mit Emotionen umzugehen.

Zweitens haben Verhandlungsführer häufig keine Strategie, um aus Verhandlungen der Vergangenheit zu lernen. Alte Angewohnheiten lassen sich nur schwer austreiben. Ob im Umgang mit einem Vorgesetzten, Kollegen oder dem Ehepartner, Verhandlungsführer neigen dazu, an problematischen Angewohnheiten festzuhalten, mit denen sie bei sich und anderen negative Emotionen auslösen. So mancher Unterhändler geht nervös und ängstlich in jede Verhandlung, während andere übertrieben selbstbewusst auftreten. Bei manchen Verhandlungsführern geht der Rollladen herunter, wenn ihr Angebot zurückgewiesen wird, andere stürmen aus dem Raum. Warum auch immer, viele von uns versäumen es, aus Erfahrungen zu lernen und die Lektionen beim nächsten Mal umzusetzen. Wenn eine Verhandlung schlecht läuft, suchen Verhandlungsführer selten die Verantwortung bei sich selbst, sondern schieben lieber der anderen Seite die Schuld für das Scheitern in die Schuhe.

Mit sorgfältiger Vorbereitung können Sie positive Emotionen bewirken und Ihre Verhandlungen effektiver gestalten. Dieses Kapitel bietet Ihnen Vorschläge, wie Sie sich strukturiert vorbereiten und aus vergangenen Verhandlungen lernen können.

Bereiten Sie sich auf jede Verhandlung vor

Sie sollten drei Bereiche der Verhandlung vorbereiten: den Verhandlungsablauf, die Sachfragen und die Emotionen. Eine gute Vorbereitung der Sachfragen und der Art und Weise, wie Sie sie in Ihrer Verhandlung angehen wollen, trägt viel dazu bei, emotionalen Stress zu minimieren. Emotionale Vorbereitung bedeutet, sorgfältig darüber nachzudenken, wie Sie eine gute Beziehung herstellen können und was Sie unmittelbar vor der Verhandlung tun können, um Ihren emotionalen Stress abzubauen.

Bereiten Sie den Ablauf vor

Ein wichtiger Teil Ihrer Vorbereitung ist die Strukturierung des Verhandlungsablaufs selbst. Der Stress, den Verhandlungsführer vor einer Verhandlung empfinden, rührt oft aus der Sorge, eine wichtige Entscheidung treffen zu müssen ohne zu wissen, was sie sagen sollen. Daher ist es sinnvoll, einen Ablauf zu planen, der Ihnen ein Gefühl der Sicherheit vermittelt.

Zur Vorbereitung eines guten Ablaufplans gehört es, allein und mit der anderen Seite über drei Themen nachzudenken: das Ziel, das Produkt und den Ablauf.

1. *Ziel:* Was ist das Ziel unseres Gesprächs?

2. *Produkt:* Welches Dokument entspricht diesem Ziel am ehesten?

3. *Ablauf:* Mit welcher Abfolge von Ereignissen kommen wir zu einem Produkt, das unserem Ziel entspricht? Zum Beispiel:

   - Klärung der Interessenlage beider Seiten
   - Entwicklung einer Reihe von Optionen, die diesen Interessen entsprechen
   - Auswahl einer Option

Bereiten Sie die Sachfragen vor

Das Harvard Negotiation Project hat sieben Elemente identifiziert, die das Grundgerüst einer erfolgreichen Verhandlung darstellen (siehe auch Seite 263). Diese sieben Elemente helfen Ihnen in der Vorbereitung, sich Gedanken über den Ablauf zu machen und zu klären, wie Sie die Kommunikation verbessern, eine gute Beziehung aufbauen, frühzeitig die Interessenlage klären und vor einer Entscheidung Optionen entwickeln können. Die sieben Elemente helfen Ihnen außerdem bei der Vorbereitung von Sachfragen: Welche Interessen vertreten beide Seiten? Wie lassen sich Positionen überzeugend legitimieren, etwa durch vergleichbare Abschlüsse,

Gesetze und Marktgegebenheiten? Welche Zusagen könnte jede der beiden Seiten realistischerweise machen? Was ist die beste Alternative zu einer Verhandlungslösung aus Sicht jeder der beiden Seiten? Wir haben festgestellt, dass sich unangenehme (und oft folgenschwere) Überraschungen vermeiden lassen, wenn jeder der Verhandlungsführer vor Beginn einer Verhandlung die sieben Elemente aus seiner Sicht und aus Sicht der anderen Seite durchgearbeitet hat.

Um zu überprüfen, wie überzeugend ihre Sachargumente für die andere Seite sind, spielen Sie eine Variante des Rollentauschs aus Kapitel 3 durch. Bitten Sie einen Kollegen, in die Rolle eines Unterhändlers der Gegenseite zu schlüpfen. Sie stellen Ihre Verhandlungsposition dar, und Ihr Kollege hört Ihnen zu und macht sich Notizen. Dann tauschen Sie die Rollen: Ihr Kollege übernimmt Ihre Rolle und Sie seine. Ihr Kollege wiederholt die Punkte, die Sie ihm eben dargestellt haben. Nun sind Sie in der Rolle des Verhandlungsführers der Gegenseite und hören Ihre eigenen Argumente. Beobachten Sie, wie es sich anfühlt, auf der anderen Seite zu stehen und überlegen Sie, wie Sie auf Ihre eigene Position reagieren würden. Vergleichen Sie Ihre Reaktionen mit denen Ihres Kollegen, um besser zu verstehen, wie die andere Seite Ihre Argumente wahrnehmen könnte. Diese Übung kann sehr erhellend sein und gibt Ihnen die Möglichkeit, Ihre Argumente zu überarbeiten, ehe die Verhandlung beginnt.

Ein schönes Beispiel für den Rollentausch ist ein bekannter Kartell-Fall. Der Rechtsanwalt Gerhard Gesell erklärte seinen Assistenten, die Kanzlei solle in diesem Prozess den Kläger vertreten. Er bat sie, sich eine Woche in die Bibliothek zu setzen, sich in das Thema einzuarbeiten und Argumente zu sammeln, mit denen die Anwälte die Anklage vertreten konnten.

Eine Woche später kamen die Junganwälte freudestrahlend und optimistisch ins Büro. Sie berichteten Gesell, der Fall sei großartig, die Position des Klägers wasserdicht und die Wahrscheinlichkeit groß, dass sie den Fall gewinnen würden.

Nachdem er sich die überzeugenden Argumente für die Position des Klägers angehört hatte, eröffnete Gesell seinen Assistenten die Wahrheit: Die Kanzlei war vom Angeklagten beauftragt worden. Die Junganwälte schrien entsetzt auf und stöhnten, der Angeklagte habe miserable Karten. Gesell erwiderte, sie sollten sich keine Sorgen machen. Sie wären schon bald davon überzeugt, dass es wunderbare Argumente für die Position des Angeklagten gebe, doch er habe sichergehen wollen, dass sie zuerst genauestens verstanden, wie stark die Position des Klägers war.

Mit diesem Verständnis der Gegenseite machten sich die Anwälte an die Verteidigung des Angeklagten. Sie gewannen den Fall schließlich: Ihre Argumente profitierten vom umfassenden Verständnis der Argumente der Gegenseite.

Zur Vorbereitung der Sachfragen gehört es schließlich, dass Sie für sich selbst eine Erklärung schreiben, wie sie die Vertreter der Gegenseite ihren Auftraggebern gegenüber abgeben würden, wenn sie Ihren Vorschlag annähmen. Das kann Ihnen oft helfen, unrealistische Forderungen Ihrerseits zu erkennen. Es erinnert Sie auch daran, wie wichtig den Vertretern der Gegenseite ihre eigene Verbundenheit mit ihren Auftraggebern ist.

Bereiten Sie die emotionale Seite vor

Zu Ihrer Vorbereitung gehört unbedingt, dass Sie sich Ihre eigenen Emotionen klarmachen und sich auf den Umgang mit den Emotionen der anderen vorbereiten. Emotionale Vorbereitung bedeutet …

… dass Sie verstehen, welche Anliegen jede der beiden Seiten hat und wie diese Anliegen befriedigt werden können und

… dass Sie sich ruhig und selbstsicher genug fühlen, um die Verhandlungen von Anfang bis Ende konzentriert zu führen.

Verwenden Sie die emotionalen Grundbedürfnisse als Lupe und als Hebel

Wenn Sie sich auf Ihre Verhandlung vorbereiten, verwenden Sie einige Minuten darauf, über jedes der fünf emotionalen Grundbedürfnisse nachzudenken. Wie in Kapitel 2 besprochen, können Sie die Grundbedürfnisse als Lupe verwenden, um besser zu verstehen, welche Themen besonders sensibel sein könnten, und sie können Sie als Hebel einsetzen, um eine Situation zu verbessern.

Grundbedürfnisse als Lupe. Überlegen Sie, welche Grundbedürfnisse in der bevorstehenden Verhandlung für Sie und für Ihre Verhandlungspartner eine Rolle spielen könnten. Gehen Sie die Liste der fünf Grundbedürfnisse durch und notieren Sie Punkte, die Ihrer Ansicht nach wichtig werden könnten. Wird Ihr Verhandlungspartner sich Sorgen um seinen Status machen, weil Ihr Unternehmen das größere Prestige hat? Wird die Neigung Ihres Verhandlungspartners, auf seiner Autonomie zu beharren, Ihre eigene Autonomie einschränken?

Grundbedürfnisse als Hebel. Überlegen Sie, wie Sie mithilfe der Grundbedürfnisse positive Emotionen erzeugen können. Könnten Sie die Verhandlung beginnen, indem Sie den Spezialstatus Ihres Gesprächspartners als Experte in den zur Verhandlung stehenden Sachfragen anerkennen? Wollen Sie einen Ablauf vorschlagen, der sicherstellt, dass beide Seiten die Autonomie haben, ihre Interessen darzustellen?

Je besser Sie sich daran erinnern, wie vorige Verhandlungen in Hinblick auf die Grundbedürfnisse verlaufen sind, desto leichter fällt es Ihnen, die emotionale Seite der bevorstehenden Verhandlungen vorzubereiten. Die aufkommenden Emotionen werden Sie weniger leicht auf dem falschen Fuß erwischen.

Den meisten von uns fällt es jedoch extrem schwer, sich an Gefühle aus früheren Verhandlungen zurückzuerinnern, und wenn, dann sind die Erinnerungen hochgradig unzuverlässig. Wenn wir bedenken, wie schwer es uns schon fällt, uns zu erinnern, was wir vergangenen Mittwoch zu Mittag gegessen haben, dann erkennen wir schnell, wie schwer es ist, sich an frühere Erlebnisse zu erinnern und wie anfällig unser Gedächtnis für Irrtümer ist.

Notieren Sie sich während einer Verhandlung Momente, in denen jemand etwas sagt oder tut, das die Grundbedürfnisse des anderen anerkennt oder verletzt. Auf diese Art und Weise haben Sie eine nützliche Gedächtnisstütze. Befragen Sie nach Ende der Sitzung außerdem Ihre Kollegen zu ihrer Wahrnehmung. Wessen Grundbedürfnisse wurden ihrer Ansicht nach respektiert, welche wurden mit Füßen getreten? Warum? Notieren Sie diese Einsichten, solange die Verhandlung noch frisch im Gedächtnis ist, und machen Sie sich Notizen, was Sie in kommenden Verhandlungen anders machen könnten. Sie können auf diese Weise langfristige Aufzeichnungen anlegen, die Sie nutzen können, um wichtige Verhaltensmuster von Verhandlungsführern zu erkennen.

Sehen Sie sich vor der nächsten Verhandlung Ihre Notizen an. Lesen Sie sie, erinnern Sie sich, wie Sie und andere sich gefühlt haben, und was Sie gelernt haben. Überlegen Sie, wie Sie diese Erkenntnisse einsetzen können, um die bevorstehende Verhandlung zu verbessern.

Stellen Sie sich Ihren Erfolg bildlich vor. Bevor Profi-Skifahrer sich einen steilen Hang hinunterstürzen, stellen sie sich oft vor, wie sie elegant den Berg hinunterkurven und Bäumen und anderen Hindernissen ausweichen. Dieser Ansatz kann Ihnen helfen, ehe Sie in eine Verhandlung gehen. Stellen Sie sich vor, Sie sind gelassen, geben einen positiven Ton vor, stellen eine positive Beziehung her, spielen sich die Bälle zu und entwickeln ein produktives Arbeitsverhältnis.

Stellen Sie sich bildlich vor, Sie stehen am Anfang der Verhandlung und begrüßen Ihren Verhandlungspartner. Wie reagieren Sie, wenn der andere Sie wie einen Gegenspieler behandelt und Sie auf

Distanz hält? Sind Sie bereit, eine neue Verbundenheit unter Kollegen herzustellen, die gemeinsam an einem wichtigen Thema arbeiten? Wie wollen Sie sich vorstellen, um einerseits den richtigen emotionalen Ton zu treffen und andererseits den Status Ihres Gegenübers zu respektieren? Spielen Sie im Geiste verschiedene Begrüßungen durch und überlegen Sie, was sich richtig anhört:

- »Jan! Schön dich wiederzusehen! Wie geht es dir?«
- »Dr. Jones? Ich bin Professor Smith. Nennen Sie mich bitte Melissa. Darf ich Tom zu Ihnen sagen?«[*]
- »Sehr erfreut, Sie kennen zu lernen. Ich habe viel Gutes von Ihnen gehört. Ich freue mich, Ihre Vorschläge für eine Lösung dieses Problems kennen zu lernen.«

In Ihrer Vorbereitung können Sie sich auch überlegen, wie Sie auf der anderen Seite positive Emotionen erzeugen können. Bereiten Sie ein paar gute Formulierungen vor, mit denen Sie um Rat fragen, einen Beitrag zur Verhandlung würdigen und die Rolle des anderen anerkennen, und studieren Sie diese Formulierungen ein. Welchen Ansatz Sie auch wählen, stellen Sie sicher, dass Ihre Fragen und Kommentare aufrichtiges Interesse wiedergeben, ohne aufdringlich zu sein.

Achten Sie auf Ihren Körper

Die Grundbedürfnisse werden Ihnen wenig weiterhelfen, wenn Nervosität, Ängste oder Frustrationen Ihre Denkfähigkeit beeinträchtigen. Nehmen Sie sich daher vor einer Verhandlung Zeit, die Schmetterlinge in Ihrem Bauch zu beruhigen.

---

[*] Im angloamerikanischen Sprachraum ist es durchaus üblich, sich innerhalb eines Unternehmens oder auch zwischen Geschäftspartnern mit dem Vornamen anzusprechen, während im deutschsprachigen Raum meist Wert auf eine gewisse Distanz gelegt wird, die sich auch in der formellen Ansprache ausdrückt. Bitte bedenken Sie solche kulturspezifischen Unterschiede und versuchen Sie herauszufinden, welcher der richtige Ton für Ihren Verhandlungspartner ist.

Nutzen Sie Entspannungstechniken, um sich zu beruhigen. Eine ganz einfache Möglichkeit, sich zu entspannen und zu konzentrieren, ist, einige Minuten lang ruhig und tief durchzuatmen. Progressive Muskelentspannung ist eine weitere gute Möglichkeit, sich vor einer Verhandlung zu beruhigen. Diese Entspannungstechnik nimmt etwa 15 Minuten in Anspruch. Setzen Sie sich bequem hin, zum Beispiel im Auto. Atmen Sie tief ein. Konzentrieren Sie sich auf Ihre Füße. Drücken Sie Ihre Zehen nach unten und spüren Sie die Anspannung. Halten Sie die Spannung einige Sekunden und lassen Sie dann los. Gehen Sie von den Füßen nach oben und spannen Sie erst jeden Muskel an, als würden Sie eine Faust machen. Dann lassen Sie los und spüren die Entspannung. Spannen Sie auf diese Weise jeden Muskel von den Waden bis zu den Schultern und entspannen Sie ihn wieder.

Danach legen Sie Ihr Kinn auf die Brust und drehen den Kopf nach rechts, bis Ihr Ohr über Ihrer Schulter ist. Halten Sie den Kopf einige Sekunden in dieser Position. Dann drehen Sie den Kopf auf die andere Seite, bis Ihr linkes Ohr über der linken Schulter ist. Halten Sie diese Positionen einige Sekunden. Heben Sie den Kopf und straffen Sie die Schultern. Nun sollten Sie sich entspannter und bereit fühlen.

Halten Sie einen emotionalen Notfallkoffer bereit. Wie wir in Kapitel 8 gesehen haben, können starke Emotionen Ihre Fähigkeit beeinträchtigen, klar zu denken. Um Ihre körperliche Erregung zu kontrollieren, erinnern Sie sich an die Symptome, die einen Anstieg der emotionalen Temperatur anzeigen. Rufen Sie sich ein oder zwei Verhaltensweisen ins Gedächtnis, die Ihnen helfen, einen kühlen Kopf zu bewahren. Wenn Sie ärgerlich werden, wollen Sie dann rückwärts von zehn bis eins zählen oder eine kurze Pause vorschlagen?

Beobachten Sie Ihre Stimmung. Es ist wichtig, dass Sie sich Ihrer Stimmung bewusst bleiben – ob Sie generell eher negativ oder eher positiv gestimmt sind. Welche Gefühle bringen Sie mit in die Verhandlung? Trotz Ihrer emotionalen Vorbereitung kann schlechte Laune Ihre körperliche Erregung steigern und die Wahrscheinlichkeit erhöhen, dass Sie Ihr Verhalten nicht mehr im Griff haben.

Die Ursachen für schlechte Laune sind oft nur sehr schwer zu fassen. Vielleicht hat Sie jemand schlecht behandelt, vielleicht ist es Montagmorgen, oder vielleicht haben Ihre Neurotransmitter beschlossen, Ihnen heute einen Streich zu spielen.

Was auch immer der Grund sein mag, wenn Sie sich Ihrer Stimmung bewusst sind, können Sie deren Einfluss auf die Verhandlung abschwächen. Wenn Sie schlecht gelaunt sind, können Sie das Ihrem Verhandlungspartner mitteilen, damit dieser nicht das Gefühl hat, er hätte Ihnen die Laune mit etwas verhagelt, was er gesagt oder getan hat. Sie können Ihrem Gesprächspartner etwa sagen: »Diese Sitzungen am Montagmorgen erwischen mich immer auf dem falschen Fuß. Ich entschuldige mich vorab, wenn ich etwas unwirsch erscheinen sollte.« Sie können Ihr Verhalten im Blick behalten, um sicherzugehen, dass Sie nichts sagen oder tun, womit Sie die Verhandlung auf eine falsche Bahn lenken.

Wenn Sie feststellen, dass Sie schlecht gelaunt sind, versuchen Sie, Ihre Laune aufzuheitern. Sie sind kein Gefangener Ihrer Stimmungen, es gibt viele Möglichkeiten, aus ihnen auszubrechen. Einfache Dinge wie ausreichender Schlaf oder ein gutes Essen können schon Wunder bewirken. Vor Beginn der Verhandlung könnten Sie an ein angenehmes Erlebnis denken, draußen ein wenig spazieren gehen oder mit einem Freund sprechen, um Ihre Laune zu heben. Während der Verhandlungen können Sie bewusst eine ruhige, zuversichtliche Stimmung einnehmen: Sie setzen sich aufrecht hin, sprechen in selbstbewusstem Ton und gestalten den Verhandlungsprozess aktiv mit. Nach einer Weile werden Sie sich tatsächlich zuversichtlicher fühlen.

Bereiten Sie jede Verhandlung nach

Die beste Lernerfahrung für jeden Verhandlungsführer ist noch immer die harte Schule der Praxis. Wenn Sie aufmerksam beobachten, können Sie aus Ihren Fehlern genauso viel lernen wie aus Ihren Erfolgen. Wie bei anderen Formen der praktischen Ausbildung ist es jedoch wichtig, wenn Sie sich bewusst darum kümmern, dass Sie das Gelernte in der Praxis umsetzen.

Wenn Verhandlungsführer es sich nicht zur Gewohnheit machen, ihre Verhandlungen nachzubereiten und sich die Lektionen bewusst zu machen, die auf der Straße liegen, dann gerät die hart erarbeitete Erfahrung schnell wieder in Vergessenheit. Die Weisheiten, die in Ihrem Gedächtnis verborgen liegen, stehen Ihnen nicht zur Verfügung, wenn Sie sie nicht bewusst in Handlungsleitfäden übersetzen. Wenn Sie eine Verhandlung möglichst unmittelbar nach ihrem Abschluss nachbereiten, können Sie ein implizites Verständnis der Ereignisse in eine explizite Anleitung für die Zukunft verwandeln. Sie können sich überlegen, wie Sie diesen Leitfaden in der Kommunikation mit Ihrem Ehepartner, Ihrem Chef, Kollegen, Verhandlungspartner und anderen Menschen verwenden. Auch wenn der Kontext Ihrer Verhandlung jedes Mal ein anderer ist, verbessern Sie auf diese Weise Ihre Fähigkeit, Ihre Ziele zu erreichen.

Verwenden Sie 30 bis 60 Minuten nach jeder Verhandlung zur Nachbereitung. Ein Partner einer Washingtoner Anwaltskanzlei nahm sich diesen Rat zu Herzen und überzeugte auch seine Kollegen und Assistenten, diese Technik auszuprobieren. Nach jeder Verhandlung setzten sich die beteiligten Anwälte eine Stunde lang zusammen und ließen deren Verlauf Revue passieren. Statt wie üblich nach einer Verhandlung gemeinsam in eine Kneipe zu gehen und ein Bier zu trinken, verwendeten sie die Zeit für eine strukturierte Nachbesprechung. Die Anwälte stellten fest, dass diese Analyse nicht nur sinnvoller, sondern auch amüsanter war, als einfach nur Dampf abzulassen.

Sie können die Verhandlung mit Ihrem Team oder Ihren Kollegen nachbereiten, aber es geht auch allein. Wenn Sie im Team verhandelt haben, ist es eine gute Übung, alle Beteiligten zu einer Nachbesprechung einzuladen. Je mehr teilnehmen, umso besser, da jeder Teilnehmer die Ereignisse anders beobachtet hat oder sich an andere Dinge erinnert. In einer Verhandlung zwischen größeren Delegationen passieren so viele Dinge gleichzeitig, dass eine Nachbesprechung oft klingt wie die Fabel von den Blinden und dem Elefanten. Jeder der Blinden berührt einen anderen Körperteil des Elefanten und hat einen ganz anderen Eindruck vom Aussehen des Tiers. Wenn jeder die Wahrnehmungen der anderen hört, bekommen alle einen besseren Eindruck davon, was wirklich passiert ist.

Wenn es Ihnen schwer fällt, Ihre Kollegen dazu zu bewegen, an einer Nachbesprechung teilzunehmen, versäumen Sie die Chance nicht, das Beste aus Ihrem eigenen Rückblick zu machen. Die Nachbereitung einer Verhandlung, auch für sich allein, ist eine unschätzbare Lernerfahrung. Zum Beispiel könnten Sie auf dem Nachhauseweg im Auto einige Minuten darauf verwenden, um eine Verhandlung Revue passieren zu lassen.

Was lief gut, was können Sie beim nächsten Mal anders machen?

Manche Menschen drücken sich vor Nachbesprechungen, weil sie Angst haben, sie könnten beurteilt und kritisiert werden. Sie sollten von Anfang an klarmachen, dass es in der Nachbesprechung vor allem darum geht, aus den Erfahrungen zu lernen. Eine einfache und wirkungsvolle Methode, eine Verhandlung nachzubereiten, sind die beiden Fragen: Was lief gut? Was können wir beim nächsten Mal anders machen?

Eine gute Einstiegsfrage ist: »Was haben unsere Verhandlungspartner gut gemacht?« Sie können etwas von den Unterhändlern der anderen Seite lernen, indem Sie analysieren, was diese taten oder sagten, um die Verhandlung zu verbessern. Haben sie Fragen gestellt, die es allen ermöglichten, ihre Positionen darzustellen? Haben sie vorgeschlagen, sich vor der nächsten Runde zu einem informellen Mittagessen zu verabreden?

Genauso interessant ist die Frage, was die andere Seite falsch gemacht haben könnte, oder was sie effektiver hätte machen können. Wenn Sie einen ehrlich gemeinten Rat geben könnten, was sollten die anderen beim nächsten Mal anders machen und warum?

Nachdem Sie sich angesehen haben, was für die andere Seite gut lief und was weniger gut, stellen Sie dieselben Fragen über die Leistung Ihres Teams. Was hat Ihre Seite gesagt oder getan, was gut funktioniert zu haben schien?

Und schließlich, welche Fehler haben Sie gemacht? Warum? Können Sie daraus einen Leitfaden für die Zukunft ableiten? Was wollen Sie beibehalten, was wollen Sie anders machen? Nachdem Sie einen Leitfaden formuliert haben, überlegen Sie, wie Sie diesen in Zukunft anwenden können, ob in der Kommunikation mit Familienmitgliedern, mit Kollegen oder mit Vertretern von Organisationen, mit denen Sie zu tun haben.

Analysieren Sie Emotionen, Ablauf und Sachfragen

Analysieren Sie in Ihrer Nachbesprechung drei Aspekte der Verhandlung: Emotionen, Ablauf und Sachfragen. Was war gut an dem, wie Sie und die andere Seite jeden dieser drei Aspekte behandelt haben? Was könnten Sie in Zukunft anders machen?

Rufen Sie sich die Emotionen ins Gedächtnis, die Sie und Ihr Verhandlungspartner zu empfinden schienen. Erinnern Sie sich an das, was Sie gestört, erfreut, interessiert oder geärgert hat. Was könnten Sie beim nächsten Mal tun, um eskalierende negative Emotionen zu besänftigen?

Die Emotionen, an die Sie sich am einfachsten erinnern, sind diejenigen, die durch den Ausdruck von Anerkennung (oder den Mangel von Anerkennung) hervorgerufen werden. Gehen Sie die Liste der Grundbedürfnisse durch, um zu sehen, was Sie und andere gefühlt haben könnten:

1. *Wertschätzung*
   - Fühlten Sie sich verstanden, gehört, und in Ihrer Sichtweise anerkannt?
   - Fühlte sich die andere Seite anerkannt?

2. *Verbundenheit*
   - Wurden Sie als Kollege behandelt (oder als Gegenspieler)?
   - Glauben Sie, dass Ihre Verhandlungspartner sich als Kollegen behandelt fühlten?

3. *Autonomie*
   - Haben Sie das Gefühl, dass Ihre Autonomie verletzt wurde?
   - Glauben Sie, Ihr Verhandlungspartner ist der Ansicht, dass seine Autonomie respektiert wurde?

4. *Status*
   - Haben Sie das Gefühl, die anderen haben Ihren Status anerkannt, wo es verdient war?
   - Haben Sie den Status Ihrer Verhandlungspartner respektiert?

5. *Rolle*
   - Haben Sie die Tätigkeiten innerhalb Ihrer Rolle als befriedigend empfunden?
   - Haben Sie temporäre Rollen übernommen, die Sie als befriedigend und hilfreich empfanden?
   - Haben Sie Ihre Rolle erweitert, indem Sie andere um Rat gefragt oder um Empfehlungen gebeten haben?

In der Analyse des Ablaufs sollten Sie versuchen, sich daran zu erinnern, ob es eine Tagesordnung gab, wie sie aufgestellt wurde und von wem. Inwieweit sind Sie dieser Tagesordnung gefolgt? Hat sie dem Ablauf genutzt oder war sie eher ein Hindernis? Wie haben sich die Teilnehmer im Verlaufe der Verhandlung entschieden, über welches Thema sie sprechen und wie viel Entgegenkommen sie zeigen wollen? Was lief gut, was sollte in Zukunft anders gemacht werden?

Überlegen Sie sich, ob die Tagesordnung verbessert und als Vorlage für weitere Verhandlungen dienen könnte. Diese überarbeitete Tagesordnung könnte Grundlage für Ihre nächste Verhandlung sein.

In der Analyse der Sachfragen überprüfen Sie anhand der sieben Elemente der Verhandlung, was gut lief und was Sie beim nächsten Mal anders machen wollen. Mit welchen Fragen haben Sie beispielsweise erfolgreich die Interessen der anderen Seite erfragt? Was können Sie beim nächsten Mal anders machen? Wie können Sie in Zukunft zusätzlich kreatives Brainstormen von Optionen anregen?

Führen Sie ein Verhandlungstagebuch

Legen Sie eine Art Tagebuch an, in dem Sie festhalten, was Sie aus Ihren Verhandlungen gelernt haben. Schreiben Sie Ihre Gedanken in ein Notizbuch oder Ihren Computer. Notieren Sie, was Sie aus Ihren Erfolgen und Misserfolgen sowie aus dem Geschick oder der Ungeschicktheit Ihrer Verhandlungspartner gelernt haben. Im Laufe der Zeit entwickeln Sie auf diese Weise Ihren persönlichen Verhandlungsleitfaden.

Wenn Sie Ihre Lektionen bewusst formulieren, speichert Ihr Gedächtnis die Informationen eher und hält sie für zukünftige Gelegenheiten abrufbar. Je öfter Sie sich an diese Ideen erinnern und auf sie zurückgreifen, umso besser haben Sie sie parat.

In einem unserer Seminare zum Thema Emotion und Verhandlung bitten wir die Teilnehmer, ein Tagebuch über ihre Erfahrungen im Umgang mit den fünf Grundbedürfnissen zu führen. Wir verwenden zwei Wochen auf jedes Grundbedürfnis und beginnen mit der Autonomie. Während der ersten Woche sollen die Kursteilnehmer nur beobachten und notieren, inwieweit ihr Bedürfnis nach Autonomie emotionale Auswirkungen auf ihren alltäglichen Umgang mit anderen hatte. In der zweiten Woche übernehmen die Teilnehmer eine aktivere Rolle: Ihre Aufgabe besteht nun darin, ihre Autonomie und die anderer bewusst zu respektieren. Sie notieren, was funktioniert und was sie in Zukunft anders machen könnten, um dieses Grundbedürfnis besser anzuerkennen.

Im Laufe des Kurses lernen die Teilnehmer, Grundbedürfnisse zu beobachten und anzuerkennen, und sie bauen ihre Fähigkeiten aus, indem sie aus ihren Verhandlungserfahrungen lernen. Am Ende des Kurses bitten wir die Teilnehmer, ihre Tagebucheinträge nachzubereiten und einen Abschlusseintrag zu schreiben, in dem sie darstellen, was sie ihrer Ansicht nach gelernt haben. Diese Reflexion über ihre Gedanken, Gefühle und Handlungen trägt dazu bei, dass das Gelernte in den Köpfen haften bleibt.

Zusammenfassung

Vorbereitung sorgt für ein besseres emotionales Klima einer Verhandlung. Ein gut vorbereiteter Verhandlungsführer betritt den Verhandlungsraum mit emotionaler Zuversicht hinsichtlich der Sachfragen und des Ablaufs. Er weiß, wie er auf positive Emotionen hinwirken kann.

Zu einer effektiven Vorbereitung gehören zwei wichtige Aspekte:

Standardisieren Sie Ihre Vorbereitung. Vor jeder Verhandlung sollten Sie den Ablauf, die Sachfragen und die Emotionen für jede der beiden Seiten vorbereiten.

Lernen Sie aus vergangenen Verhandlungen. Erfahrung nutzt wenig, wenn Sie nicht aus ihr lernen. Analysieren Sie nach jeder Verhandlung den Ablauf, die Sachfragen und die Emotionen. Überlegen Sie sich, was für jede der beiden Seiten gut funktioniert hat und was Sie in Zukunft anders machen könnten.

10

Emotionen im Ernstfall

Ein persönlicher Bericht von Jamil Mahuad, dem ehemaligen Präsidenten von Ecuador

Ein mehr als 50 Jahre andauernder Grenzstreit zwischen den beiden Staaten Ecuador und Peru endete nach der erfolgreichen Verhandlung zwischen Jamil Mahuad, dem Präsidenten von Ecuador (1998–2000) und Alberto Fujimori, dem Präsidenten von Peru (1990–2000).

Präsident Mahuad nahm an zwei Verhandlungskursen an der Universität Harvard teil, einem vor einigen Jahren mit Roger Fisher und einem weiteren vor Kurzem mit Roger Fisher und Daniel Shapiro. In diesem zweiten Kurs arbeiteten Fisher und Shapiro explizit mit dem Konzept der Grundbedürfnisse. Im Verlauf des Seminars erkannte Ex-Präsident Mahuad, dass er intuitiv mit den Grundbedürfnissen gearbeitet hatte, um den Grenzkonflikt zwischen Ecuador und Peru beizulegen. Wir baten ihn, dieses Kapitel zu unserem Buch beizusteuern und von seinem kreativen Umgang mit den Grundbedürfnissen zu berichten.

Nachdem ich bereits sechs Jahre lang Bürgermeister der Landeshauptstadt Quito gewesen war, trat ich am 10. August 1998 mein Amt als Präsident von Ecuador an. Eines meiner Wahlkampfthemen war die Beseitigung der Armut und die Verringerung der sozialen Ungleichheiten in diesem Andenstaat mit seinen zwölf Millionen Bürgern. Meine politische Strategie bestand darin, die Formel, die ich als Bürgermeister der Millionenstadt Quito entwickelt hatte, auf das gesamte Land zu übertragen: »Formuliere erreichbare Ziele, verwirkliche diese Ziele und halte engen Kontakt mit den Menschen.« In meiner Zeit als Bürgermeister von Quito beschrieb das Wirtschaftsmagazin *Fortune* die ecuadorianische Hauptstadt als eine der zehn lateinamerikanischen Städte, in denen sich die Lebensqualität der Menschen am spürbarsten verbessert hatte.

Bei meinem Amtsantritt befand sich die ecuadorianische Wirtschaft jedoch auf einer rasanten Talfahrt in ihre vermutlich schwerste Krise im 20. Jahrhundert. Gleichzeitig warnten politische, militärische und diplomatische Experten, ein neuer bewaffneter Konflikt mit Peru stünde unmittelbar bevor.

»Der Sturm«

Wenn Sie das Buch *Der Sturm* von Sebastian Jünger gelesen oder den gleichnamigen Film gesehen haben, dann haben Sie einen ungefähren Eindruck, in welcher Situation sich Ecuador in den Jahren 1998 und 1999 befand. Hintergrund des Films ist eine einmalige Konstellation dreier immenser Frontensysteme, die im Oktober 1991 im Nordatlantik einen Sturm entfesselten, der alles bisher dagewesene übertraf. Ein Hurrikan aus der Karibik und zwei Sturmfronten aus Kanada und dem Gebiet der Großen Seen trafen über dem Atlantik aufeinander. Der Film *Der Sturm* erzählt das Schicksal eines Fischkutters aus Massachusetts, der von diesem Sturm verschlungen wird.

Der Vergleich ist nicht so weit hergeholt wie es auf den ersten Blick erscheinen mag. In den Jahren 1998 und 1999 litt Ecuador unter einer einmaligen Kombination aus:

■ Zerstörungen der Küstenregion durch Überschwemmungen in Folge von El Niño (den heftigsten Überschwemmungen seit 500 Jahren),

■ einem Tiefststand des Ölpreises (Öl machte damals die Hälfte der ecuadorianischen Exporte und der Staatseinnahmen aus) und

■ der Wirtschaftskrise in Asien (der ersten globalen Wirtschaftskrise).

Dazu kam, dass die Nettoneuverschuldung des Landes auf 7 Prozent des Bruttoinlandsprodukts angestiegen war, das Währungssystem in den letzten Zügen lag und der private Sektor zerstört und gelähmt war. Die Inflation lag bei 48 Prozent und die Gesamtverschuldung bei 70 Prozent des Bruttoinlandsprodukts – beides seinerzeit die höchsten Raten in ganz Lateinamerika. Internationale Gläubiger misstrauten Ecuadors Zahlungsfähigkeit, verlangten eine Rückzahlung der Kredite bei Auslaufen der Verträge und verweigerten weitere Geldmittel.

Dieser wirtschaftliche Kollaps verlangte meine sofortige Aufmerksamkeit. Mein wichtigsten kurzfristigen Ziele waren die Verringerung des wirtschaftlichen Defizits und die Reduzierung der Inflationsrate, der Wiederaufbau der Pazifikregionen, die durch den Sturm verwüstet worden waren, sowie die Wiederherstellung der Kreditwürdigkeit mit Unterstützung des Weltwährungsfonds, von dem ich mir finanzielle Unterstützung für meine Sozialprogramme vor allem im Bereich Gesundheit und Bildung erhoffte.

Doch eine unerwartete Wende in den internationalen Beziehungen zwang mich, meine Prioritäten zu ändern und zunächst alles zu tun, um einen Krieg mit Peru abzuwenden. Moralisch, ethisch und wirtschaftlich war dies meine größte Verantwortung. Eine bewaffnete Auseinandersetzung hätte unser krisengeschütteltes Land in eine wirtschaftliche und politische Katastrophe gestürzt. Also benötigten wir ein endgültiges Friedensabkommen mit Peru, um unseren Militärhaushalt kürzen und die ohnehin knappen staatlichen Mittel in die soziale Infrastruktur investieren zu können, und um meine ganze Aufmerksamkeit und meine Energien auf Wachstum und Entwicklung bündeln zu können.

Die Situation

Die lange, schwierige und enttäuschende Geschichte der bewaffneten Auseinandersetzungen mit Peru war eine offene Wunde für die

Menschen in Ecuador. Sie fühlten sich betrogen und waren der Ansicht, der übermächtige Nachbar und die internationale Gemeinschaft hätten sie ihrer rechtmäßigen Territorien beraubt. Bei meinem Amtsantritt stellte sich die Situation wie folgt dar:

- ■ *»Der älteste bewaffnete Konflikt in der westlichen Hemisphäre«.* Das Außenministerium der Vereinigten Staaten nannte die Auseinandersetzungen zwischen Ecuador und Peru »den ältesten bewaffneten Konflikt in der westlichen Hemisphäre«. Die Anfänge gehen zurück auf die Entdeckung des Amazonas im Jahr 1542 durch den Spanischen Conquistador Francisco de Orellana, oder noch weiter auf das Jahr 1532 und den vorkolonialen Krieg zwischen dem letzten Inkakaiser Atahualpa aus Quito im heutigen Ecuador und seinem Bruder Huáscar aus Cusco im heutigen Peru.
- ■ *Die größte umstrittene Region in Lateinamerika.* Die Region, auf die sowohl Ecuador als auch Peru historisch Anspruch erheben, ist größer als Frankreich. Es ist die größte umstrittene Region in Lateinamerika und eine der größten der Welt.
- ■ *Zahlreiche Versuche, den Konflikt beizulegen, waren gescheitert.* Seit Beginn des 19. Jahrhunderts waren alle Versuche gescheitert, den Konflikt beizulegen. Die beiden Nationen hatten es mit Kriegen, direkten Verhandlungen, und Mediationen versucht. Anerkannte Vermittler wie der König von Spanien und der US-Präsident Franklin Delano Roosevelt hatten sich eingeschaltet. Alles ohne Erfolg.

Die letzte Phase des Konflikts begann im Jahr 1942. Nach einem Krieg zwischen Ecuador und Peru Mitte 1941 und nach dem japanischen Angriff auf Pearl Harbor im Dezember desselben Jahres, drängten die Vereinigten Staaten die beiden Länder, ihren Konflikt ein für alle mal beizulegen. Im Jahr 1942 unterzeichneten Vertreter der beiden Staaten im Beisein von Politikern der USA, Argentiniens, Brasiliens und Chiles das »Protokoll von Rio de Janeiro«. Das Protokoll legte fest, dass ein Teil der Grenze zwischen Ecuador und Peru an einer so genannten Wasserscheide, einem Höhenzug zwischen den Flüssen Rio Santiago und Rio Zamora, verlaufen sollte. Leider stellte sich jedoch bald heraus, dass zwischen diesen beiden Flüssen keine Wasserscheide lag, sondern ein weiterer Fluss, der Rio Cenepa. Daher blieben von den 1 500 Kilometern der neu festgelegten Grenze rund 78 Kilometer weiterhin ungeklärt.

In den Jahren 1981 und 1995 kam es erneut zu Kampfhandlungen, die nichts zur Lösung des Grenzkonflikts beitrugen. Im Gegenteil, neue Verbitterung und Misstrauen waren die Folge. Symbol des Konflikts war der Außenposten Tiwintza, eine kleine Region, in der Soldaten beider Nationen getötet und beigesetzt worden waren. In beiden Ländern stand Tiwintza für Heldentum und Patriotismus.

In den Jahren nach 1995 hatte der Verhandlungsprozess in Fragen einer zukünftigen Zusammenarbeit, der gemeinsamen Sicherheit sowie der Navigation auf einigen Nebenflüssen des Amazonas Fortschritte erzielt. Doch dieser Fortschritt stand und fiel mit einer Einigung über Tiwintza.

Um die festgefahrenen Positionen zu überwinden, baten Ecuador und Peru eine unabhängige Sonderkommission um Empfehlung in der Frage, die nicht-verpflichtend war, aber großes moralisches Gewicht hatte. Dieser Sonderkommission gehörten Vertreter aus Argentinien, Brasilien und den Vereinigten Staaten an. Sie veröffentlichte ihre Stellungnahme wenige Wochen vor meinem Amtsantritt. Sie kam zu dem Schluss, dass Tiwintza Teil des peruanischen Staatsgebietes sei. Diese Empfehlung widersprach der damals bestehenden Situation, da seit Jahrzehnten ecuadorianische Truppen in Tiwintza stationiert waren, und entfachte die Feindseligkeiten zwischen beiden Ländern neu.

Bei meinem Amtsantritt hatten ecuadorianische und peruanische Truppen die als entmilitarisierte Zone deklarierte Region besetzt. Sie standen einander so nah gegenüber, dass sie sich die Hände schütteln und einander guten Tag sagen konnten, ehe sie aufeinander schossen. Die ecuadorianische Militärführung informierte mich, dass sie einen Angriff der peruanischen Truppen wenige Stunden nach meiner Amtseinführungszeremonie erwartete. Die Bedrohung wurde nur von wenigen informierten Gruppen innerhalb der Gesellschaft wahrgenommen, der Rest der Gesellschaft war mit dem Kampf ums wirtschaftliche Überleben beschäftigt und ließ sich bestenfalls von der Vereidigung des neuen Präsidenten kurz ablenken.

Die Herausforderung: Allen Widrigkeiten zum Trotz

Wenn ich kurz nach meinem Amtsantritt Friedensverhandlungen mit Peru aufnehmen wollte, brauchte ich:

Glauben. Die Menschen mussten daran glauben, dass der Konflikt gelöst werden konnte. Mythen sind schwer zu überwinden, und der Glaube an die Unlösbarkeit des Konflikts mit Peru war den Ecuadorianern in Fleisch und Blut übergegangen.

Die Beteiligung der Bevölkerung. Ein Friedensschluss zwischen Ecuador und Peru musste ein »Projekt des Volkes« sein, ein Regierungsbeschluss reichte nicht aus. Gesellschaftliche Gruppierungen und Organisationen mussten eingebunden und stärker aktiv werden.

Vertrauen. In allen Sektoren der zerrissenen ecuadorianischen Gesellschaft musste Zusammenarbeit angestoßen und gegenseitiges Vertrauen geweckt werden.

Politische Unterstützung. Wir mussten eine Friedensformel schaffen. Diese musste für beide Nationen und für die vielen verschiedenen gesellschaftlichen Gruppierungen in beiden Ländern annehmbar sein.

Wirtschaftliche Stabilität. Wir brauchten Möglichkeiten, ein Land am Rande eines Krieges wirtschaftlich zu stabilisieren. Wie konnte in einem Moment wie diesem die Regierung die dringend notwendigen, aber hochgradig unpopulären wirtschaftlichen Maßnahmen ergreifen, die möglicherweise die nationale Einheit und die Regierbarkeit des Landes gefährdeten?

Einen klaren, schlüssigen und umfassenden Aktionsplan. Der Plan konnte nicht nur militärischer Natur sein, sondern musste wirtschaftlich und politisch sein und benötigte einen internationalen Rahmen.

Vorbereitungen für den Frieden

Da es in diesem Kapitel darum geht, die Wirkung der fünf Grundbedürfnisse zu illustrieren, beschränke ich mich auf die Verhandlungsstrategie im Grenzkonflikt und einige Gespräche mit meinem peruanischen Amtskollegen Alberto Fujimori und lasse die Komplikationen der wirtschaftlichen Situation Ecuadors unberücksichtigt.

Für die Friedensverhandlungen benötigte ich zuallererst eine kompetente Regierungsmannschaft. Dr. José Ayala, einer der erfahrensten ecuadorianischen Diplomaten, war lange Jahre Außenminister gewesen und hatte an Friedensverhandlungen mit Peru teilgenommen. Daher bat ich ihn, dieses Amt weiter zu führen. General José Gallardo war während der bewaffneten Auseinandersetzungen des Jahres 1995 Verteidigungsminister gewesen; dieser Konflikt hatte mit einem Sieg der ecuadorianischen Truppen geendet. Also ernannte ich General Gallardo erneut zum Verteidigungsminister. So hatte ich einen Friedenskanzler und einen Kriegsminister im Kabinett. Damit wollte ich ein klares Signal aussenden: Ecuador wollte eine friedliche Lösung, doch wir waren bereit, unsere Interessen zu verteidigen, wenn dies nötig werden sollte.

Minister Ayala informierte mich, dass die beiden diplomatischen Delegationen beinahe sämtliche strittigen Punkte beigelegt hatten. Der verbleibende Streitpunkt, die Auseinandersetzung um die Region Tiwintza, konnte nur von den Präsidenten selbst beigelegt werden. Es war ein letzter diplomatischer Schritt auf der höchsten politischen Ebene nötig – »Präsidialdiplomatie«, wie die Presse es bezeichnete.

Ich rief Professor Fisher in seinem Büro an der Harvard Law School an und bat ihn, nach Quito zu kommen, um mit der ecuadorianischen Regierungsdelegation die Lage zu erörtern, über mögliche Lösungsansätze nachzudenken und eine Verhandlungsstrategie vorzubereiten.

Als Roger Fisher in Quito ankam, arbeiteten wir an mehreren Fronten gleichzeitig. Zusammen mit dem Außen- und dem Verteidigungsminister analysierten wir die aktuelle militärische und politische Lage. Um alle Beteiligten auf denselben Stand zu bringen, hielt Fisher mit den Kabinettsmitgliedern und den Mitgliedern der Verhandlungsdelegation einen halbtägigen Workshop zum Harvard-Konzept und den klassischen sieben Elementen der Verhandlung sowie deren Anwendung ab.

Aufgrund der anhaltenden Spannungen war ein persönliches Treffen zwischen beiden Regierungschefs unwahrscheinlich. Doch um eine solche Begegnung mit Präsident Fujimori vorzubereiten, suchten Fisher und ich nach Möglichkeiten, eine Arbeitsbeziehung herzustellen.

In einem neuen Job verlaufen die ersten zwei oder drei Arbeitstage meist hektisch. Das Präsidentenamt ist da keine Ausnahme. Unsere Besprechungen wurden häufig von dringenden Mitteilungen unterbrochen. Wir hielten unsere Sitzungen zu ungewöhnlichen Zeiten und an merkwürdigen Orten ab. Ich erinnere mich, wie ich Fisher zwischen zwei Terminen in mein Büro lotste und mich kurz vor Mitternacht im Esszimmer meiner neuen Residenz mit ihm besprach.

Schlüsselelemente für eine gute Beziehung

In einem Verhandlungsprozess ist das Verhältnis der beiden Unterhändler genau so wichtig wie der Verhandlungsgegenstand selbst. Meine erste strategische Entscheidung bestand darin, auf die Arbeitsbeziehungen zu setzen, die bereits zwischen der peruanischen und der ecuadorianischen Delegation bestanden. Meine nicht-delegierbare, zentrale Mission bestand darin, eine persönliche Beziehung zu Präsident Fujimori herzustellen, dem ich bis dahin noch nicht begegnet war. Dies zu bewerkstelligen war eine große Herausforderung.

An meinem dritten Amtstag erhielt ich einen überraschenden Anruf des brasilianischen Präsidenten Fernando Cardoso. Er lud mich zu einem persönlichen Treffen mit Präsident Fujimori in Asunción in Paraguay ein, wo wir 36 Stunden später zur Amtseinführung des neuen Präsidenten Raúl Cubas erwartet wurden.

Mir waren zwei Dinge klar. Dieses erste Treffen war dringend erforderlich. Und ich war noch nicht in der Lage, die Sachfragen des Problems zu erörtern. Wie konnte ich Präsident Fujimori die Ernsthaftigkeit meiner Absichten unter Beweis stellen, ohne bei ihm den Eindruck zu hinterlassen, ich sei untätig und wolle nur Zeit schinden?

Wertschätzung: Zeigen Sie Verständnis für seine Leistungen und seine Schwierigkeiten

Unser Team kam überein, dass ich Präsident Fujimori meine Anerkennung für seine jahrelange Erfahrung im Umgang mit dem Grenzkonflikt und sein daraus resultierendes Wissen aussprechen würde. Diese Einschätzung der Position Fujimoris läge für einen unabhängigen Beobachter auf der Hand. Ich hoffte, dass diese einleitende Anerkennung uns helfen würde, eine gemeinsame emotionale Grundlage für unsere weiteren Gespräche zu schaffen. Mein Vorgespräch mit Fisher begann ungefähr so:

Fisher: »Was ist der Zweck Ihres Treffens mit Präsident Fujimori?«

Mahuad: »Ich habe zwei Anliegen: Zum einen möchte ich ihn und seine Ansichten zur gegenwärtigen Situation kennen lernen. Und ich möchte seine Zusage, dass wir erst den Weg der Verhandlung zu Ende gehen, ehe wir uns für einen bewaffneten Konflikt entscheiden. Deshalb möchte ich zunächst zuhören und Fragen stellen.«

Fisher: »Das sind lobenswerte Vorsätze. Aber wenn Sie ihm zu viele Fragen stellen, hat er möglicherweise das Gefühl, Sie wollen ihn aushorchen. Er könnte dichtmachen. Vielleicht ist es einfacher und klüger, wenn Sie Präsident Fujimori das Gefühl vermitteln, dass er Sie kennt. Seien Sie offen, legen Sie zu Beginn einige Ihrer Karten auf den Tisch.«

Und genau das tat ich auch. Mithilfe von Geschichten, historischen Beispielen und Anekdoten erläuterte ich Präsident Fujimori meine Sicht der Situation. Ich bat ihn um sein Verständnis für die schwierige Lage, in der ich mich befand. Er reagierte positiv, wenn auch zurückhaltend. Mit leiser Stimme erwiderte er: »Meine drei Ziele zu Beginn meiner Präsidentschaft waren die Beendigung der Hyperinflation, der Sieg über die Guerillaarmee Leuchtender Pfad und eine Lösung dieses Grenzkonflikts. Die ersten beiden Ziele habe ich erreicht. Das dritte muss nun ebenfalls erreicht werden.«

Dies gab mir die Gelegenheit, ihm meine ehrliche Bewunderung für seine Arbeit in den ersten beiden Punkten auszusprechen und im dritten Punkt eine abwartende Haltung einzunehmen.

Verbundenheit: Suchen Sie nach Gemeinsamkeiten

Eine große Herausforderung bestand darin, die verbreitete Wahrnehmung der zerrütteten Beziehungen zwischen beiden Nationen zu ändern. Vor dieser Herausforderung standen Präsident Fujimori und ich, unsere Mitarbeiter und Beamten, die Medien und die gesamte Öffentlichkeit. Jahrelang hatten die beiden Nachbarländer einander als Feinde betrachtet.

Präsident Fujimori und ich waren beide der Ansicht, wir sollten der Öffentlichkeit in beiden Ländern zeigen, dass wir Seite an Seite zusammenarbeiteten, um den jahrhundertealten Grenzkonflikt beizulegen. Und da ein Bild mehr sagt als tausend Worte, schlug Professor Fisher vor, dass wir ein Foto mit beiden Präsidenten aufnahmen. Ich sagte, dass sei sicher kein Problem, denn wir würden vor und nach unserem Treffen vor die wartenden Vertreter der Presse treten. Doch Fisher wollte kein Bild, auf dem wir einander die Hände schüttelten oder nebeneinander standen, sondern auf dem wir an einem Tisch saßen, jeder mit einem Stift in der Hand, und gemeinsam eine Landkarte oder einen Schreibblock studierten, auf dem wir einen Lösungsentwurf oder etwas Ähnliches notiert hatten. Wir sollten nicht in die Kamera blicken, sondern in unsere Unterredung vertieft sein. Mit diesem Bild sollten wir Außenstehende, die Presse und die Öffentlichkeit überzeugen, dass wir einen Wandel zum Besseren eingeleitet hatten. Das Bild sollte demonstrieren, dass die Präsidenten sich gemeinsam für eine Lösung des Konflikts einsetzten und die Probleme Seite an Seite angingen.

Als ich aus Paraguay zurückkam, zeigte ich Fisher die Titelseite einer Zeitung mit dem Foto, auf dem Präsident Fujimori und ich zusammenarbeiteten. Mir war bewusst, dass es darum ging, mit diesem Bild Einfluss auf die öffentliche Meinung zu nehmen. Ich war jedoch überrascht, in welchem Maße das Foto auch Fujimori und mich beeinflusste. Als Fujimori das Foto sah, sagte er, die Öffentlichkeit in beiden Ländern erwarte nun, dass wir den Grenzkonflikt lösen. Wir hatten die Lösung öffentlich begonnen, und nun waren wir es den Menschen in beiden Ländern schuldig, sie auch zum Erfolg zu führen.

Status: »Ich erkenne seine größere Amtserfahrung an«

Präsident Fujimori und ich trafen erstmals in Asunción zusammen. Unser Gespräch fand in der Suite des argentinischen Präsidenten Carlos Menem statt, die dieser freundlicherweise als neutralen Verhandlungsort zur Verfügung gestellt hatte. Zu diesem Zeitpunkt war Alberto Fuijmori bereits acht Jahre lang als Präsident von Peru im Amt, und ich gerade einmal vier Tage als Präsident von Ecuador.

»Ich habe nur einmal die Chance, einen guten ersten Eindruck zu machen«, dachte ich mir. »Wenn ich das Offensichtliche anerkenne, schadet dies meiner Position nicht. Im Gegenteil, ich vermittle den Eindruck der Offenheit und Objektivität. Ich erkenne seine größere Amtserfahrung an, die nicht zur Debatte steht, aber ich werde keine Vorschläge in heiklen Sachfragen akzeptieren, in denen große Meinungsverschiedenheiten bestehen.«

Ich sagte: »Präsident Fujimori, Sie sind seit acht Jahren im Präsidentenamt, und ich seit vier Tagen. Sie haben mit vier meiner Amtsvorgänger verhandelt. Ich möchte, dass wir von Ihrer großen Erfahrung profitieren. Haben Sie Vorschläge, wie wir mit dem Grenzkonflikt auf eine Weise umgehen können, die den Interessen von Peru und Ecuador gerecht werden?«

Ich erkannte seine größere Amtserfahrung mit höflichen Gesten an, die von ihm erwidert wurden. Zum Beispiel stellte ich immer sicher, dass er als Erster einen Raum betrat. Auf diese Weise erkannte ich seine größere Amtserfahrung und damit den Spezialstatus von Präsident Fujimori an. Gleichzeitig erkannte ich meinen Spezialstatus als Präsident und als hervorragenden Kenner der ecuadorianischen Realität an.

Die Gebiete anzuerkennen, auf denen Präsident Fujimori besonderen Status genoss, bedeutet nicht, ihm in seinen Ansichten zuzustimmen. Im Gegenteil, indem ich ihn anerkannte und seinen Status würdigte, vergrößerte ich meinen Handlungsspielraum und konnte abweichende Auffassungen vertreten, ohne dadurch unsere Beziehung zu gefährden.

Autonomie: Machen Sie dem anderen keine Vorschriften

Autonomie ist ein Grundbedürfnis aller Menschen, doch für Politiker und andere Menschen in Machtpositionen ist es ein besonders sensibles Thema. Jahrelang hatten Peru und Ecuador jede Verhandlung verweigert, weil jede Seite fürchtete, es könnte den Anschein haben, als gäbe sie den Forderungen der anderen nach. Kein Politiker will als Marionette eines anderen dastehen, vor allem dann nicht, wenn sie in einem jahrhundertealten Konflikt auf unterschiedlichen Seiten stehen.

Es wäre eine große Gefahr für einen Präsidenten, etwas zu tun, das seine Parteifreunde oder Wähler misstrauisch machen oder ihn zu Hause in eine unangenehme Situation bringen könnte.

In allen unseren Gesprächen war ich sehr darauf bedacht, die Autonomie von Präsident Fujimori genauso zu wahren wie meine eigene. Es wäre ein großer Fehler gewesen, ihm vorschreiben zu wollen, was er zu tun hat. Stattdessen bat ich ihn um seine Einschätzungen und Empfehlungen, wie wir diesen langen und kostspieligen Grenzkonflikt beilegen konnten.

Wenn ich meine persönliche Wertschätzung für Präsident Fujimori zum Ausdruck brachte, bedeutete dies nicht, dass ich seinen Forderungen zustimmte. »Ich kann das Parlament und das Volk nicht bitten, den Forderungen Perus zuzustimmen, und das werde ich auch nicht tun. Würde ich das tun, würde mir das Parlament die Zustimmung genauso verweigern wie jeder Ecuadorianer. Das ist eine Sackgasse. Haben Sie andere Vorschläge, wie wir eine friedliche Lösung erreichen können?«

Ich bat Präsident Fujimori anzuerkennen, dass weder der Präsident von Ecuador, noch das Parlament oder das Volk den peruanischen Gebietsanspruch anerkennen würden. Wir ließen uns unsere Autonomie nicht nehmen.

Rolle: »Wir« heißt »wir alle«, nicht »wir und die«

Verhandlungsführer spielen gleichzeitig vielfältige, manchmal gegensätzliche, manchmal einander überschneidende und manchmal einander ergänzende Rollen. In den Verhandlungen zur Beilegung dieses Grenzkonfliktes hatte jeder der beiden Präsidenten eine wichtige Aufgabe: Jeder musste die Bürger seines Landes überzeugen, die Einigung zu akzeptieren. Ich sah meine Rolle darin, zwei Verhandlungen zu führen. Eine meiner Rollen war die des Verhandlungsführers mit Präsident Fujimori. Die andere, weniger offensichtliche aber genauso wichtige war meine Rolle als Verhandlungsführer mit den Menschen, den Institutionen und den politischen Organisationen von Ecuador.

Ich erkannte, dass Präsident Fujimori dieselbe Doppelrolle spielte und vor denselben Herausforderungen stand. Daher schlug ich ihm vor, dass keiner von uns etwas unternähme, was die Legitimität des anderen als Vertreter seines Volkes infrage stellte. Es wäre beispielsweise ein fataler Fehler gewesen, zu behaupten, ein Vertrag sei gut für Ecuador weil er schlecht war für Peru, oder umgekehrt.

Im Gegenteil, ich sah unsere Rolle darin, zu zeigen, dass eine Vereinbarung im Interesse beider Länder war und dass sie der Region, der Wirtschaft, dem Handel und dem Kampf gegen die Armut nutzte. Wir brauchten eine Lösung, aus der beide als Sieger hervorgingen. Bei der Erarbeitung dieser Lösung waren unsere Rollen äußerst anstrengend, aber persönlich befriedigend.

In internationalen Verhandlungen besteht das Ziel allzu oft darin, der anderen Seite eine Zusage abzuringen. Die Medien fragen: »Wer hat seine Position aufgegeben?«, »Wer hat nachgegeben?«, »Haben Sie eine Vereinbarung erreicht?«, »Nein? Heißt das, die Verhandlungen sind gescheitert?« Sie wollen, dass Politiker die Rolle des siegreichen Helden einnehmen, der den hinterhältigen Gegner besiegt. Aber »wir« heißt »wir alle«, nicht »wir und die«. In einer Verhandlung kann das beste Ergebnis darin bestehen, dass sich beide Seiten emotional darauf verpflichten, ihre Zusammenarbeit fortzusetzen, um ein Friedensabkommen nach der Unterzeichnung auch umzusetzen. Unsere Zusammenarbeit bedeutete nicht, dass einer von uns beiden seine Freiheit, sein Urteil oder seine Autonomie aufgab.

Stattdessen machten wir das Problem zur Chance. Dies erforderte eine neues Rollenverständnis: Wir waren nicht Feinde, sondern Kollegen, wir feilschten nicht in einem Nullsummenspiel um Positionen, sondern waren ein Team von Problemlösern, das gemeinsam neue Handlungsoptionen entwickelte, um den Kuchen für beide Seiten zu vergrößern und mögliche Lösungen so umfassend wie möglich zu gestalten.

Grundbedürfnisse im Paket

In den Verhandlungen mussten immer wieder unterschiedliche Grundbedürfnisse gleichzeitig angesprochen werden. Ein schwieriger Punkt ist mir besonders in Erinnerung geblieben. Die Empfehlung der internationalen Sonderkommission bekräftigte Perus Anspruch auf Tiwintza. Doch kein ecuadorianischer Präsident hätte diesem Anspruch zustimmen können, ohne seine Legitimität zu verlieren, sein Präsidentenamt klein zu machen, seine Rolle zu verraten und die Anerkennung und Verbundenheit seines Volkes zu verlieren. Ich wollte die Stärke der peruanischen Position würdigen und gleichzeitig die Anerkennung der ecuadorianischen Situation, meiner Autonomie und meiner Rolle erreichen.

Mein Gespür für diese Grundbedürfnisse half mir, dieses schwierige Thema zu meistern. Ich erklärte: »Präsident Fujimori, Peru hat einen bedeutenden Anspruch auf das umstrittene Gebiet. Durch die Empfehlung der Sonderkommission erscheint der peruanische Anspruch sogar größer als der Ecuadors (damit erkannte ich den peruanischen Standpunkt an). Wenn ich der Präsident von Peru wäre, hätte ich keine andere Wahl, als jeden Quadratmeter Boden dieser Region zu beanspruchen (damit erkannte ich den Wert dieser Position an).

Doch als Präsident von Ecuador kann ich nicht zustimmen, ein Gebiet an Peru abzutreten, auf das jedes Parlament seit der Gründung des Staates Ecuador Anspruch erhoben hat (damit bat ich im Gegenzug um die Anerkennung meiner Situation und meiner Schwierigkeiten). Wir sind überzeugt, dass wir einen moralischen und völkerrechtlichen Anspruch auf die umstrittene Region haben, und die internationale Empfehlung kann nichts an dieser Überzeugung ändern. 100 Empfehlungen würden nicht ausreichen, um den jahrhundertealten Besitzanspruch zu ändern (als Nation besitzt Ecuador Autonomie). Daher würde jeder Präsident Ecuadors so sprechen und handeln wie ich (damit bat ich um seine Verbundenheit). In unserer Rolle als Präsidenten beginnen wir eine neue Mission, die darin besteht, eine Einigung zu finden, die für beide Länder akzeptabel ist (damit suchte ich nach Verbundenheit auf einer gemeinsamen Grundlage der Fairness und Gerechtigkeit).«

Unser Dialog bewirkte, dass wir beide uns auf eine gemeinsame Problemlösung verpflichteten. Unsere weitgehend rationalen, sorgfältig vorbereiteten und zielgerichteten ersten Schritte wurden zusätzlich durch das gute Verhältnis unterstützt, das wir zwischen uns und unseren Delegationen herstellten. Der Frieden wurde zu einem Leuchtfeuer und mächtigen Motor. Er nahm während meiner ersten 77 Amtstage fast meine gesamte Zeit und Kraft in Anspruch.

Die Friedensvereinbarung

Wir hielten die ecuadorianische Bevölkerung immer über den Stand der Verhandlungen auf dem Laufenden. Als erste Fortschritte erkennbar wurden, setzte ein positiver Kreislauf ein, der den alten Teufelskreis ablöste. Die Verhandlungen wurden begrüßt und als Teil unserer nationalen Zielsetzungen erkannt. Die Beteiligung der Bevölkerung nahm zu. Jeder wollte Teil des Friedensprozesses sein und seine Stimme in den Friedenschor einbringen. Gemeinsame Ziele schafften Vertrauen. Politische Akteure unterstützten den Prozess, denn sie verstanden, dass sie mehr zu gewinnen als zu verlieren hatten, wenn sie sich aufseiten der immer breiter werdenden Koalition für den Frieden stellten. Der Glaube an eine Verhandlungslösung trat an die Stelle des üblichen Pessimismus. Der Aktionsplan der Regierung stieß in allen Teilen der Gesellschaft auf überwältigende Unterstützung. Obwohl der Friedensprozess nichts zur Stabilisierung der Wirtschaft beitrug, wurde die wirtschaftliche Lage wenigstens nicht mehr durch die Kriegsgefahr verschlimmert.

Am 26. Oktober, zehn Wochen nach unserer ersten Begegnung, unterzeichneten Präsident Fujimori und ich einen endgültigen, umfassenden Friedensvertrag, der im Anschluss von den Parlamenten beider Länder ratifiziert wurde. Die beiden Nationen einigen sich darauf, die umstrittene Region in einen binationalen Naturpark zu verwandeln, in dem keines der beiden Länder wirtschaftlich oder militärisch aktiv wurde, es sei denn, sie kämen später gemeinsam dazu überein.

Die Region um Tiwintza verlangte eine besondere Behandlung. Präsident Fujimori und ich einigten uns darauf, die Sonderkommission um eine weitere Empfehlung zu bitten, an die wir uns halten wollten. Die Parlamente beider Länder gaben der Kommission die entsprechenden Vollmachten.

Die Kommission fand eine kreative Lösung, indem sie Besitz von Hoheitsgebiet trennte: Tiwintza befindet sich auf dem Territorium von Peru, doch ein Quadratkilometer um Tiwintza, gerade noch auf peruanischem Staatsgebiet und direkt an der Grenze zu Ecuador, befindet sich im Privatbesitz des ecuadorianischen Parlaments (so wie das ecuadorianische Parlament auch in der peruanischen Hauptstadt Lima Grundstücke erwerben könnte). Keine der beiden Nationen musste Tiwintza »aufgeben«. Die Regierung von Peru kann sagen, »Tiwintza befindet sich auf peruanischem Territorium« und die Regierung von Ecuador kann sagen »Tiwintza befindet sich für immer in ecuadorianischem Besitz«.

Eine Schlussbemerkung

Ich stimme Roger Fisher und Daniel Shapiro zu, dass Unterhändler oft fälschlich annehmen, eine Verhandlung sei eine rein rationale

Angelegenheit. Natürlich können feindselige Emotionen leicht eskalieren und Probleme verursachen. Doch meine Erfahrung sagt mir, dass Emotionen im Allgemeinen mehr nutzen als schaden. Zu Beginn der Verhandlungen war ich darauf vorbereitet, die Initiative zu übernehmen und jedes der fünf Grundbedürfnisse anzusprechen – Wertschätzung, Verbundenheit, Autonomie, Status und Rolle. Auf diese Weise stellten Präsident Fujimori und ich ein gutes Verhältnis her, wir entwickelten eine starke Arbeitsbeziehung und erreichten einen stabilen Frieden.

Die Verhandlungen des Jahres 1998 waren ein voller Erfolg. Die Grenze wurde endgültig festgelegt und hat seither Bestand. Seit dieser Zeit kam es zu keinem weiteren militärischen Zwischenfall an der Grenze. Die Zusammenarbeit und der Handel zwischen beiden Ländern erreichten historische Rekorde, und der Friedensschluss wurde auf beiden Seiten der Grenze gelobt, und von Regierungen und Bürgern gleichermaßen mit offenen Armen begrüßt.

Mein wichtigster Beweggrund für die Friedensinitiative war, dass er sowohl Peru als auch Ecuador Vorteile bringen würde, wie sie nur ein Frieden bringt. Außerdem konnte Ecuador nach der Sicherung des Friedens seine Militärausgaben verringern. Diese Mittel standen nun im Kampf gegen die Armut zur Verfügung. Und genau dafür setzte sie meine Regierung nach der Unterzeichnung des Friedensabkommens auch ein.

Im Januar 2000 wurde ich von putschenden Militärs als Präsident meines Amtes enthoben – die Gründe dafür sind zu komplex, um sie hier darzustellen. Es ist ein Schicksal, das ich mit vielen gewählten Präsidenten Lateinamerikas teile.

So weit der offizielle Teil der Geschichte. Auf der persönlichen Ebene entstand zwischen Alberto Fujimori und mir eine Freundschaft, die weit über unsere Amtspflichten hinausging. Im März 2004 trafen wir uns im Royal Park Hotel in Tokio, um über die Lektionen nachzudenken, die wir beide gelernt hatten. Fujimori sagte: »Der Frieden ist sichergestellt. Alle respektieren ihn.« Zu Beginn glaubte kaum jemand, dass Frieden möglich sei, nun leben ihn alle.

Alberto Fujimori und ich erinnerten uns an ein Gespräch, dass wir während der Verhandlungen in Brasilien führten. Nach der Pressekonferenz hatte ich zu ihm gesagt: »Die Dinge ändern sich. Früher war die Situation eindeutig: Die peruanischen Journalisten standen auf der einen Seite des Raums, die ecuadorianischen auf der anderen. Heute stehen sie zusammen in einem Pulk. Das ist ein gutes Omen für die Zukunft.«

Fujimori hatte geantwortet: »Als ich gestern einen Artikel in einer peruanischen Tageszeitung las, hatte ich das Gefühl, wir beide sind gemeinsam auf der Seite der Friedensbefürworter und stehen einer Opposition von Friedensgegnern in beiden Ländern gegenüber.« Ich nickte zustimmend.

Von Anfang an hatten wir gemeinsam daran gearbeitet, unsere Grundbedürfnisse nach Wertschätzung, Verbundenheit und Autonomie zu respektieren und unsere Rollen befriedigend zu gestalten. So schufen wir eine Atmosphäre, in der wir Fortschritte in Sachfragen erzielen konnten. Wie so oft gingen Form und Inhalt Hand in Hand.

Teil IV.
Schluss

Schlussbemerkung

Wir alle haben Emotionen – jeder von uns, zu jedem Zeitpunkt. Doch in einer Verhandlung haben wir so viel zu tun, dass wir uns kaum oder gar nicht um unsere Emotionen kümmern. Wir sind so beschäftigt mit unseren Gedanken, dass wir unsere Emotionen sich selbst überlassen.

Die meisten Verhandlungsführer sind der Ansicht, Emotionen stünden klarem und rationalem Denken im Wege. Daher verkennen sie die Chancen, die in positiven Emotionen stecken. Obwohl viele Staaten den (nicht nur materiellen) Wohlstand ihrer Bürger anstreben und zum Beispiel in der Unabhängigkeitserklärung der Vereinigten Staaten von Amerika das »Streben nach Glück« explizit genannt wird, haben nur wenige eine Vorstellung davon, wie dieses Streben aussehen könnte.

Wie können wir mit jemandem, dessen Meinung wir nicht teilen, auf eine Weise kommunizieren, die auf beiden Seiten positive Emotionen schafft? Vor diesem Hintergrund formuliert dieses Buch zwei zentrale Vorschläge:

Übernehmen Sie die Initiative

Wenn Sie mit jemandem zu tun haben, dessen Meinung Sie nicht teilen, warten Sie nicht darauf, dass Emotionen entstehen, um dann darauf zu reagieren.

Konzentrieren Sie sich auf Grundbedürfnisse, nicht auf Emotionen

Versuchen Sie nicht, jede Emotion und ihre möglichen Ursachen zu verstehen, sondern konzentrieren Sie sich stattdessen auf fünf allgemeine Grundbedürfnisse und nutzen Sie diese, um bei sich und anderen positive Emotionen auszulösen. Diese fünf Grundbedürfnisse sind:

1. *Wertschätzung*
   Menschen, denen die Anerkennung fehlt, fühlen sich zurückgesetzt. Wir können anderen unsere Wertschätzung zeigen, indem wir ihre Sichtweise verstehen, ihre Gedanken, Gefühle und Handlungen würdigen und unser Verständnis mit Worten und Taten kommunizieren. Wir können auch uns selbst anerkennen.

2. *Verbundenheit*
   Um zu verhindern, dass sich Verhandlungsführer allein und unverbunden fühlen, können wir strukturelle Beziehungen als Kollegen und persönliche Beziehungen als Vertraute aufbauen.

3. *Autonomie*
   Erkennen Sie an, dass jeder die Freiheit haben möchte, an Entscheidungen mitzuwirken oder sie selbst zu treffen. Wir können unsere eigenen Handlungsspielräume vergrößern und sicherstellen, dass wie die Autonomie anderer nicht verletzen.

4. *Status*
   Niemand fühlt sich gern herabgesetzt. Statt mit anderen in Wettbewerb darüber zu treten, wer den höheren Sozialstatus hat, erkennen wir die Spezialgebiete an, auf denen die anderen (und wir selbst) einen besonderen Status genießen.

5. *Rolle*
   Eine unbefriedigende Rolle erzeugt das Gefühl, dass wir nicht ernst genommen und nicht gebraucht werden. Doch es steht uns

frei, Rollen zu wählen, mit denen wir unsere Zusammenarbeit mit anderen verbessern können. Und wir können uns innerhalb dieser Rolle befriedigende Tätigkeiten suchen.

Die Vorschläge in diesem Buch funktionieren natürlich nicht von alleine. Sie erfordern Menschen, die sie verstehen und umsetzen. Sie können sich so verhalten, dass die Grundbedürfnisse anderer genauso befriedigt werden wie Ihre eigenen. Bringen Sie Anerkennung zum Ausdruck. Schaffen Sie ein Gefühl der Verbundenheit. Respektieren Sie Autonomie und Status. Schaffen Sie befriedigende Rollen.

Wir sind uns sicher, dass Sie durch den klugen Umgang mit den fünf Grundbedürfnissen die Qualität Ihrer Beziehungen zu Hause und am Arbeitsplatz verbessern können. Mit ihrer Hilfe werden Sie eine Verhandlung nicht mehr als stressreiche und aufreibende Interaktion erleben, sondern sie in einen gemeinsamen Dialog verwandeln, in dem jeder der Beteiligten zuhört, lernt und den anderen respektiert. Sie werden Ihre Ergebnisse verbessern. Die Verhandlung löst keine Ängste mehr aus, sie weckt Hoffnung.

Teil V.
Anhang

Die sieben Elemente der Verhandlung

Wenn ein Arzt eine Diagnose erstellen soll, dann muss er zunächst ganz grob den Körperteil identifizieren, der dem Patienten Beschwerden verursacht. Ist es der Verdauungstrakt, der Blutkreislauf, das Atemwegssystem oder das Skelett? Ähnlich hat das Harvard Negotiation Project bei der Diagnose von möglichen Verhandlungsproblemen sieben Elemente identifiziert, die die Anatomie jeder Verhandlung ausmachen. In der folgenden Tabelle finden Sie diese sieben Elemente in der linken Spalte. Zu jedem dieser Elemente haben wir in der mittleren Spalte der Tabelle diagnostische Fragen formuliert und in der rechten Spalte einige Ratschläge zusammengestellt.

Diese sieben Elemente stellen das Grundgerüst jeder Verhandlung dar. Ausgangspunkt ist die Methode der »sachbezogenen Verhandlung«, die in dem Buch *Das Harvard-Konzept* von Roger Fisher, William Ury und Bruce Patton ausführlich dargestellt wird. Die folgende Tabelle gibt *Das Harvard-Konzept* nur ungenügend wieder, doch wir hoffen, Ihnen auf diese Weise einen Eindruck zu vermitteln, worum es diesem Buch geht. Wir hoffen auch, dass die Ideen in dieser Zusammenstellung Sie anregen, das Buch zu lesen, falls Sie es noch nicht kennen sollten.

Die sieben Elemente: Die Anatomie der Verhandlung

Element	Diagnosefragen	Ratschläge
Beziehung	■ Was denkt jeder der Unterhändler vom anderen und welche Empfindungen bringt er ihm entgegen?	■ Schaffen Sie ein angenehmes Verhältnis und eine gute Arbeitsbeziehung zu Ihren Verhandlungspartnern. Arbeiten Sie zusammen, Seite an Seite.

Element	Diagnosefragen	Ratschläge
Kommunikation	■ Ist die Kommunikation mangelhaft und einseitig? Schreiben die Unterhändler einander vor, was sie zu tun haben?	■ Schaffen Sie eine zweiseitige Kommunikation. Fragen Sie, hören Sie zu, zeigen Sie sich vertrauenswürdig. Vermeiden Sie unklare Versprechungen.
Interessen	■ Stellen die Unterhändler Forderungen und formulieren Positionen, hinter denen sie ihre wahren Interessen verbergen?	■ Respektieren Sie die Interessen der Gegenseite. Verstehen und formulieren Sie Ihre Interessen (auch wenn Sie nicht zeigen müssen, wie wichtig Ihnen das ist, was Sie wollen.)
Optionen	■ Erscheint die Verhandlung wie ein Nullsummenspiel, in der jede Seite nur gewinnen oder verlieren kann?	■ Denken Sie unverbindlich über Möglichkeiten nach, wie Sie den legitimen Interessen beider Seiten gerecht werden können.
Rechtmäßigkeit	■ Scheint sich niemand um Fairness zu kümmern? Feilschen die beiden Seiten, indem sie formulieren, wozu sie bereit sind und wozu nicht?	■ Suchen Sie externe Fairnessstandards, die beide Seiten überzeugen.
Beste Alternative zu einer Verhandlungslösung	■ Droht jede Seite der anderen, – ohne eine Handlungsoption zu haben, für den Fall, dass die Verhandlungen scheitern?	■ Überlegen Sie sich, welche Alternativen Ihnen und Ihrem Verhandlungspartner im Falle des Scheiterns der Verhandlung bleiben. Machen Sie sich klar, dass eine Einigung für beide Seiten mehr bringen muss als diese Alternative.
Zusagen	■ Fordern die Unterhändler unrealistische Zusagen von der anderen Seite? Haben Sie es versäumt, Zusagen zu formulieren, die sie selbst eingehen wollen?	■ Formulieren Sie faire und realistische Zusagen, an die sich jede Seite halten kann.

Glossar

>Wenn ich ein Wort verwende«, erwiderte Humpty Dumpty
ziemlich geringschätzig, »dann bedeutet es genau, was ich es
bedeuten lasse, und nichts anderes.«
   Die Frage ist doch«, sagte Alice, »ob du den Worten einfach
so viele verschiedene Bedeutungen geben kannst.«
   Die Frage ist«, sagte Humpty Dumpty, »wer die Macht hat
– und das ist alles.«

Alice hinter den Spiegeln, Lewis Carroll

Wissenschaftler haben buchstäblich Hunderte Definitionen für Begriffe wie
»Emotion« vorlegt. Um zu klären, wie wir einige der Schlüsselbegriffe dieses
Buches verwenden, haben wir dieses Glossar angefügt. Im ersten Abschnitt
erläutern wir unsere Verwendung des Begriffs »Emotion«, im zweiten die des
Begriffs »Grundbedürfnisse«.

1. Was sind Emotionen?

Emotion Eine Erfahrung einer Angelegenheit von persönlicher Bedeutung, die
üblicherweise einhergeht mit einem körperlichen Gefühl, Gedanken, physiolo-
gischen Reaktionen und einer veränderten Verhaltensbereitschaft.
   Oft hat die betroffene Person die Wahl zwischen verschiedenen emotionalen Reaktionen und kann sich entscheiden, ob sie einen verregneten Tag als
deprimierend empfindet oder ihn als perfekte Gelegenheit begreift, einen Roman zu schmökern.

Positive Emotionen Angenehme Emotionen, die meist daher rühren, dass ein Bedürfnis befriedigt wurde. Beispiel für positive Emotionen sind Begeisterung, Hoffnung und Freude. Positive Emotionen fördern oft die Kooperationsbereitschaft.

Negative Emotionen Unangenehme Emotionen, die meist daher rühren, dass ein Bedürfnis unbefriedigt bleibt. Beispiel für negative Emotionen sind Ärger, Angst oder Schuld. Negative Emotionen fördern oft das Konkurrenzverhalten.

Gefühl Dieser Begriff wird in diesem Buch in zwei Bedeutungen verwendet:

- *Ein körperlicher Sinneseindruck*, wie etwa Hunger oder Schmerz

- *Ein emotional aufgeladener Glaube*, wie etwa das Gefühl dazuzugehören und anerkannt zu werden

Ein Gefühl (im Sinne eines emotional aufgeladenen Glaubens) unterscheidet sich in wichtiger Hinsicht von einer Emotion. Eine Emotion ist aus Sicht der betroffenen Person unbestreitbar wahr, unabhängig davon, was andere glauben. Eine Emotion ist etwas, das wir fühlen und das wir sind. Ärger kann daher als Emotion eingeordnet werden: »Ich fühle mich ärgerlich« ist gleichbedeutend mit:»Ich bin ärgerlich«. Ein Gefühl ist dagegen zwar aus Sicht der betroffenen Person wahr, aber nicht unbedingt aus Sicht anderer Menschen. Das Zugehörigkeitsgefühl fällt daher nicht unter die Emotionen. Ein Unterhändler kann das Gefühl haben, dazuzugehören, auch wenn ihn die anderen tatsächlich ausschließen.

Die Unterscheidung zwischen Emotion und Gefühl ist für einen Unterhändler von praktischer Bedeutung. Da ein einziges Gefühl oft das Resultat vieler Emotionen ist, trägt ein Gefühl sehr viel mehr Information als eine einzelne Emotion. Der Unterhändler muss keine lange Liste von Emotionen durchgehen, um eine bestimmte Regung seines Gegenübers zu verstehen, es genügt eine sehr viel kürzere Liste von Gefühlen, um sich seiner emotionalen Erfahrung bewusst zu werden. So steht jedes Grundbedürfnis in Zusammenhang mit einer begrenzten Zahl von Gefühlen. Die Gefühle, die mit der Verbundenheit in Zusammenhang stehen, rangieren vom Zugehörigkeitsgefühl bis zum Gefühl, ausgeschlossen zu sein.

Wenn Sie sich auf Gefühle statt auf Emotionen konzentrieren, gehen Sie das Risiko ein, eine Situation nur sehr unpräzise zu erfassen. Doch dieses Risiko wird mehr als aufgewogen durch die Tatsache, dass kein Unterhändler die Zeit und die Aufmerksamkeit hat, sich der Vielzahl von Emotionen bewusst zu werden, die in einer Verhandlung fortwährend entstehen.

2. Was sind emotionale Grundbedürfnisse?

Emotionales Grundbedürfnis Ein Bedürfnis nach persönlicher Bedeutung, üblicherweise innerhalb einer Beziehung.

Grundbedürfnisse sind deshalb grundlegend, weil es darum geht, wie wir behandelt werden wollen. Eine kleine, ein Grundbedürfnis betreffende Handlung kann große emotionale Auswirkungen haben.

Der Begriff des »Grundbedürfnisses«, wie wir ihn verwenden, ähnelt in vieler Hinsicht dem Begriff des »Bedürfnisses«, wie er in der Konflikttheorie von John Burton oder der humanistischen Philosophie von Abraham Maslow verwendet wird, doch diese Begriffe sind nicht deckungsgleich. Der Begriff des Grundbedürfnisses, wie wir ihn verwenden, entspricht vermutlich am ehesten dem »sozialen Bedürfnis«; es entsteht in einer sozialen Beziehung und unterscheidet sich hinsichtlich der Intensität, je nachdem mit wem wir interagieren. Ein Diplomat fühlt sich in durch eine Bemerkung seiner kleinen Tochter vermutlich kaum in seinem Status herabgesetzt, doch er fühlt sich wahrscheinlich zutiefst beleidigt, wenn der Präsident eines anderen Landes ihm gegenüber dieselbe Bemerkung macht.

Wertschätzung Wird in diesem Buch in zweierlei Hinsicht verwendet:

- Als *Grundbedürfnis* beschreibt es das Gefühl, Wertschätzung zu erfahren.

- Als *Handlung* beinhaltet es ein Verständnis für die Sichtweise eines anderen, eine Würdigung seiner Gedanken, Gefühle und Handlungen und eine Kommunikation dieses Verständnisses.

Verbundenheit Das Gefühl der Beziehung zu einer Person oder Gruppe. Diese Beziehung kann struktureller oder persönlicher Natur sein.

Autonomie Die Freiheit, ohne Bevormundung durch andere Entscheidungen zu treffen oder Einfluss auf sie zu nehmen.

Status Unsere Position im Vergleich zur Position anderer. Sozialstatus ist die allgemeine Position innerhalb einer gesellschaftlichen Hierarchie, Spezialstatus die Position innerhalb eines klar definierten Sachgebiets.

Rolle Eine Stellenbezeichnung und die dazugehörigen Tätigkeiten, die von einer Person in einer bestimmten Situation erwartet werden.

Literatur

In diesem Kapitel stellen wir die Literatur zusammen, die unser Verständnis für die emotionale Dimension der Verhandlung mitgeprägt hat. Die Literatur zum Thema Emotionen ist umfangreich, und dieses Kapitel erhebt keinen Anspruch, sie umfassend darzustellen. Wir haben nur Werke aufgenommen, die unsere Arbeit maßgeblich beeinflusst haben und auf die wir uns in diesem Buch stützen.[*]

Neben der umfangreichen Literatur zur wissenschaftlichen Erforschung der Emotionen beschäftigt sich eine wachsende Zahl von Forschungsarbeiten mit der spezifischen Rolle von Emotionen in der Verhandlung. Da diese Literatur andernorts gut dokumentiert ist, haben wir diese Forschungsarbeiten hier nicht aufgenommen. Wenn Sie sich einen Überblick über neueste Forschungen zum Thema Verhandlung und Emotion verschaffen wollen, bieten folgende Titel einen guten Einstieg: Leigh Thompson, *The Mind and the Heart of the Negotiator* (Upper Saddle River: Pearson Prentice Hall, 2005) und M. L. Moffitt und R.C. Bordone (Hrg.), *The Handbook of Dispute Resolution* (San Francisco: Jossey-Bass 2005).

Sie können dieses Kapitel auf unterschiedliche Art und Weise nutzen. Sie können es vollständig lesen, um mehr über Publikationen zu unserem theoretischen Konzept der Grundbedürfnisse zu erfahren. Sie können weiterführende Hinweise zu Spezialgebieten finden, die Ihr Interesse geweckt haben, wenn Sie mehr über Emotionen erfahren wollen. Wenn Sie selbst Verhandlungstechnik unterrichten, können Sie die Quellenangaben für Ihre eigene Arbeit nutzen.

---

[*] Wenn Sie darüber hinaus Informationen zum Thema Emotionen und Verhandlung wünschen, wenden Sie sich bitte an Daniel Shapiro im Harvard Negotiation Project, Pound Hall 523, Harvard Law School, Cambridge, MA 02138, USA.

1. Emotionen sind stark, allgegenwärtig und schwer in den Griff zu bekommen

Was sind Emotionen?

Die Literatur zum Thema Emotionen ist komplex. Wenn Sie mehr erfahren wollen, bietet folgender Titel einen guten Einstieg: Paul Ekman und Richard Davidson (Hrg.), *The Nature of Emotion: Fundamental Questions*, Oxford: Oxford University Press, 1994.

Zur praktischen Vereinfachung unterscheiden wir nicht eindeutig zwischen Emotionen und Stimmungen, doch es gibt diese Unterschiede (siehe beispielsweise Susan Fiske und Shelley Taylor, *Social Cognition*, New York: McGraw-Hill, 1991, S. 410). Im Vergleich mit Stimmungen sind Emotionen kürzer, intensiver und komplexer. Philosophen erklären, Emotionen seien außerdem »intentional« und seien auf bestimmte Personen oder Gegenstände gerichtet, während das Objekt einer Stimmung meist diffuser ist. Zum Beispiel wachen Sie montagmorgens auf, sind mieser Stimmung und reagieren ärgerlich auf alles und jeden, der Ihnen über den Weg läuft.

Das Zitat über die Schwierigkeit, den Begriff Emotion zu definieren, ist folgendem Artikel entnommen: B. Fehr und J. Russell: »Concept of Emotion Viewed from a Prototype Perspective« in: *Journal of Experimental Psychology: General*, 113, S. 464–486.

Emotionen als entscheidender Erfolgsfaktor in Verhandlungen

Im Jahr 1952 führten Alice Isen und Peter Carnevale eine bahnbrechende Studie durch, in der sie zeigten, dass eine positive Stimmung kreative Problemlösung in einer Verhandlung fördert (»The Influence of Positive Affect and Visual Access on the Discovery of Integrative Solutions in Bilateral Negotiations«, in: *Organizational Behaviour and Human Decision Processes*, 37, 1986, S. 1–13). Eine Übersicht über Forschungsarbeiten zum Thema positiver Affekt und Entscheidungsfindung findet sich bei M. Lewis und J.M. Haviland-Jones, *Handbook of Emotions*, New York: Guilford Press, 2000, S. 417–435.

Eine neue Denkrichtung in der Psychologie, die »Positive Psychologie«

zeigt, dass positive Emotionen eine gute Beziehung zueinander, Kreativität und soziale Beziehungen fördern. Lesen Sie zur Einführung einen Aufsatz von Barbara Frederickson (»The Role of Positive Emotions in Positive Psychology. The Broaden-and-Build Theory of Positive Emotions«, in: *American Psychologist*, 56, S. 218–226). Frederickson zeigt, dass negative Emotionen wie Angst und Ärger unsere Aufmerksamkeit einschränken und uns auf eine ganz bestimmte Handlung vorbereiten (Weglaufen oder Kämpfen), während positive Emotionen den gegenteiligen Effekt haben: Sie erweitern unser Repertoire an möglichen Handlungen und Gedanken und schaffen Reserven, auf die wir zurückgreifen können, wenn sich eine Möglichkeit oder eine Gefahr ergibt. In Fortsetzung dieser Arbeit zeigt der Psychologe Martin Seligman, dass sich negative Emotionen entwickelt haben, um uns in Win-Lose-Situationen zu helfen, während positive Emotionen die Grundlage einer erfolgreichen Win-Win-Interaktion sind. Siehe Martin Seligman: *Der Glücks-Faktor*. Bergisch-Gladbach: Lübbe 2001.

Die Arbeiten von Frederickson und Seligman passen zu unserem Konzept der Grundbedürfnisse. Wir sind der Auffassung, dass positive Emotionen eine Vielzahl von nützlichen Reaktionen stimulieren, unter anderem harmonische und gute Beziehungen, Offenheit, Freundlichkeit und Kreativität, die es sämtlich erleichtern, eine für beide Seiten befriedigende Vereinbarung zu finden.

Zum Thema »emotionale Intelligenz« gibt es eine Menge Forschungsliteratur. Siehe unter anderem die Arbeiten von P. Salovey und J. Mayer (zum Beispiel »Emotional Intelligence« in: *Imagination, Cognition, and Personality*, 9, S. 185–211), Peter Salovey und Daniel Caruso, *Managen mit emotionaler Kompetenz,* Frankfurt/New York: Campus, 2005, und Daniel Goleman, *Emotionale Intelligenz,* München: Hanser, 1996.

Wir zeigen die Wirkung positiver Emotionen am Beispiel der Friedensverhandlungen zwischen Begin und Sadat. Das Beispiel ist Carters Autobiografie *Keeping Faith: Memoirs of a President,* Fayetteville, The University of Arkansas Press, 1995 entnommen. William Quandt beschreibt das Verhältnis von Carter und Begin als weniger positive (siehe *Camp David: Peacemaking and Politics*, Washington: Brookings Insitution, 1986). Er schreibt den Erfolg der Verhandlungen Carters Hartnäckigkeit und Optimismus sowie seinen guten Beziehungen zu Sadat zu, den er mochte und bewunderte. Auch Carter räumt ein, dass es Spannungen zwischen ihm und Begin gab. Diese hinderten ihn jedoch nicht daran, Emotionen einzusetzen, um das Umfeld und die Beziehungen so angenehm wie möglich zu gestalten.

Emotionen abstellen? Unmöglich

Daniel Shapiro vertritt die Auffassung, dass wir in einer Verhandlung in einem »Zustand dauerhafter Emotion« sind (siehe »A Negotiator' Guide to Emotion: Four Laws to Effective Practice« in: *Dispute Resolution Magazine* 18(6), September 2001). Forschungen im Rahmen der Sozialpsychologie unterstützen diese Auffassung. Beispielsweise zeigt John Bargh in seinen innovativen Forschungsarbeiten, dass wir oft automatisch emotional reagieren, ohne uns dessen bewusst zu sein (siehe zum Beispiel J. A. Bargh und T. L. Chartrand, »The Unbearable Automaticity of Being« in: *American Psychologist* 54(7), S. 462–479).

Auch wenn wir behaupten, dass es nicht möglich ist, keine Emotionen zu haben, so gibt es doch Ausnahmen. Beispiele sind Menschen mit spezifischen Schädigungen des Gehirns, die die Entscheidungsfähigkeit stark beeinträchtigen können. Antonio Damasio beschreibt beispielsweise einen Fall, in dem einer seiner emotional gestörten Patienten eine halbe Stunden lang mit der Entscheidung zubringt, wann er Damasio das nächste Mal treffen wird (siehe Damasio, *Descartes Irrtum*, München: List, 1996).

Emotionen ignorieren? Nicht ratsam

Wissenschaftler stellen eine eindeutige Beziehung zwischen Emotion und Denken, psychologischen Veränderungen und Verhalten her. Ein Beispiel ist das Konzept der »action tendency« (Aktionstendenz) von Nico Fridja (siehe *The Emotions*, Cambridge: Cambridge University Press 1986). Eine Aktionstendenz ist ein Verhalten, das von Emotionen vorgegeben wird. Angst stellt uns physisch und psychisch auf Flucht ein. Ärger bereitet uns auf Kampf vor. Auch wenn wir dieser Tendenz nicht folgen, bereiten unser Gehirn und unser Körper sich darauf vor. Eine Emotion kann also Auswirkungen haben, auch wenn wir das gar nicht wollen.

Zugegeben, es kann unter bestimmten Umständen nützlich sein, eine bestimmte Emotion zu unterdrücken, zum Beispiel wenn wir ein Geburtstagsgeschenk von einem Kollegen bekommen, das uns nicht gefällt. Doch selbst wenn wir eine Emotion unterdrücken, kann dies Auswirkungen auf die Funktion unseres Gehirns haben (siehe zum Beispiel E. A. Butler und J. J. Gross, »Hiding Feelings in Social Contexts: Out of Sight Is Not Out of Mind« in: P. Philippot und R. S. Feldman (Hrg.), *The Regulation of Emotion*, Mahwah: Erlbaum 2004, S. 101–126). Emotionen können mentale Ressourcen belegen, das Herz-Kreislauf-System über das normale Maß hinaus belasten und selbst im Sozialpartner gestiegenen Blutdruck hervorrufen (siehe J. Gross und O. John, »Wise Emotion Regulation« in: Barrett und Salovey (Hrg.), *Wisdom of Feelings*, New York, Guilford Press, 2002, S. 312–313).

Bewusst mit Emotionen umgehen? Eine schwierige Aufgabe

Manche Emotionsforscher sind der Auffassung, es gebe Dutzende Emotionen, während andere von einer Handvoll »Grundemotionen« ausgehen (zum Thema Grundemotionen siehe das oben zitierte Buch von Ekman und Davidson).

Paul Ekman ist ein Pionier in der Erforschung der Grundemotionen. Er behauptet, diese Grundemotionen hätten ihre Wurzeln in der menschlichen Evolution und haben Überlebensfunktion. Er benennt fünfzehn unterschiedliche Grundemotionen (siehe »Basic Emotions« in: T. Dalgleish und T. Power (Hrg.): *The Handbook of Cognition and Emotion*. Sussex: John Wiley and Sons 1999, S. 45–60). Er weist jedoch darauf hin, dass die Anzahl der tatsächlichen Emotionen sehr viel größer ist, da zu jeder Grundemotion eine Familie verwandter Emotionen gehört.

Das erklärt, warum wir uns in diesem Buch auf fünf Grundbedürfnisse beschränken. Es ist nicht nötig, exakt zu analysieren, welche Emotionen eine Person empfindet, oder warum, um die fünf Grundbedürfnisse zur Erzeugung positiver Emotionen einsetzen zu können. Statt Dutzende Emotionen zu analysieren, kann ein Verhandlungsführer mithilfe der fünf Grundbedürfnisse handeln.

Trotzdem ist es natürlich eine Tatsache, dass ein Verhandlungsführer sein

Verhalten umso effektiver einstellen kann, je offener er für Emotionen ist. Die Fähigkeit, Gesichtsausdrücke zu erkennen, ist daher von großer Bedeutung, solange er sich dadurch nicht von den Beziehungs- oder Sachfragen ablenken lässt. Siehe auch Paul Ekman, *Gefühle lesen. Wie Sie Emotionen erkennen und richtig interpretieren,* München: Spektrum, 2004.

Wie stehen wir zu der Frage, ob es »Grundemotionen« gibt? Wir sind der Ansicht, dass es möglicherweise eine Untergruppe von Emotionen gibt, die sich im Laufe der Evolution entwickelt haben, dass es aber eine große Vielfalt von sozial bedeutungsvollen und relativ einmaligen emotionalen Erfahrungen gibt. Ärger unterscheidet sich beispielsweise hinsichtlich Erlebnis und Wirkung von Verärgerung, Zorn oder Erniedrigung. Auf Seite 27 finden Sie eine Liste von 50 beispielhaften Emotionen, von denen die meisten aus Richard Lazarus' Standardwerk *Emotion and Adaptation* (Oxford: Oxford University Press, 1991) stammen.

2. Konzentrieren Sie sich auf Grundbedürfnisse, nicht auf Emotionen

Fünf Grundbedürfnisse sind Auslöser vieler Emotionen

Zu Beginn des 20. Jahrhunderts entwickelte der US-Soziologe Charles Cooley die Vorstellung eines »Spiegel-Selbst« und behauptete, unser Verständnis unseres Selbst – unser Identitätsgefühl – hinge davon ab, wie andere uns wahrnehmen. (siehe *Human Nature and the Social Order*, New York: Scribner, 1902). Unser Konzept der Grundbedürfnisse beinhaltet diese fundamentale Erkenntnis.

In seinen Forschungsarbeiten bezeichnet Daniel Shapiro die »Grundbedürfnisse« als »relational identity concerns« und klärt deren Verhältnis zu Emotionen (siehe »Negotiating Emotions« in: *Conflict Resolution Quarterly* 20(1), S. 67–82 und »Enemies, Allies and Emotions: The Role of Emotions in Negotiations« in: M. Moffitt und R. Bordone (Hrg.), *The Handbook of Dispute Resolution*, 2005.

Nutzen Sie die Grundbedürfnisse als Lupe und Hebel

Unser Konzept der Grundbedürfnisse stimmt mit vielen Emotionstheorien überein. Vergleichen Sie beispielsweise die oben erwähnte Publikation von Lazarus und Ekman. Lazarus entwickelt die Theorie von »core relational themes«, allgemeinen auf Beziehung bezogenen Bedeutungen einer Interaktion. »Core relational theme« ist der »grundlegende Schaden oder Nutzen einer Beziehung in adaptiven Begegnungen, der einer bestimmten Emotion zugrunde liegt«. Aus dieser theoretischen Perspektive sind Grundbedürfnisse »relational themes«, die in den allermeisten Interaktionen auftreten. Wie wir die Behandlung unserer Grundbedürfnisse empfinden, manifestiert sich in Emotionen

Ekman spricht ähnlich von »Selbsteinschätzungsinstanzen«, die konstant nach »überlebensrelevanten Themen und Ereignissen« Ausschau halten (siehe Ekman, *Gefühle lesen*). Wenn diese Instanzen ein relevantes Thema erkennen, reagieren sie mit Emotionen. Diese Instanzen können »programmiert« werden, unsere Interaktionen auf Hinweise zu überprüfen, ob unsere Grundbedürfnisse befriedigt werden. Im Laufe der Evolution war es wichtig, zur richtigen Gruppe zu gehören, genug Autonomie zu besitzen, um uns vor Schaden zu schützen und sozialen Status zu haben, der Stärkere nicht bedroht. Emotionen zeigen uns die Resultate dieses Prozesses an.

Auch wenn wir Grundbedürfnisse offensiv einsetzen können, um eine Stimmung vorzugeben, was passiert, wenn unser Gegenüber schlecht gelaunt ist? Es gibt Hinweise, dass sich negative Emotionen durch positive übertönen oder auslöschen lassen (siehe B. Frederickson und R. Levenson, »Positive Emotions Speed Recovery from Cardiovascular Sequelae of Negative Emotions« in: *Cognition and Emotion* 12(2), S. 191–220).

Emotionen wirken außerdem ansteckend (siehe zum Beispiel E. Hatfield, J. T. Cacioppo und R. L. Rapson, »Emotional Contagion« in: *Current Directions in Psychological Science* 2(3), S. 96–99). Wir lassen uns manchmal von der Stimmung anderer anstecken, ohne dass wir uns dessen bewusst sind. Wenn wir mit einem depressiven Menschen sprechen, werden wir traurig, und wenn wir ein lächelndes Baby sehen, müssen wir automatisch auch lächeln. Emotionale Ansteckung ist eine Chance: Wenn wir positive Emotionen mobilisieren, lässt sich unser Verhandlungspartner möglicherweise von uns anstecken.

3. Bringen Sie Ihre Wertschätzung zum Ausdruck

Wertschätzung ist Grundbedürfnis und zentrale Verhandlungsstrategie

Wenn Sie mehr über die Wirkung der Wertschätzung erfahren wollen, empfehlen wir Ihnen die Forschungsarbeiten von John Gottman, der sich seit Jahren mit der kompliziertesten aller sozialen Beziehungen beschäftigt: der Ehe (siehe zum Beispiel: *Die sieben Geheimnisse der glücklichen Ehe*, Berlin: Ullstein, 1999).

Gottman bringt Frischvermählte in sein »Liebeslabor«, schließt sie an verschiedene Apparate an, um ihre Körperreaktionen, Gesichtsausdrücke und Aussagen festzuhalten und zu messen, wie sie auf ihren Stühlen herumrutschen. Dann bittet er die Paare, sich 15 Minuten lang über ein strittiges Thema zu unterhalten. Danach analysiert er mit jedem Partner einzeln die Videoaufzeichnungen und fragt, wie sie sich gefühlt haben.

Auf diese Weise kann er mit einer Wahrscheinlichkeit von 90 Prozent vorhersagen, welche Paare sich innerhalb der nächsten Jahre scheiden lassen werden. Ein Schlüsselfaktor ist die Anerkennung. In stabilen Ehen ist das Verhältnis von positiven zu negativen Interaktionen in einem Streit 5:1. Partner teilen mindestens fünf positive Interaktionen (sie lächeln, würdigen einander oder machen einen freundlichen Witz) für jede negative (eine bissige oder herablassende Bemerkung oder ein herabwürdigendes Augenrollen). In instabilen Ehen ist das Verhältnis oft 1:1.

Gottmans Arbeiten unterstützen unsere Vorstellung, dass ein positiver Ton in einer Verhandlung große Wirkung hat (siehe Gottman u.a. »Predicting Marital Happiness and Stability from Newlywed Interactions« in: *Journal of Marriage and the Family*, 60, S. 5–22). In 96 Prozent der Fälle verlief eine Konversation, die in freundschaftlichem Ton begann, auch in diesem Ton weiter; eine Konversation, die in negativem Ton begann, blieb meist negativ. Diese Erkenntnisse belegen, dass selbst in langfristigen Beziehungen ein positiver Anfangston die emotionale Stimmung einer ganzen Konversation verbessern kann.

Gottmans Forschung bestätigt unsere Beschränkung auf Grundbedürfnisse statt auf Emotionen an sich. Die Komplexität seiner Messungen ist fast so beeindruckend wie deren Ergebnisse. Um die Erfahrungen der Partner adäquat zu erfassen, sammelt er eine unglaubliche Menge Daten vom Gesichtsausdruck über Blutdruck, Schweißausschüttung und Körpersprache. Die Daten werden computerunterstützt ausgewertet. In einer Verhandlung wäre es vermutlich extrem schwer, sich auf Inhalt und Ablauf zu konzentrieren und gleichzeitig all die Daten zu registrieren, die Gottman aufnimmt.

Weitere Forschung über die Wirkung der Anerkennung stammt vom Forschungsinstitut HeartMath. Die Studien zeigen, dass Wertschätzung die kognitive Leistung steigert. Sie zeigen, dass physiologische Kohärenz – gesteigerte Synchronisation zwischen Herz, Gehirn und anderen Körpersystemen – ein seltenes Phänomen ist. Eine Ausnahme ist, wenn die untersuchte Person ehrliche Anerkennung empfindet. Dann verringern sich Angst- und Stresssymptome, die kognitive Leistung steigt und der Cortisonspiegel sinkt (siehe R. McCraty und D. Childre, »The Grateful Heart: The Psychophysiology of Appreciation« in: R. A. Emmons und M. E. McCulloughs (Hrg.), *The Psychology of Gratitude*, New York: Oxford University Press, 2004, S. 230–255).

Die drei Bausteine der Wertschätzung

Unser Begriff der Wertschätzung hat große Ähnlichkeit mit dem »empathischen Verständnis« von Carl Rogers, einem Prozess des aktiven Zuhörens, in dem Gefühle, Werte und Ansichten einer Person nicht beurteilt werden. Rogers schlägt vor, den Ansichten des anderen zuzuhören, als seien es die eigenen, um die Rechtmäßigkeit dieser Ansichten anzuerkennen. Er betont, wie wichtig es ist, dieses Verständnis für die Sichtweise des anderen zu kommunizieren und durch Paraphrasierung zu überprüfen. (Siehe Carl Rogers, *Entwicklung der Persönlichkeit: Psychotherapie aus der Sicht eines Therapeuten,* Stuttgart: Klett-Cotta, 2000.)

Hören Sie auf Meta-Botschaften

Die Erkenntnis, dass wir Emotionen über Emotionen haben, geht mindestens in das Jahr 1964 zurück, als Tomkins und Carter »affect-about-affect« beschrieben (siehe »What and Where Are the Primary Effects? Some Evidence for a Theory« in: *Perception Motor Skills* 18, S. 119–158). Praktische Information zum Thema Meta-Botschaften finden Sie in Kapitel 5 des Buches M. McKay u. a. *Messages: The Communication Skills Book,* Oakland: New Harbinger, 1995.

Versetzen Sie sich in die Lage des anderen

Das Rollenspiel ist eine gute Möglichkeit, sich in die Situation des Verhandlungspartners zu versetzen und den »fundamentalen Fehler der Zusprechung« zu vermeiden, wie es der Psychologe Lee Ross nannte. Dieser Fehler besteht darin, dass wir in einer Beurteilung eines anderen das, was wir als »Charakter« einer Person verstehen, stärker bewerten als den möglichen sozialen Druck, unter dem diese Person steht. Daher deuten wir das Verhalten dieser Person falsch. Wir glauben, jemand verhalte sich unhöflich, weil er eben ein unhöflicher Mensch ist, und nicht etwa, weil er heute Morgen zufällig einen handfesten Ehekrach hatte. (Siehe Ross, »The Inuitive Psychologist and His Shortcomings: Distortions in the Attribution Process« in: L. Berkowitz (Hrg.), *Advances in Experimental Social Psychology*, Band 10, New York: Academic Press, 1977.)

4. Schaffen Sie Verbundenheit

Die Sozialpsychologen Baumeister und Leary geben einen guten Überblick über Forschung zum Bedürfnis nach Zugehörigkeit (siehe »The Need to Belong: Desire for Interpersonal Attachments as a Fundamental Human Motivation« in: Psychological Bulletin 117(3), S. 497–529). Basierend auf dieser Untersuchung folgern sie, dass

- es ein fundamentales Bedürfnis nach sozialen Bindungen gibt,
- Menschen soziale Bindungen eingehen, auch wenn sie keine materiellen Vorteile daraus ziehen,
- negative Emotionen mit zerstörten Bindungen einhergehen,
- stabile Verbindungen positive Emotionen und opiumähnliche Chemikalien im Gehirn freisetzen und
- Menschen ohne stabile Bindungen öfter an geistigen und körperlichen Krankheiten leiden und häufiger Verhaltensprobleme von Verkehrsunfällen bis Selbstmorden aufweisen.

Die Neurologie hat Beweise für den Zusammenhang zwischen negativen Emotionen und zerstörten Beziehungen erbracht. Naomi Eisenberger hat gezeigt, dass Schmerz über eine zerstörte Beziehung an derselben Stelle im Gehirn registriert wird wie körperlicher Schmerz. Die Studie zeigt, dass »sozialer Schmerz in seiner neurokognitiven Funktion analog zu physischem Schmerz ist, indem er uns darauf aufmerksam macht, dass unsere sozialen Verbindungen verletzt sind und uns so erlaubt, Reparaturmaßnahmen einzuleiten«. (Siehe Eisenberger u. a., »Does Rejection Hurt? An fMRI Study of Social Exclusion« in: *Science* 302, 10. Oktober 2003)

Strukturelle Beziehungen

Vorteilsvergabe ist selbst in Gruppen üblich, in denen nur minimale Verbindungen bestehen. In einer Studie erklärten Wissenschaftler den Teilnehmern, dass sie zufällig in eine Gruppe gelost worden waren. Sie zeigten ihnen sogar das Los, mit dem ihre Gruppenzugehörigkeit ermittelt worden war. Obwohl die Einteilung also vollkommen willkürlich war, zeigten Teilnehmer eine Vorliebe für die Angehörigen ihrer Gruppe. (Siehe Locksley u. a., »Social Categorization and Discriminatory Behaviour: Extinguishing the Minimal Intergroup Discrimination Effect« in: *Journal of Personality and Social Psychology* 39(5), S. 773–783. Siehe auch M. Billig und H. Tajfel, »Social Categorization and Similiarity in Intergroup Behaviour« in: *European Journal of Social Psychology* 3(1), S. 27–52)

Tajfel entwickelte darüber hinaus eine »soziale Identitätstheorie«, in der er behauptet, Mitglieder einer Gruppe steigerten ihr Selbstwertgefühl, indem sie sich in einer wichtigen Hinsicht positiv von einer anderen Gruppe unterschieden. Die Identität des Einzelnen ist mit der Zugehörigkeit zu einer Gruppe verwoben. (Siehe Tajfel u. a., »The Social Identity Theory of Inter-Group Behaviour« in: S. Worchel und W. G. Austin (Hrg.), *Psychology of Intergroup Relations*, Chicago: Nelson-Hall, 1986.)

Kurt Lewin, Pionier der Sozialpsychologie, führte eine Studie durch, die die Stärke struktureller Beziehungen zeigt (»Group Decision and Social Change« in: T. M. Newcombe und E. L. Hartley (Hrg.), *Readings in Social Psychology*, New York: Henry Holt, 1947). In einer seiner klassischen Studien, die er während des Zweiten Weltkriegs durchführte, untersuchte er Faktoren, mit denen Hausfrauen davon überzeugt werden könnten, Innereien auf den Speiseplan zu nehmen. In einem Experiment besuchten Hausfrauen eine Vorlesung, die die gesundheitlichen Vorteile und die Bedingungen der Kriegswirtschaft darlegte. Danach kochten lediglich 3 Prozent der Teilnehmerinnen Mahlzeiten mit Innereien. In einem zweiten Experiment wurde eine weitere Gruppe von Frauen zu einer Diskussion zu der Frage eingeladen, ob »Hausfrauen wie wir« überzeugt werden könnten, Innereien auf den Tisch zu bringen. Danach kochte mehr als ein Drittel der Teilnehmerinnen Mahlzeiten mit Innereien. Die strukturelle Beziehung unter »Hausfrauen« und die Vorstellung, anderen »Hausfrauen wie uns« zu helfen, schien ihre Bereitschaft dazu positiv zu beeinflussen.

Persönliche Beziehungen

Der Aufbau einer persönlichen Beziehung erfordert Einsatz. Mal fühlen wir uns nah, dann nimmt die Distanz wieder zu, irgendwann kommen wir einander wieder näher. Es ist schwer, die optimale emotionale Distanz zu finden, wie wir in dem Igel-Beispiel sehen (die Fabel entstammt Arthur Schopenhauers *Parerga und Paralipomena*, Frankfurt: Suhrkamp, 2001, Band 2, § 396). Vergleichen Sie auch die Forschung Baxters über dieses Spannungsverhältnis aus Distanz und Nähe (»A Dialectical Perspective on Communication Strategies in Relationship Development« in: S. Duck (Hrg.), *Handbook of Personal Relationships: Theory, Research and Interventions*, Chichester: Wiley, 1988, S. 257–273).

5. Respektieren Sie Autonomie

Was ist Autonomie?

Eine gute Einführung zum Thema Autonomie bietet Edward Decis' Buch *The Psychology of Self-Determination*, Lexington: Lexington Books, 1980. Seiner Vorstellung nach ist unser »Wille« unsere Fähigkeit zu entscheiden, wie wir unsere Bedürfnisse befriedigen. Autonomie beinhaltet den Einsatz dieses Willens.

Vergrößern Sie Ihre Handlungsspielräume

Untersuchungen zeigen, dass wir den Grad unserer Autonomie häufig unterschätzen. Wenn wir wiederholt an einer Aufgabe scheitern, reagieren wir emotional paralysiert und passiv. Experimente zeigen, dass Menschen mit Depression reagieren, wenn sie das Gefühl haben, keine Kontrolle über ihr Schicksal zu haben (siehe M. Seligman, *Erlernte Hilflosigkeit*, Weinheim: Beltz, 2000). Mit anderen Worten, ihnen fehlt das Gefühl der Autonomie.

»Erlernte Hilflosigkeit« entsteht, wenn wir schlechte Lebensbedingungen hinnehmen, obwohl wir die Autonomie haben, unsere Situation zu verbessern. Wir lernen, hilflos zu sein. »Erlernte Hilflosigkeit« wurde zuerst in Experimenten mit Versuchstieren beobachtet, die angebunden waren und Stromstößen ausgesetzt wurden. Nachdem sie losgebunden wurden und damit die Möglichkeit hatten, den Stromstoß zu vermeiden, erlitten viele trotzdem passiv den Schmerz (siehe Seligman u. a. »Learned Helplessness in the Rat« in: *Journal of Comparative and Physiological Psychology*, 88(2), S. 534–541).

Albert Bandura nähert sich dem Thema Autonomie auf ähnliche Weise. Seine Forschung zum Thema »Selbstwirksamkeit« zeigt, dass wir umso mehr bewirken, je mehr wir glauben bewirken zu können (siehe *Self-efficacy: The Exercise of Control*, New York: Freeman, 1997). Wenn wir glauben, dass wir kompetent und in der Lage sind, eine bestimmte Aufgabe zu bewältigen – ob ein mathematisches Problem oder eine schwierige Verhandlung –, dann steigert dies unsere Leistung, unsere Motivation und unseren Einsatz.

Respektieren Sie die Autonomie anderer Menschen

Forschungen haben ergeben, dass wir »psychologische Widerstände« erleben, wenn andere unsere Autonomie verletzen (siehe J. Brehm, *A Theory of Psychological Reactance*, New York. Academic Press, 1966). Dies passiert oft dann, wenn wir glauben, wir hätten verschiedene Handlungsmöglichkeiten, und dann jemand droht, uns eine dieser Optionen zu nehmen. Das ist genau die Option, die wir plötzlich mehr als alle anderen wahrnehmen wollen!

Nutzen Sie das Schubladen-System als Richtlinie für Ihre Entscheidungsprozesse

Das Schubaden-System wurde von Mark Gordon, einem Mitarbeiter des Harvard Negotiation Project entwickelt. Ähnliche Methoden siehe Victor Vroom und Philip Yeton, *Leadership and Decision-Making*, Pittsburgh: University of Pittsburg Press, 1973, sowie David Bradford und Allen Cohen, *Power Up*, New York: Wiley, 1998.

6. Erkennen Sie Status an

Status kann Ansehen und Einfluss vergrößern

Eine Reihe von Wissenschaftlern beschreibt die Suche nach Status als einen wichtigen Motor unseres Handelns. Alfred Adler behauptet, jeder von uns wachse mit dem Gefühl auf, in puncto Status unterlegen zu sein. Wir sind jung. Unsere Eltern sind älter und weiser. Im Laufe der Zeit kann sich ein allzu unterlegener Status zu einem Minderwertigkeitsgefühl auswachsen. Um diese Minderwertigkeit zu kompensieren, so Adler, entwickeln wir ein Geltungsstreben, das unsere Gedanken, Taten und Emotionen bestimmt (siehe *Kindererziehung*, Frankfurt: Fischer, 2000).

Adlers Theorie nimmt die moderne Emotionsforschung vorweg. Kemper erkannte eine Verbindung zwischen Status und Emotion (siehe »Social Models in the Explanation of Emotions« in: Lewis und Haviland-Jones, *Handbook of Emotions*). John Gottmans Untersuchung von Ehepaaren demonstriert, wie fatal sich Verachtung auf die Gesundheit einer Ehe auswirkt (siehe *Glücklich verheiratet? Warum Ehen gelingen oder scheitern*, München: Heyne, 1995). Wie Nico Frijda es formuliert, »jemanden zu verachten bedeutet, ihn so niedrig einzuschätzen, dass er von Interaktionen mit Menschen wie uns selbst ausgeschlossen ist, während wir zugleich erkennen, dass er sich selbst als gleichberechtigt einschätzt« (in: Nico Fijda u.a. (Hrg.), *Feelings and Emotions: The Amsterdam Symposium,* Cambridge: University of Cambridge, 2004, S. 167–168).

Statusrangeleien sind überflüssig

Unsere Vorstellung der verschiedenen Statusbereiche hat ihren Ursprung in der Theorie der Arbeitsteilung von Adam Smith. Dieser ging davon aus, dass der Einzelne profitiert, wenn er sich auf bestimmte Gebiete spezialisiert und dann mit anderen in Austausch tritt (siehe Adam Smith, *Untersuchung über Wesen und Ursachen des Reichtums der Völker*, Berlin: UTB, 2005). In einer Verhandlung kann jeder der Teilnehmer von den Spezialgebieten der anderen profitieren.

Die Grenzen des Status

Eine Reihe von Studien beschäftigt sich mit dem Phänomen, das wir »Status-Übersprung« nennen. Ein Beispiel ist die Arbeit von Cohen und David, die Fälle vorstellen, in denen medizinische Behandlungsfehler daher rühren, dass eine Person den Anweisungen eines Höherrangigen unhinterfragt folgt, auch wenn diese Anweisungen offensichtlich widersinnig sind (M. Cohen und N. David, *Medication Errors: Causes and Prevention*, Philadelphia: Stickley, 1981).

7. Wählen Sie eine befriedigende Rolle

Eine Rolle hat nichts mit Schauspielerei oder So-tun-als-ob zu tun. Dies wurde im Beispiel der Verhandlungen von Lord Caradon und dem stellvertretenden sowjetischen Außenminister über die UN-Resolution 242 deutlich. Die Anekdote stammt aus Caradon u. a. *U. N. Security Council Resolution 242: A Case Study in Diplomatic Ambiguity*, Washington: Institute for the Study of Diplomacy, 1981, sowie Gesprächen zwischen Roger Fisher und Lord Caradon.

Unsere Vorstellung einer befriedigenden Rolle verdankt sich den Arbeiten von Viktor Frankl. In seinem Buch *Trotzdem Ja zum Leben sagen. Ein Psychologe erlebt das Konzentrationslager* (München: Kösel-Verlag, 2002) beschreibt er, wie es ihm selbst im Konzentrationslager der Nationalsozialisten gelang, Sinn in seiner Erfahrung zu finden. Er behauptet, wir hätten eine Art Willen zum Sinn, das Bedürfnis, Sinn und Ziel in unserem Leben zu finden.

Eine befriedigende Rolle fördert das Erlebnis des »Flow«, wie ihn Mihály Csikszentmihályi beschreibt (siehe *Flow: Das Geheimnis des Glücks*, Stuttgart: Klett-Cotta 2000). Csikszentmihályi schreibt, Flow sei »der Zustand, in dem Menschen so in ihre Tätigkeit involviert sind, dass nichts anderes mehr eine Rolle zu spielen scheint. Die Erfahrung ist derart angenehm, dass Menschen ihr selbst unter großen Kosten nachgehen.«

8. Emotionale Ausbrüche

Um das Problem von emotionalen Ausbrüchen in Verhandlungen zu demonstrieren, haben wir das Kapitel mit einer fiktiven Geschichte über Burger Brothers eröffnet. Die Geschichte basiert auf einem ähnlichen Vorfall eines US-Konzerns, die Namen wurden geändert.

Wie in Kapitel 1 beschrieben, wäre es ein Problem, wenn ein Unterhändler jede Emotion seines Gegenübers beobachten sollte. Untersuchungen zeigen jedoch, dass Menschen sehr gut darin sind, starke Emotionen zu erkennen (siehe Ekman, *Gefühle lesen*). Da starke negative Emotionen einen Unterhändler vor große Herausforderungen stellen, haben wir den Umgang mit ihnen in einem eigenen Kapitel behandelt.

Heftige negative Emotionen lenken von der Verhandlung ab

Daniel Shapiro verwendet den Begriff »Schwindel«, um die kognitive Verengung und die emotionalen Schwindelgefühle zu beschreiben, die eine starke negative Emotion haben kann. Siehe auch Shapiro und V. Liu, »The Psychology of a Stable Peace« in: M. Fitzduff und C. Stout (Hrg.), *The Psychology of Resolving Global Conflicts: From War to Peace*, New York: Praeger, 2005.

Mehr zum Thema negative Emotionen und soziale Interaktion finden Sie in Daniel Golemans *Emotionale Intelligenz* (siehe oben), in dem er unter anderem beschreibt, wie unser »emotionales Gehirn« (die Amygdala) unser »rationales Gehirn« (den Neocortex) außer Kraft setzen kann.

Halten Sie einen Notfallplan bereit

Unlängst machte Joseph LeDoux eine bahnbrechende Entdeckung über die Neuropsychologie der Emotionen (siehe *Das Netz der Gefühle: Wie Emotionen entstehen,* München: dtv, 2001). Wenn Informationen über unsere Sinnesorgane ins Gehirn gelangen, dann kommen sie nicht zuerst in unser »denkendes Gehirn«, sondern werden erst in einem Bereich vorsortiert, der sich Thalamus nennt. Wenn der Thalamus emotionale Information erkennt – zum Beispiel, ob unsere körperliche Sicherheit gefährdet ist –, sendet er diese sofort an unser emotionales Gehirn. Daher reagieren wir emotional noch ehe wir Zeit haben, eine Situation mit dem Verstand zu erfassen. Wir springen automatisch zurück, wenn wir eine Schlange sehen, die im Begriff ist, uns zu beißen. Und weil die Information zuerst in unser emotionales Gehirn gelangt, können wir Dinge sagen oder tun, die wir später bereuen.

Wenn Emotionen sehr heftig sind, wirkt die Emotion oft noch nach, lange nachdem das Problem längst gelöst ist. Nachdem wir vor der Schlange in Sicherheit gesprungen sind, können wir noch ein oder zwei Stunden aufgeregt bleiben. Nach einem Streit mit einem Mitglied unserer Familie ärgern wir uns noch lange, nachdem der Streit beigelegt ist.

Eine starke Emotion und ihr physiologisches Echo behindern unsere Fähigkeit, Informationen aufzunehmen, die dieser Emotion und ihren Gedanken, Gefühlen und Handlungstendenzen widersprechen. Nach Verschwinden des Nachhalls sind wir in der Lage, die Situation in einem anderen Licht zu beurteilen. Daher empfehlen wir Entspannungstechniken oder eine Pause, wenn Emotionen hochkochen.

Beruhigen Sie sich und andere

Information zu ganzheitlichen Entspannungstechniken finden Sie bei Herbert Benson, *Gesund im Streß. Eine Anleitung zur Entspannungsreaktion,* München: Ullstein, 1982, oder Sabine Schonert-Hirz, *Meine Stressbalance. Rezepte für Vielbeschäftigte von Dr. Stress,* Frankfurt/New York: Campus, 2006.

Formulieren Sie eine Absicht

Wissenschaftliche Untersuchungen zeigen, dass Dampf ablassen wenig bewirkt. Siehe zum Beispiel Eileen Kennedy-Moore und Jeanne Watson, *Expressing Emotions: Myths, Realities and Therapeutic Strategies,* New York: Guilford Press, 1999 und Carol Tavris, *Wut: Das missverstandene Gefühl,* München: dtv, 1995.

Heftige negative Emotionen kommen oft in einer schwierigen Konversation zum Ausbruch. Siehe Douglas Stone u. a. *Offen gesagt: Erfolgreich schwierige Gespräche meistern.* München: Goldmann, 2000.

Weiterführende Literatur

In der Folge stellen wir Ihnen eine Liste von Büchern zusammen, aus denen Sie mehr zum Thema Verhandlung erfahren. Roger Fisher, William Ury und Bruce Patton beschreiben die Technik der sachgerechten Verhandlung in *Das Harvard-Konzept: Sachgerecht verhandeln, erfolgreich verhandeln,* Frankfurt: Campus Verlag, 1984. Bruce Patton beschreibt die sieben Elemente der Verhandlung in einem Kapitel mit dem Titel »Negotiation« in: M. L. Moffitt und R. C. Bordone (Hrg.), *The Handbook of Dispute Resolution,* San Francisco: Jossey-Bass, 2005. Leigh Thompson bietet einen Überblick über die wissenschaftliche Forschungsliteratur zum Thema Verhandlung in *The Mind and Heart of the Negotiator.* Upper Saddle River: Pearson Prentice Hall, 2005. Max Bazerman und Margaret Neale beschreiben verbreitete Fehler von Unterhändlern und geben Tipps zu deren Vermeidung in *Negotiating Rationally,* New York: Free Press, 1993.

Für Verhandlungen zwischen Agenten wie sie oft in Unternehmen oder unter Juristen üblich sind, siehe Robert Mookin u. a., *Beyond Winning: Negotiating to Create Value in Deals and Disputes*, Cambridge: Belknap Press, 2000. Deborah Kolb untersucht die Verhandlungen durch die Geschlechterbrille in *Everyday Negotiation: Navigating the Hidden Agendas in Bargaining.* San Francisco: Jossey-Bass, 2003. D. Lax und J. Sebenius entwickeln eine Verhandlungstheorie in *The Manager as Negotiator: Bargaining for Cooperation and Competitive Gain,* New York: Free Press, 1986. L. Susskind u.a. befassen sich mit dem Thema Konsens in *Consensus Building Handbook: A Comprehensive Guide to Reaching Agreement.* Thousand Oaks: Sage, 1999. Einen analytischen Ansatz zur Verhandlung siehe Howard Raiffa, *Negotation Analysis: The Science and Art of Collaborative Decision Making,* Cambridge: Belknap Press, 2003. Einen Überblick über weitere Literatur bietet M. Bazerman u. a., »Negotiation« in: *Annual Review of Psychology,* 51, S. 279–314.

Einen Überblick über Konfliktlösung bieten Morton Deutsch und Peter Coleman (Hrg.), *The Handbook of Conflict Resolution: Theory and Practice,* San Francisco: Jossey-Bass, 2000 und Carrie J. Menkel-Meadow u. a., *Dispute Resolution: Beyond the Adversarial Model,* Aspen: Aspen Publishing, 2004. Ein verbreitetes Textbuch ist Roy Lewicki u. a., *Verhandeln mit Strategie: Das große Handbuch der Verhandlungstechniken,* München: Midas, 1998.

Dank

Die alltägliche Arbeit an diesem Buch war ein kameradschaftliches Abenteuer, das ohne unsere Kollegen des Harvard Negotiation Project nicht möglich gewesen wäre. Bruce Patton, Sheila Heen und Douglas Stone haben viele Gespräche mit uns geführt, unsere Ideen hinterfragt und ihre Expertise aus ihrem Buch *Offen gesagt: Erfolgreich schwierige Gespräche meistern* mit uns geteilt.

Linda Kluz, Sekretärin des Harvard Negotiation Project hat uns tatkräftig unterstützt und dafür gesorgt, dass wir nicht aus der Fassung gerieten, als die Abgabetermine näher rückten.

Wir sind stolz, dass wir im Program on Negotiation der Harvard Law School (PON) unser professionelles Zuhause haben. Unser Dank gilt Bob Mnookin, dem Leiter des PON, der uns nützliche Hinweise gegeben und unseren Kurs »Negotiation: Dealing with Emotions« unterstützt hat. Dank auch an Dean Elena Kagan für die Unterstützung unserer Arbeit.

Andere Kollegen des PON haben nützliche Ideen und Hinweise beigesteuert. Wir danken in alphabetischer Reihenfolge: Max Brazerman von der Harvard Business School; Eric Berger von der Kennedy School of Government; Bob Bordone von der Harvard Law School; Bill Breslin vom *Negotiation Journal*; Sarah Cobb, der leitenden Direktorin des PON; Jared Curhan von der Sloan School of Management; dem Israel-Experten Ehud Eiran; Susan Hackley, Direktorin des PON; James Kervin, stellvertretender Direktor des PON; Astrid Kleinhanns vom PON; Tom Kochan von MIT Sloane; Debbie Kolb vom Simmons College; Melissa Manwaring vom PON; Howard Raiffa, Professor Emeritus der Universität Harvard; Mary Rowe, Ombudsfrau des MIT; Bob McKersie Professor Emeritus von MIT Sloane; Jeswald Salacuse von der Fletcher School of Law and Diplomacy; Frank Sander von der Harvard Law School; Jim Sebenius von der Harvard Business School; Larry Susskind vom

MIT; Liz Tippett vom PON; Mike Wheeler von der Harvard Business School; Bill Ury, Direktor des Global Negotiation Project, und Josh Weiss, stellvertretender Direktor des Global Negotiation Project.

Besonderer Dank an die Teilnehmer und Organisatoren des monatlichen Dispute Resolution Forum der Harvard Law School und den Mitarbeitern des PON: Rob Bosso, Ed Hillis, Nancy Lawton, Ron Monteverde, Adam Motenko, Nancy Water und Kim Wight.

Kommentare von Psychologen waren für dieses Buch von zentraler Bedeutung. Dank an Keith Allred von der Kennedy School of Government; Susan Fiske von der Princeton University; Kimberlyn Leary von Cambrige Hospital der Harvard Medical School; Phil Levendusky vom McLean Hospital der Harvard Medical School; Steve Nisenbaum vom Massachusetts General Hospital und Bruce Shackleton von der Harvard Medical School.

Für ihre Kommentare vielen Dank an Hal Movius vom Consensus Building Institute und Rebecca Wolfe von der Princeton University. Dank auch an Howard Gardner von der Harvard School of Education, Jerome Kagan vom Harvard Psychology Department und unseren rumänischen Kollegen Ruxandra Tudose und Veronica Bogorin.

Kollegen, die im privaten und öffentlichen Sektor Verhandlung und Führung unterrichten, haben die Textentwürfe gelesen. Dank an unsere langjährigen Kollegen Ulrich Egger und Frits Philips, die beide als Berater in Europa tätig sind. Mark Gordon, Partner bei Vantage Partners, stellte uns sein Schubladen-System zur Verfügung, das wir in Kapitel 5 beschreiben. Dank auch an John Richardson, einen langjährigen Kollegen des Harvard Negotiation Project; Tom Schaub von CMPartners; Jim Tull; Wayne Davis und Martin Linsky von der Kenney School of Government.

In den vergangenen Jahren haben wir an der Harvard Law School Kurse auf Grundlage des sich entwickelnden Buches gegeben. Wir hoffen, unsere Studenten haben so viel von uns gelernt, wie wir von ihnen. Wir danken auch den Studenten an der Sloan School of Management am MIT, die an Daniel Shapiros Kursen teilnahmen.

Besonderer Dank gilt unseren wissenschaftlichen Assistenten, die neben der harten Arbeit an Harvard Zeit und Begeisterung für unser Projekt fanden. Dank an Maria Anzorreguey, David Baharvar, Brooke Clayton, Susie Goodman, Emily Howard, Audrey Lee, Joe Nuccio, Catherine O'Gorman, Hansel Pham, Zoe Siegler-Reichlin, Emma Waring und Hanna Weiss.

Viele andere haben ihren Beitrag zur Entstehung dieses Buches geleistet. Dank an Michael Cohen, Marjorie Corman Aaron, Jeff Francois, Tim Gearan, Mopsy Kennedy, Clare King, Rajesh Kumar, Liz Lorant, Michael Moffitt, Michele Williams, Craig Zeizler und einen anonymen Klienten von Lobel, Novins & Lamont, der uns bei der Arbeit unseres Buches half, in der Hoffnung, es möge einen Beitrag zur friedlichen Konfliktlösung leisten.

Unser Dank gilt auch Jamil Mahuad, dem ehemaligen Präsidenten von Ecuador, der das letzte Kapitel zu diesem Buch beigesteuert hat.

Shannon Quinn, die ehemalige Herausgeberin des *Negotiation Journal*, half uns, den Text zu überarbeiten und sprachlich zu polieren. Mit ihren Kommentaren hat sie uns Autoren mehr Arbeit gemacht, damit unsere Leser weniger Arbeit haben. Dank den Mitarbeitern von Viking, Rick Kot, Jane von Mehren und Alessandra Lusardi: Unsere Agenten Andrew Wiley und Sarah Chalfant haben uns in gute Hände gegeben.

Wir fühlen uns gesegnet durch die Unterstützung unserer Familien, die uns während der Arbeit an diesem Buch mit ihrer Begeisterung begleitet haben. Elizabeth Sealy unterstützte uns mit ihrer Geschäftserfahrung, Susan Dole mit ihrer Erfahrung in Auseinandersetzungen zwischen Arbeitgebern und Arbeitnehmern. Susan und Ron Shapiro haben Entwurf für Entwurf gelesen, Feedback angeboten und waren die liebevollsten Eltern, die man sich wünschen kann.

Kein Dank kann dem gerecht werden, was wir unseren Frauen Carrie Fisher und Mia Shapiro verdanken. Ein Buch über Emotionen ist nicht nur eine intellektuelle Aufgabe, sondern gelebte Erfahrung. Während wir unsere praktischen Ratschläge formulierten, haben wir sie immer wieder in Verhandlungen mit unseren Frauen ausprobiert. Wir haben viel dabei gelernt und danken den beiden für ihre Geduld und Unterstützung.

Roger Fisher und *Daniel Shapiro*
Cambridge, Massachusetts

Über die Autoren

Roger Fisher unterrichtet Verhandlungsführung an der Harvard Law School, ist Williston Professor Emeritus für Jura und Direktor des Harvard Negotiation Project. In den vergangenen 40 Jahren hat er den Verhandlungsprozess studiert, unterrichtet und zahlreiche Bücher und Aufsätze veröffentlicht. Er entwickelt das Harvard-Konzept der sachbezogenen Verhandlung und ist als Berater bei Verhandlungen von Unternehmen genauso gefragt wie bei internationalen Konflikten. Beispielsweise beriet er die iranische und die US-Regierung bei Verhandlungen um die Freilassung der gefangenen Diplomaten während der Teheraner Geiselkrise des Jahres 1979. Er unterstützte US-Präsident Carter bei der Entwicklung einer Strategie für die erfolgreichen Friedensverhandlungen in Camp David zwischen dem ägyptischen Präsidenten Anwar as-Sadat und dem israelischen Premierminister Menachem Begin. Im Vorfeld der Verhandlungen, die zum Ende der Apartheid in Südafrika führten, veranstaltete er Verhandlungsseminare mit der weißen Apartheidsregierung und dem Verhandlungskomitee des African National Congress. Er beriet drei der fünf mittelamerikanischen Staaten bei der Erarbeitung eines Friedensabkommens im Vorfeld des Vertrages Esquipulas II und unterstützte den ecuadorianischen Präsidenten Jamil Mahuad in einer Friedensverhandlung mit dem peruanischen Präsidenten Alberto Fujimori, in dem ein jahrzehntelanger Grenzkonflikt zwischen beiden Staaten beigelegt wurde. Roger Fisher ist nach wie vor als Berater in internationalen Konflikten tätig.

Daniel Shapiro, stellvertretender Direktor des Harvard Negotation Project, ist in der Fakultät der Harvard Law School und der Psychiatrischen Abteilung der Harvard Medical School/Mc Lean Hospital tätig. Er ist promovierter klinischer Psychologe, sein Spezialgebiet ist die Psychologie der Verhandlung. Er leitet die

International Negotation Initiative, ein Projekt der Harvard University zur Reduzierung ethno-politischer Gewalt. Er unterrichtete Verhandlungsführung an der Sloan School of Management des Massachusetts Institute of Technology (MIT) und veranstaltet Verhandlungsseminare für Manager und Diplomaten. Er hat international Erfahrung in der Beratung von Serbischen Parlamentsabgeordneten, Unterhändlern im Nahen Osten, Mazedonischen Politikern und US-Diplomanten gesammelt. Während des Bosnienkrieges führte er in Serbien und Kroatien Seminare zum Thema Konfliktmanagement durch. Mit der finanziellen Unterstützung der Soros Foundation entwickelte er ein Programm zum Konfliktmanagement, das heute rund eine Million Menschen in 25 Staaten erreicht.

Weitere Informationen finden Sie auf unserer Website www.beyond-reason. net.

Sollten Sie weitere Fragen an die Autoren haben, können Sie sich unter folgender E-Mail-Adresse direkt an sie wenden: rogeranddan@beyond-reason. net.

Über das Harvard Negotiation Project

Das *Harvard Negotiation Project* ist ein Forschungsprojekt der Harvard University, das sich mit Fragen der Verhandlungsführung beschäftigt und Methoden der Verhandlung und Mediation entwickelt und verbreitet. Es gehört zum *Program on Negotiation* der Harvard Law School, einem Zusammenschluss von Wissenschaftlern und Projekten von Harvard, MIT, Simmons und Tufts, das an der Verbesserung der Theorie und Praxis der Konfliktlösung arbeitet. Die Aktivitäten des Programms werden auf der Website www.pon.harvard. edu/hnp dargestellt. Sie umfassen:

Theorieentwicklung Das Projekt hat Methoden wie die »one-text mediation« entwickelt, die bei den von den USA vermittelten Friedensverhandlungen zwischen Israel und Ägypten in Camp David im September 1978 zur Anwendung kamen; die Methode der interessengeleiteten Verhandlungsführung, die in *Das Harvard-Konzept* geschildert wird; und die Theorie der Grundbedürfnisse, die in diesem Buch dargestellt werden. Der neueste Forschungszweig ist die *Harvard International Negotiation Initiative*, die auf dem *Harvard Negotiation Project* basiert und in Zusammenarbeit mit der Psychiatrischen Abteilung der Harvard Medical School entsteht. Diese Initiative will durch Theorieentwicklung und Ausbildung zur emotionalen Dimension von Konflikten und Verhandlungen zur internationalen Sicherheit und Verbesserung der individuellen Lebensqualität beitragen. Mehr Information finden Sie unter www.beyond-reason.net/ini.

Ausbildung und Kurse Das *Harvard Negotiation Project* entwickelt Programme für professionelle Verhandlungsführer (Anwälte, Führungskräfte in Unternehmen, Diplomaten, Journalisten, Regierungsbeamte, Gewerkschaftsführer, Offiziere und andere) sowie für junge Erwachsene und Kinder. Wer die Ideen aus *Erfolgreich verhandeln mit Gefühl und Verstand* selbst anwenden möchte, findet kostenlose Materialien unter www.beyond-reason.net. Das *Harvard Negotiation Project* bietet außerdem Weiterbildungsprogramme für Manager. Weitere Information finden Sie auf der Website des *Program on Negotiation* (www.pon.harvard.edu) und der Website zum Buch (www.beyond-reason.net).

Veröffentlichungen Das *Harvard Negotiation Project* entwickelt Arbeitsmaterialien, Checklisten, Fallstudien, Übungsmaterial, Lehrerhandbücher und Arbeitsbögen für Verhandlungsführer, Lehrer, Studenten und Schüler. Material zur Vorbereitung der Grundbedürfnisse finden Sie auf der Website zum Buch. (www.beyond-reason.net).

Praktische Forschung Das *Harvard Negotiation Project* lädt Beteiligte an aktuellen Verhandlungen von öffentlichem Interesse ein, um seinen Mitgliedern die Möglichkeit zu geben, aus erster Hand mehr über Verhandlungsführung zu erfahren; die Verhandlungsteilnehmer wiederum können von der professionellen Beratung profitieren.

Europäische Kurse In Europa bieten Egger, Philips und Partner, Zürich, Kurse zur Verhandlungsführung an, die auf den Ideen und der Pädagogik des *Harvard Negotiation Project* basieren. Sie sind das einzige offiziell vom *Harvard Negotiation Project* lizensierte Unternehmen in Europa und die einzige Einrichtung dieser Art, die ein aktives Verhältnis zum Project hat und stets dessen aktuelle Materialien einsetzt. Mehr Information finden Sie unter www.egger philips.ch.

Register